세상이 변해도
배움의 즐거움은
변함없도록

시대는 빠르게 변해도
배움의 즐거움은
변함없어야 하기에

어제의 비상은
남다른 교재부터
결이 다른 콘텐츠
전에 없던 교육 플랫폼까지

변함없는 혁신으로
교육 문화 환경의 새로운 전형을
실현해왔습니다.

비상은 오늘, 다시 한번
새로운 교육 문화 환경을 실현하기 위한
또 하나의 혁신을 시작합니다.

오늘의 내가 어제의 나를 초월하고
오늘의 교육이 어제의 교육을 초월하여
배움의 즐거움을 지속하는 혁신,

바로, 메타인지 기반 완전 학습을.

상상을 실현하는 교육 문화 기업 비상

메타인지 기반 완전 학습

초월을 뜻하는 meta와 생각을 뜻하는 인지가 결합한 메타인지는
자신이 알고 모르는 것을 스스로 구분하고 학습계획을 세우도록 하는
궁극의 학습 능력입니다. 비상의 메타인지 기반 완전 학습 시스템은
잠들어 있는 메타인지를 깨워 공부를 100% 내 것으로 만들도록 합니다.

내신 성적을 쑥~쑥 올리는!!

내공의 힘

중등사회
2·2

STRUCTURE 구성과 특징

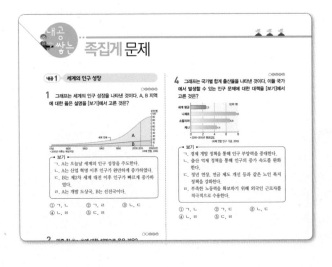

내공 ① 단계 | 차근차근 내용 짚기

핵심 개념만 뽑아 단기간에 공략! 꼭 알아두어야 할 교과 내용을 도표와 시각 자료로 이해하기 쉽게 정리했습니다.

내공 ② 단계 | 개념 확인하기

핵심 개념을 잘 이해했는지 확인하는 단계! 학습한 내용을 바로바로 확인할 수 있도록 단답형 문제로 구성하였습니다.

내공 ③ 단계 | 내공 쌓는 족집게 문제

내신에 강해지는 길은 기출 문제를 많이 풀어보는 것! 학교 기출 문제를 철저히 분석하여 출제 가능성이 높은 유형의 문제들로 구성하였습니다.

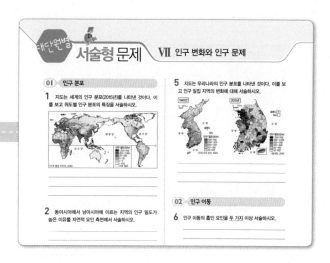

내공 점검 | 내공 ⑤ 단계

마지막 최종 점검 단계! 지금까지 쌓은 내공을
모아모아 실력을 최종 점검할 수 있도록 대단원
별로 실전 문제를 구성하였습니다. 단원 통합형
문제와 서술형 문제로 내신 만점을 확실하게 준
비할 수 있습니다.

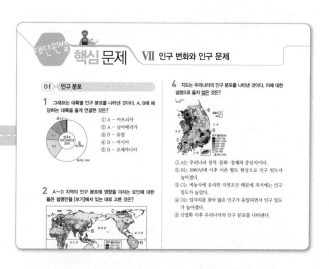

서술형 문제 | 내공 ④ 단계

교과서 핵심 주제와 자료를 선별하여 학교 시험
에 자주 출제되는 유형의 서술형 문제로 구성하
였습니다.

천재교과서	동아	지학사	금성	박영사
126~129	120~123	124~127	120~123	120~123
130~135	124~129	128~131	124~129	124~129
136~139	130~133	132~137	130~133	130~133
144~153	138~147	142~149	138~147	138~145
154~161	148~155	150~157	148~155	146~153
168~173	160~165	162~167	160~163	158~163
174~181	166~173	168~175	164~171	164~171
186~189	178~181	182~187	178~183	176~179
190~197	182~191	188~195	184~191	180~187
204~209	196~199	202~207	196~201	194~198
210~219	200~209	208~215	202~209	199~207
224~227	214~217	222~227	214~217	212~216
228~235	218~227	228~235	218~227	217~225

Textbook

CONTENTS 차례

CONTENTS

01 인구 분포

내공 1 세계의 인구 분포

1 세계의 인구 분포

(1) 인구 분포의 특징: 지구상에 고르게 분포하지 않고 특정 지역에 집중하여 분포함 → 세계 인구의 90% 이상이 육지 면적이 넓은 북반구에 분포함

(2) 인구 밀집 지역과 희박 지역

구분	인구 밀집 지역	인구 희박 지역
위도별	북위 20°~40°의 중위도 지역	적도 부근, 극지방
대륙별	아시아, 유럽	오세아니아

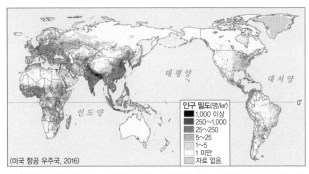

인구 밀도(명/㎢)
■ 1,000 이상
■ 250~1,000
■ 25~250
□ 5~25
□ 1~5
□ 1 미만
□ 자료 없음.

(미국 항공 우주국, 2016)

▲ **세계의 인구 분포** | 세계의 인구는 남반구보다는 북반구에 주로 분포하고 있으며, 특히 북위 20°~40° 사이의 온대 기후 지역에 인구가 밀집해 있다. 한편 적도 주변의 열대 기후 지역과 극지방 부근의 한대 기후 지역은 인간 거주에 불리해 인구가 희박하다.

북아메리카 4.9
오세아니아 0.5
남아메리카 8.6
유럽 10.1
아프리카 15.9
인구수 73억 2,000만 명 (2015)
아시아 60.0(%)

세계 인구의 3분의 1 이상을 차지해.

(통계청, 2016)

◀ **대륙별 인구 분포** | 중국과 인도가 위치한 아시아에 세계 인구의 약 60%가 분포하고 있다. 반면 오세아니아에는 세계 인구의 약 0.5%가 분포하고 있다.

2 인구 분포에 영향을 미치는 자연적 요인

(1) 자연적 요인: 기후, 지형, 식생 등 → 인구 분포는 예로부터 자연적 요인의 영향을 많이 받아 왔음

(2) 자연적 요인에 의한 인구 밀집 지역과 희박 지역

인구 밀집 지역	기후가 온화하고 물이 풍부하며 평야가 넓은 지역 → 농업 활동에 유리하여 인구 밀도가 높음 예 동아시아와 남아시아의 벼농사 지역 └총인구를 총면적으로 나눈 값
인구 희박 지역	• 물이 부족하여 농업 활동에 불리한 지역 예 사하라 사막, 오스트레일리아 내륙 지역 등 • 기온이 매우 낮아 인간 거주에 불리한 지역 예 시베리아, 캐나다 북부 지역 등 • 기온이 매우 높아 인간 거주에 불리한 지역 예 아마존강 유역 등 • 지형이 높고 경사가 급해 인간 거주에 불리한 지역 예 알프스산맥, 히말라야산맥 등

◀ **동남아시아의 벼농사 지역** | 기후와 지형 등의 조건이 벼농사에 유리한 동남아시아는 대표적인 인구 밀집 지역이다.

3 인구 분포에 영향을 미치는 인문·사회적 요인

(1) 인문·사회적 요인: 경제, 교통, 산업, 정치, 문화 등 → 산업 혁명 이후 과학 기술의 발달로 자연환경의 제약을 극복할 수 있게 되면서 인문·사회적 요인이 인구 분포에 큰 영향을 미치게 되었음

(2) 인문·사회적 요인에 의한 인구 밀집 지역과 희박 지역

인구 밀집 지역	경제가 발달하고 일자리가 풍부한 지역, 교육 여건과 문화 시설이 잘 갖추어진 지역, 교통이 편리한 지역 등 예 서부 유럽, 미국 북동부 대서양 연안, 일본의 태평양 연안 등
인구 희박 지역	교통이 불편한 지역, 각종 산업 시설과 일자리가 부족한 지역, 전쟁과 분쟁이 자주 발생하는 지역 등

내공 2 우리나라의 인구 분포

1 산업화 이전의 인구 분포 자연적 요인의 영향을 크게 받음

인구 밀집 지역	기후가 온화하고 평야가 발달한 남서부 지역
인구 희박 지역	기온이 낮고 산지가 많은 북동부 지역

2 산업화 이후의 인구 분포 1960년대 이후 산업화가 진행되면서 인문·사회적 요인의 영향을 크게 받음 → 이촌 향도 현상이 나타남 └산업화가 진행됨에 따라 촌락의 인구가 일자리를 찾아 도시로 이동하는 현상

인구 밀집 지역	서울을 중심으로 하는 수도권 지역, 부산, 대구, 광주 등의 대도시, 남동 임해 공업 지역 └교통이 불편해.
인구 희박 지역	태백산맥과 소백산맥 일대의 산지 지역, 농어촌 지역

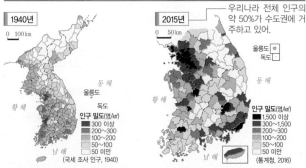

1940년
0 100 km
동해
울릉도
독도
황해
인구 밀도(명/㎢)
■ 300 이상
■ 200~300
■ 100~200
□ 50~100
□ 50 미만
남해
(국세 조사 인구, 1940)

2015년
0 50 km
우리나라 전체 인구의 약 50%가 수도권에 거주하고 있어.
동해
울릉도
독도
황해
인구 밀도(명/㎢)
■ 1,500 이상
■ 300~1,500
■ 200~300
□ 100~200
□ 50~100
□ 50 미만
남해
(통계청, 2016)

▲ **우리나라의 인구 분포 변화** | 산업화 이전(1940년)에는 농업에 유리한 남서부 지역에 인구가 밀집하였으나, 산업화 이후(2015년)에는 이촌 향도 현상이 나타나면서 수도권, 대도시, 남동 임해 공업 지역에 인구가 밀집하게 되었다.

개념 확인하기

1 세계의 인구 분포에 대한 설명이 맞으면 ○표, 틀리면 ✕ 표를 하시오.

(1) 세계에서 인구가 가장 많이 분포하는 대륙은 유럽 이다. ( )

(2) 세계에서 인구가 가장 적게 분포하는 대륙은 오세 아니아이다. ( )

(3) 세계 인구의 90% 이상은 육지 면적이 넓은 북반구 에 분포한다. ( )

2 인구 분포에 영향을 미치는 자연적 요인과 인문·사회적 요인을 [보기]에서 골라 기호를 쓰시오.

┌─ 보기 ●─────────────────┐
│ ㄱ. 기후   ㄴ. 경제   ㄷ. 문화 │
│ ㄹ. 지형   ㅁ. 산업   ㅂ. 식생 │
└──────────────────────────┘

(1) 자연적 요인 ( )
(2) 인문·사회적 요인 ( )

3 인구 밀집 지역과 희박 지역을 옳게 연결하시오.

(1) 인구 밀집 •   • ㉠ 서부 유럽
지역   • ㉡ 사하라 사막
(2) 인구 희박 •   • ㉢ 시베리아 지역
지역   • ㉣ 미국 북동부 대서양 연안

4 ㉠, ㉡에 들어갈 내용을 각각 쓰시오.

┌──────────────────────────┐
│ 산업화 이전에는 (㉠   ) 요인이 인구 분포에 │
│ 주된 영향을 미쳤으나, 산업화 이후 과학 기술이 │
│ 발달하면서 (㉡   ) 요인의 영향력이 더 커지 │
│ 고 있다. │
└──────────────────────────┘

5 다음 괄호 안의 내용 중 알맞은 말에 ○표를 하시오.

(1) 오늘날 우리나라 인구의 약 50%가 (수도권, 남동 임해 공업 지역)에 거주하고 있다.

(2) 우리나라는 1960년대 이후 산업화가 진행되면서 (교외화, 이촌 향도) 현상이 나타났다.

(3) 산업화 이전 우리나라는 벼농사 중심의 농업 사회였 기 때문에 기후가 온화하고 평야가 발달한 (남서부, 북동부) 지역을 중심으로 인구가 밀집하였다.

족집게 문제

┌─ 내공 **1** ─ 세계의 인구 분포 ──────────┐
└──────────────────────────────┘

○○○●●●○

중요 1 세계의 인구 분포에 대한 옳은 설명을 [보기]에서 고른 것은?

┌─ 보기 ●──────────────────────┐
│ ㄱ. 세계의 인구는 고르게 분포하지 않는다. │
│ ㄴ. 세계의 인구는 북반구보다 남반구에 더 많이 분포한다. │
│ ㄷ. 적도 부근은 농업 활동에 유리하여 인구 밀도가 │
│   높다. │
│ ㄹ. 온화한 기후가 나타나는 북위 20°~40°의 중위도 │
│   지역에 인구가 밀집해 있다. │
└────────────────────────────┘

① ㄱ, ㄴ   ② ㄱ, ㄹ   ③ ㄴ, ㄷ
④ ㄴ, ㄹ   ⑤ ㄷ, ㄹ

○○○○●●○

2 그래프는 대륙별 인구 분포를 나타낸 것이다. A, B 대륙 에 대한 설명을 [보기]에서 골라 옳게 연결한 것은?

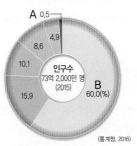

(통계청, 2016)

┌─ 보기 ●──────────────────────┐
│ ㄱ. 일찍부터 산업이 발달하여 일자리가 풍부하다. │
│ ㄴ. 연중 고온 다습한 기후가 나타나고 밀림이 우거져 │
│   있다. │
│ ㄷ. 벼농사와 인간 생활에 유리한 자연조건을 갖추고 │
│   있다. │
│ ㄹ. 국토 면적 대부분이 건조 기후가 나타나 농업에 │
│   불리하다. │
└────────────────────────────┘

    A   B   A   B
① ㄱ   ㄹ   ② ㄴ   ㄷ
③ ㄷ   ㄱ   ④ ㄷ   ㄹ
⑤ ㄹ   ㄷ

주관식

3 다음 설명에 해당하는 용어를 쓰시오.

> 한 나라 또는 지역의 총인구를 총면적으로 나눈 것으로, 보통 1㎢ 안에 몇 명이 살고 있는지를 나타낸다.

4 ㉠, ㉡에 대한 설명으로 옳지 <u>않은</u> 것은?

> 전 세계에는 70억 명이 넘는 사람들이 살고 있는데, 이들이 모든 지역에 골고루 분포하는 것은 아니다. 왜냐하면 지역에 따라 인구 분포에 영향을 미치는 요인이 다르기 때문이다. 과거에는 (㉠)이/가 인구 분포에 주된 영향을 미쳤지만, 산업 혁명 이후 과학 기술이 발달하면서 (㉡)의 영향력이 더 커지고 있다.

① 기후, 지형, 식생 등은 ㉠에 해당한다.
② 동남아시아는 ㉠의 영향으로 인구 밀도가 높다.
③ 인구 분포는 예로부터 ㉠의 영향을 많이 받아 왔다.
④ 경제, 산업, 교통 등은 ㉡에 해당한다.
⑤ 미국 북동부 대서양 연안 지역은 ㉡의 영향으로 인구 밀도가 낮다.

중요 5 ⑷, ⑸에 해당하는 지역을 지도에서 찾아 옳게 연결한 것은?

> ⑷ 계절풍의 영향으로 강수량이 많아 벼농사가 발달하여 인구가 밀집해 있다.
> ⑸ 연중 고온 다습하고 빽빽한 밀림이 우거져 있어 거주에 불리하여 인구가 희박하다.

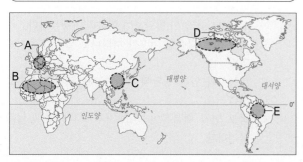

	(가)	(나)		(가)	(나)
①	A	B	②	A	D
③	B	C	④	C	E
⑤	E	B			

6 다음 지역들의 공통된 특징으로 옳은 것은?

> • 캐나다 북부   • 오스트레일리아 내륙

① 기후 조건이 불리해 인구가 희박하다.
② 분쟁이 자주 발생해 인구가 희박하다.
③ 넓은 평야가 발달해 인구가 밀집하였다.
④ 경제가 발달하고 일자리가 풍부해 인구가 밀집하였다.
⑤ 지형이 높고 가파른 산악 지역이 많아 인구가 희박하다.

내공 2 우리나라의 인구 분포

중요 7 우리나라의 인구 분포에 대한 설명으로 옳은 것은?

① 산업화 이전에는 북동부 지역에 인구가 밀집하였다.
② 산업화 이전의 인구 분포는 자연적 요인의 영향을 크게 받았다.
③ 1990년대를 전후로 우리나라의 인구 분포가 급격하게 변화하였다.
④ 산업화 이후 과학 기술이 발달하면서 태백산맥 일대의 인구 밀도가 높아졌다.
⑤ 예로부터 벼농사가 발달한 지역은 산업화 이후에도 여전히 인구 밀도가 높게 나타난다.

8 지도는 1940년 우리나라의 인구 분포를 나타낸 것이다. 이에 대한 옳은 설명을 [보기]에서 고른 것은?

> **보기**
> ㄱ. 춥고 산지가 많은 지역은 인구 밀도가 낮다.
> ㄴ. 평야가 발달한 지역을 중심으로 인구가 밀집하였다.
> ㄷ. 인구 분포가 인문·사회적 요인의 영향을 크게 받았다.
> ㄹ. 촌락의 인구가 일자리를 찾아 도시로 이동한 결과이다.

① ㄱ, ㄴ   ② ㄱ, ㄷ   ③ ㄴ, ㄷ
④ ㄴ, ㄹ   ⑤ ㄷ, ㄹ

출제율 ◉◉◉◉◉ 시험에 꼭 나오는 출제 가능성이 높은 예상 문제로, 내신 100점을 받기 위한 필수 문항들

중요 **9** 지도는 2015년 우리나라의 인구 분포를 나타낸 것이다. A~D 지역에 대한 설명으로 옳지 <u>않은</u> 것은?

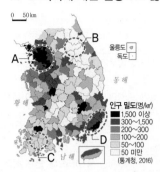

① A에 우리나라 인구의 절반 정도가 분포한다.
② B는 산지가 많아 농업에 불리해 과거부터 인구 밀도가 낮았다.
③ C는 이촌 향도 현상으로 인구 밀도가 낮아졌다.
④ D는 공업이 발달하여 인구가 밀집하였다.
⑤ A와 달리 D의 인구 분포에는 인문·사회적 요인이 크게 작용하였다.

10 지도는 우리나라의 시도별 인구수와 인구 밀도를 나타낸 것이다. 이에 대한 옳은 설명을 [보기]에서 고른 것은?

• 보기 •

ㄱ. 수도권과 광역시의 인구 밀도가 높다.
ㄴ. 시도별로 인구가 고르게 분포하고 있다.
ㄷ. 인구가 가장 많은 곳은 경기도이고, 가장 적은 곳은 강원도이다.
ㄹ. 인구 분포에 자연적 요인보다 인문·사회적 요인이 미치는 영향이 크다.

① ㄱ, ㄴ   ② ㄱ, ㄹ   ③ ㄴ, ㄷ
④ ㄴ, ㄹ   ⑤ ㄷ, ㄹ

11 지도는 세계의 인구 분포를 나타낸 것이다. 이를 보고 물음에 답하시오.

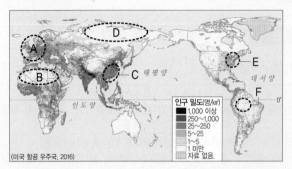

(1) 위 지도의 A~F 지역 중 인구 밀집 지역을 모두 쓰시오.

(2) B 지역의 인구 분포에 영향을 미치는 자연적 요인을 농업 활동과 관련지어 서술하시오.

12 (가)의 A 지역에 인구가 희박한 이유를 (나)를 참고하여 서술하시오.

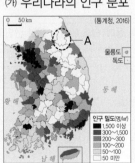
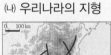

(가) 우리나라의 인구 분포   (나) 우리나라의 지형

02 인구 이동

내공 1 인구 이동의 요인과 유형

1 인구 이동의 요인
└ 사람들이 거주를 위해 한 장소에서 다른 장소로 옮겨가는 현상이야.

배출 요인	인구를 다른 지역으로 밀어내는 부정적인 요인 예 낮은 임금, 열악한 주거 환경, 빈곤, 교육·문화 시설의 부족, 전쟁, 자연재해 등
흡인 요인	인구를 끌어들여 머무르게 하는 긍정적인 요인 예 높은 임금, 풍부한 일자리, 쾌적한 주거 환경, 다양한 교육·문화·의료 시설 등

2 인구 이동의 유형

이동 범위에 따른 구분	국내 이동, 국제 이동
이동 동기에 따른 구분	자발적 이동, 강제적 이동
이동 기간에 따른 구분	일시적 이동, 영구적 이동 ┐예 이민 등
이동 목적에 따른 구분	경제적 이동, 정치적 이동, 종교적 이동 등

└ 예 유학, 여행, 단기 취업 등

내공 2 세계의 인구 이동

1 세계 인구의 국제 이동
(1) 과거의 국제 이동

경제적 이동	• 식민지 개척을 위한 유럽인들의 아메리카와 오스트레일리아로의 이주 • 일자리를 찾기 위한 중국인들의 동남아시아로의 이주
강제적 이동	노예 무역에 따른 아프리카인들의 아메리카로의 강제 이주
종교적 이동	종교의 자유를 위한 영국 청교도들의 아메리카로의 이주

(2) 오늘날의 국제 이동

경제적 이동	개발 도상국에서 일자리를 찾아 선진국으로 이동
정치적 이동	아프리카와 서남아시아 등지에서 민족 탄압, 내전, 분쟁 등에 의해 발생한 난민의 이동
환경적 이동	지구 온난화, 사막화 등에 의해 발생한 환경 난민의 이동

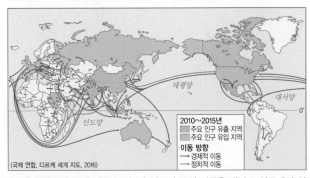

(국제 연합, 디르케 세계 지도, 2016)

▲ **세계 인구의 국제 이동** | 오늘날 인구의 국제 이동은 개발 도상국에서 선진국으로 일자리를 찾아 이동하는 경제적 이동이 대부분이다. 이에 따라 개발 도상국은 인구의 유출이 많고, 선진국은 인구의 유입이 많다.

2 세계 인구의 국내 이동
┌ 국제 이동과 마찬가지로 경제적 목적의 이동이 큰 비중을 차지해.

개발 도상국	일자리를 찾아 촌락의 인구가 도시로 이동하는 이촌 향도 현상이 활발함
선진국	쾌적한 환경을 찾아 도시의 인구가 촌락으로 이동하는 역도시화 현상이 활발함

└ 도시의 주거 환경이 열악해지고, 교통과 통신이 발달하면서 도시의 인구가 촌락으로 이동하는 현상이야.

◀ **미국 내 인구 이동** | 미국은 과거 인구가 밀집했던 북동부 해안에서 기후가 온화하고 환경이 쾌적한 남부 지역과 태평양 연안으로 많은 사람들이 이동하였다.

내공 3 인구 이동에 따른 지역 변화

1 인구 유입 지역과 유출 지역
(1) **인구 유입 지역**: 산업이 발달하여 임금이 높고 일자리가 풍부한 곳 예 서부 유럽, 앵글로아메리카, 오세아니아 등의 선진국
(2) **인구 유출 지역**: 임금이 낮고 일자리가 부족한 곳 예 아시아, 아프리카, 라틴 아메리카 등의 개발 도상국

2 인구 이동이 지역에 미치는 영향
(1) 인구 유입 지역

긍정적 영향	노동력 유입으로 경제가 활성화되며, 문화적 다양성이 증가함
부정적 영향	이주민과 현지인 간의 일자리 경쟁 및 문화적 차이로 인한 갈등이 발생함

(2) 인구 유출 지역

긍정적 영향	이주민들이 본국으로 송금하는 외화 증가로 경제가 활성화됨
부정적 영향	청장년층 노동력의 해외 유출로 경제 성장이 둔화되며 노동력 부족 문제가 발생함

> **인구 유입 지역이 겪는 문제**
> 초·중·고등학교에서 히잡과 부르카, 니캅 등 이슬람 전통 의상 착용을 금지한 프랑스가 이 조치를 대학교로 확대하는 방안을 추진 중이다. 프랑스는 전체 인구 중 8%에 달하는 약 600만 명이 이슬람교도로, 유럽에서 이슬람교도 비율이 가장 높은 국가이다. 이슬람교 신자들은 정부의 조치를 "종교의 자유를 억압하는 행위"라며 반발하고 있다. – 「연합뉴스」, 2016. 8. 19.

인구 유입이 많은 지역에서는 이주민과 현지인 간의 문화적 차이에 따른 갈등이 발생하여 사회 문제가 되기도 한다.

내공 4 우리나라의 인구 이동

1 국내 이동

일제 강점기	일자리를 찾아 광공업이 발달한 북부 지방으로 인구 이동
6·25 전쟁	월남한 동포들과 주민들이 전쟁을 피해 남부 지방으로 이동
1960~80년대	이촌 향도 현상으로 수도권과 대도시, 신흥 공업 도시로 인구 집중 ─ 교통 혼잡, 집값 상승, 환경 오염 등
1990년대 이후	대도시의 생활 환경 악화로 대도시의 일부 인구가 주변 지역이나 촌락으로 이동하는 역도시화 현상이 나타남

└ 서울과 인접한 경기도에 서울의 인구를 수용하기 위한 신도시가 건설되면서 경기도의 인구가 증가하고 있어.

2 국제 이동

(1) 우리나라 인구의 국제 이동

일제 강점기	중국 만주 지역과 구소련의 연해주 지역으로 인구 이동
광복 직후	국외로 나갔던 해외 동포들의 귀국으로 대규모의 인구 이동 발생
1960~70년대	일자리를 찾아 미국, 독일, 서남아시아, 북부 아프리카 등으로 인구 이동
1980년대 이후	여행, 유학, 해외 취업 등과 같은 일시적 이동과 이민 증가

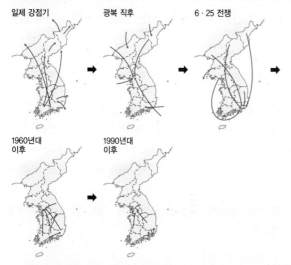

일제 강점기 　 광복 직후 　 6·25 전쟁

1960년대 이후 　 1990년대 이후

▲ **우리나라의 시기별 인구 이동** | 1960년대 이전에는 정치적 원인이 인구 이동에 큰 영향을 미쳤으나, 1960년대 이후에는 산업화가 진행되면서 이촌 향도 현상이 두드러지게 나타나는 등 경제적 원인이 인구 이동에 큰 영향을 미쳤다.

(2) 외국인의 국내 유입: 1990년대부터 취업이나 결혼을 위해 베트남, 필리핀 등 동남아시아 등지에서 우리나라로 들어오는 외국인이 증가함 → 다문화 사회로 변화함

└ 한 사회 내에 다른 다양한 문화가 유입되어 공존하며 상호 영향을 미치는 사회

(단위: %)

인도네시아 3.0
기타 22.4
총 외국인 수 1,363,712명 (2015)
중국 51.7
필리핀 3.8
타이 5.8
미국 4.0
베트남 9.3

* 국내에 들어와 30일을 초과 거주한 외국인을 기준으로 함. (통계청, 2016)

◀ **국내 거주 외국인의 국적별 비율** | 우리나라에 거주하는 외국인은 약 136만 명으로, 주로 중국, 동남아시아 등지에서 취업이나 결혼을 위해 이주해 오고 있다.

---

1 ㉠, ㉡에 들어갈 내용을 각각 쓰시오.

> 인구가 한 장소에서 다른 장소로 옮겨가는 것을 인구 이동이라고 한다. 인구 이동의 요인에는 인구를 다른 지역으로 밀어내는 (㉠　　　　)과 인구를 끌어들여 머무르게 하는 (㉡　　　　)이 있다.

2 인구 이동의 유형과 그 사례를 옳게 연결하시오.

(1) 강제적 이동 •　　　• ㉠ 영국 청교도들의 아메리카로의 이동

(2) 경제적 이동 •　　　• ㉡ 일자리를 찾기 위한 중국인들의 동남아시아로의 이동

(3) 종교적 이동 •　　　• ㉢ 노예 무역에 따른 아프리카인들의 아메리카로의 이동

3 다음 괄호 안의 내용 중 알맞은 말에 ○표를 하시오.

(1) 오늘날 인구의 국제 이동은 대부분 (경제적, 정치적) 이유 때문에 발생한다.

(2) 선진국에서는 도시의 인구가 쾌적한 환경을 찾아 촌락으로 이동하는 (역도시화, 이촌 향도) 현상이 나타나기도 한다.

(3) (인구 유입, 인구 유출) 지역에서는 이주민과 현지인 간의 일자리 경쟁 및 문화적 차이로 인한 갈등이 발생하기도 한다.

(4) (인구 유입, 인구 유출) 지역에서는 해외 이주민들이 본국으로 송금하는 외화가 늘어나면서 경제가 활성화되는 긍정적인 효과가 나타나기도 한다.

4 우리나라의 인구 이동에 대한 설명이 맞으면 ○표, 틀리면 ×표를 하시오.

(1) 일제 강점기에는 일자리를 찾아 광공업이 발달한 북부 지방으로 인구가 이동하였다. (　　)

(2) 광복 직후에는 해외 동포가 귀국하면서 대규모의 인구 이동이 발생하였다. (　　)

(3) 1960~80년대에는 대도시의 생활 환경 악화로 대도시의 일부 인구가 주변 지역이나 촌락으로 이동하였다. (　　)

(4) 1990년대 이후에는 이촌 향도 현상이 뚜렷하게 나타나면서 수도권과 대도시, 신흥 공업 지역으로 인구가 집중하였다. (　　)

족집게 문제

내공 1 인구 이동의 요인과 유형

1 인구 이동의 흡인 요인과 배출 요인을 [보기]에서 골라 옳게 연결한 것은?

• 보기 •
ㄱ. 자연재해   ㄴ. 풍부한 일자리
ㄷ. 다양한 문화 시설   ㄹ. 열악한 주거 환경

	흡인 요인	배출 요인		흡인 요인	배출 요인
①	ㄱ, ㄴ	ㄷ, ㄹ	②	ㄱ, ㄷ	ㄴ, ㄹ
③	ㄴ, ㄷ	ㄱ, ㄹ	④	ㄴ, ㄹ	ㄱ, ㄷ
⑤	ㄷ, ㄹ	ㄱ, ㄴ			

2 다음 글에 나타난 인구 이동의 유형을 [보기]에서 고른 것은?

> 아프리카에 있는 남수단은 오랜 내전 끝에 2011년 수단에서 독립하였다. 그러나 2013년 12월 정부군과 반군의 내전으로 남수단에서는 현재까지 200만 명 이상의 난민이 발생하였다. 난민의 대부분은 국경을 넘어 케냐, 에티오피아 등지의 난민촌으로 이동하여 보호받고 있다.

• 보기 •
ㄱ. 국내 이동   ㄴ. 국제 이동
ㄷ. 종교적 이동   ㄹ. 정치적 이동

① ㄱ, ㄴ   ② ㄱ, ㄷ   ③ ㄴ, ㄷ
④ ㄴ, ㄹ   ⑤ ㄷ, ㄹ

3 다음 두 사례에 공통으로 나타난 인구 이동의 유형으로 옳은 것은?

> • A 씨는 중국에서 태어났지만 일자리를 구하기 위해 미국으로 이주하였다.
> • 인도에 살던 B 씨는 가족의 생계를 책임지기 위해 오스트레일리아의 농장에 취업하였다.

① 강제적 이동   ② 경제적 이동
③ 정치적 이동   ④ 종교적 이동
⑤ 환경적 이동

중요 4 지도에 나타난 인구 이동의 유형에 대한 설명으로 옳은 것은?

(디르케 세계 지도, 휴먼 지오그래피, 2014)

① 국내의 지역 간 이동이다.
② 여행, 유학 등에 따른 일시적 이동이다.
③ 지구 온난화와 자연재해 증가에 따른 이동이다.
④ 내전 등 정치적 불안정을 피하기 위한 이동이다.
⑤ 개발 도상국에서 선진국으로 일자리를 찾기 위한 이동이다.

5 다음 조건을 모두 만족시키는 인구 이동의 사례로 옳은 것은?

• 국제 이동	• 일시적 이동	• 자발적 이동

① 서울에서 동남아시아로 여행을 갔다.
② 내전 때문에 이웃 나라의 난민촌으로 이동하였다.
③ 대학에 가기 위해 부산에서 서울로 공부하러 왔다.
④ 해수면 상승으로 국토가 침수되어 이웃 나라로 이주하였다.
⑤ 명절을 맞이해 서울에서 대구에 계신 할아버지 댁에 다녀왔다.

내공 2 세계의 인구 이동

6 오늘날 세계의 인구 이동에 대한 옳은 설명을 [보기]에서 고른 것은?

• 보기 •
ㄱ. 기후 변화로 인한 난민의 이동이 증가하고 있다.
ㄴ. 선진국에서 개발 도상국으로의 이주가 활발하다.
ㄷ. 경제적 요인에 의한 인구 이동의 비중이 가장 높다.
ㄹ. 세계화와 교통·통신 등의 발달로 국제 이동이 감소하고 있다.

① ㄱ, ㄴ   ② ㄱ, ㄷ   ③ ㄴ, ㄷ
④ ㄴ, ㄹ   ⑤ ㄷ, ㄹ

중요 7 ●●●●●●

지도는 세계의 주요 인구 이동을 나타낸 것이다. A~D 인구 이동에 대한 설명으로 옳지 않은 것은?

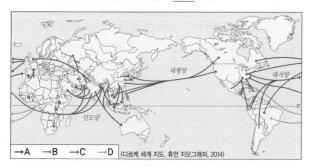

(디르케 세계 지도, 휴먼 지오그래피, 2014)

① A는 식민지 개척을 위한 유럽인들의 이동이다.
② B는 분쟁을 피하기 위한 난민의 이동이다.
③ C는 일자리를 찾기 위한 중국인들의 이동이다.
④ A는 D 이동의 원인이 되었다.
⑤ A, B, C는 자발적 이동, D는 강제적 이동이다.

8 ●●●●●●

지도는 세계의 주요 인구 이동을 나타낸 것이다. (개), (내) 인구 이동에 대한 설명으로 옳지 않은 것은? (단, (개), (내)는 각각 경제적 이동과 정치적 이동 중 하나이다.)

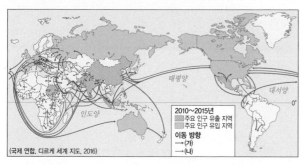

(국제 연합, 디르케 세계 지도, 2016)

① (개)는 주로 개발 도상국에서 선진국으로 향한다.
② (개)로 인해 서부 유럽은 인구의 유입이 활발하다.
③ 일자리를 찾기 위한 중국인들의 동남아시아로의 이주는 (개)의 사례에 해당한다.
④ 환경 난민의 이동은 (내)의 사례에 해당한다.
⑤ 오늘날 (내)보다 (개)로 인한 인구의 국제 이동이 더 많다.

9 ○○●●●●

지도는 인구의 순유입 지역과 순유출 지역을 나타낸 것이다. 이에 대한 옳은 설명만을 [보기]에서 있는 대로 고른 것은?

(하크 세계 지도, 국제 연합, 2015)

- 보기 -
ㄱ. 인구의 순유입 지역은 주로 선진국이다.
ㄴ. 서부 유럽은 인구의 배출 요인이 많은 곳이다.
ㄷ. 경제적 요인이 인구 이동에 많은 영향을 미쳤다.
ㄹ. 아프리카의 일부 국가는 인구의 유출보다 유입이 더 많다.

① ㄱ, ㄴ   ② ㄱ, ㄹ   ③ ㄴ, ㄷ
④ ㄱ, ㄷ, ㄹ   ⑤ ㄴ, ㄷ, ㄹ

10 ○○○●●●

다음은 학생이 작성한 형성 평가지이다. 이 학생이 받을 점수로 옳은 것은?

형성 평가

다음 설명이 맞으면 ○표, 틀리면 ×표를 하시오.

문항	내용	답안
(1)	인구의 국내 이동은 경제적 목적의 이동이 큰 비중을 차지한다.	×
(2)	오늘날에는 교통·통신의 발달로 과거에 비해 인구의 국내 이동이 감소하였다.	×
(3)	선진국에서는 쾌적한 환경을 찾아 도시의 인구가 촌락으로 이동하기도 한다.	×
(4)	개발 도상국에서는 촌락의 인구가 도시로 이동하는 현상이 활발하게 나타난다.	○

(각 2점씩)

① 0점   ② 2점   ③ 4점   ④ 6점   ⑤ 8점

주관식 11 ○○○○●●

다음에서 설명하는 용어를 쓰시오.

> 대도시의 주거 환경이 열악해지고, 교통과 통신이 발달하면서 대도시의 인구가 촌락으로 이동하는 현상이다.

내공 3 인구 이동에 따른 지역 변화

12 지도는 모로코 출신 이주자의 도착 국가를 나타낸 것이다. 이에 대한 옳은 분석 및 추론을 [보기]에서 고른 것은?

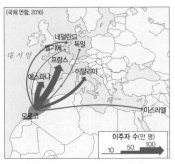

• 보기 •
ㄱ. 프랑스인은 모로코의 부족한 노동력을 메워 줄 것이다.
ㄴ. 독일보다 프랑스로 유입되는 모로코 출신 이주자가 많다.
ㄷ. 모로코 출신 이주자들의 이동은 대부분 종교적 이동에 해당한다.
ㄹ. 프랑스에서는 현지인과 이주민 간의 문화적 차이에 따른 갈등이 발생할 수 있다.

① ㄱ, ㄴ   ② ㄱ, ㄷ   ③ ㄴ, ㄷ
④ ㄴ, ㄹ   ⑤ ㄷ, ㄹ

13 다음 글을 통해 알 수 있는 인구 이동에 따른 영향으로 가장 적절한 것은?

> 필리핀은 국내의 낮은 임금과 높은 실업률로 인해 총인구의 10%가 넘는 약 1,300만 명의 근로자들이 고국을 떠나 미국, 사우디아라비아, 홍콩, 일본 등지에서 일한다. 이들은 해외에서 번 돈을 필리핀에 있는 가족들에게 송금한다. 2015년 기준 해외 근로자들이 보내온 송금액은 약 258억 달러로, 필리핀 국내 총생산의 10%에 이른다.

① 인구 유출 지역의 경제 활성화
② 인구 유출 지역의 경제 성장 둔화
③ 인구 유출 지역의 성비 불균형 심화
④ 인구 유출 지역의 문화 간 충돌 발생
⑤ 인구 유출 지역의 노동력 부족 현상 완화

14 다음 글을 통해 알 수 있는 내용으로 적절하지 않은 것은?

> 미국은 지리적으로 가까운 멕시코를 비롯한 라틴 아메리카 출신의 이주민들이 많다. 에스파냐어를 사용하여 히스패닉이라 불리는 이들 이주민들은 미국에서 유럽계 백인에 이어 2위의 인구 규모를 차지하고 있다.

① 미국은 저임금 노동력을 확보할 수 있을 것이다.
② 미국은 라틴 아메리카 문화의 영향을 받을 수 있다.
③ 일자리를 두고 미국인과 이주민 간 경쟁이 발생할 수 있다.
④ 미국의 높은 임금과 풍부한 일자리는 인구의 흡인 요인으로 작용하였을 것이다.
⑤ 미국은 청장년층 인구의 유출로 사회의 활력이 떨어지는 문제가 나타날 것이다.

내공 4 우리나라의 인구 이동

중요 15 우리나라의 인구 이동에 대한 옳은 설명을 [보기]에서 고른 것은?

• 보기 •
ㄱ. 광복 직후 해외 동포들이 귀국하였다.
ㄴ. 1990년대 이후 이촌 향도 현상이 두드러지게 나타났다.
ㄷ. 6·25 전쟁 때에는 피난민들이 남부 지방으로 이동하였다.
ㄹ. 일제 강점기에는 광공업이 발달한 남부 지방으로 이주하는 인구가 많았다.

① ㄱ, ㄴ   ② ㄱ, ㄷ   ③ ㄴ, ㄷ
④ ㄴ, ㄹ   ⑤ ㄷ, ㄹ

주관식

16 ㉠에 들어갈 용어를 쓰시오.

> 세계화로 인해 외국인 근로자, 국제결혼 이주 여성 등의 유입이 급증하면서 우리 사회는 다양한 민족, 집단과 문화가 공존하며 상호 영향을 미치는 (㉠) 사회로 나아가고 있다.

[17~18] 지도는 우리나라의 시기별 인구 이동을 나타낸 것이다. 이를 보고 물음에 답하시오.

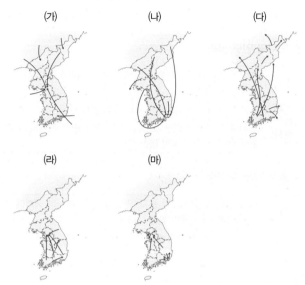

(가)　　　　(나)　　　　(다)

(라)　　　　(마)

중요 17 (가)~(마)를 시기 순으로 옳게 나열한 것은?

① (가) - (나) - (다) - (라) - (마)
② (나) - (가) - (마) - (다) - (라)
③ (다) - (가) - (나) - (라) - (마)
④ (라) - (마) - (나) - (다) - (가)
⑤ (마) - (나) - (다) - (가) - (라)

18 다음 소설 속에 나타난 인구 이동을 위 지도의 (가)~(마)에서 고른 것은?

『괭이부리말 아이들』은 인천의 가난한 달동네 괭이부리말을 배경으로 한 소설이다. 충청도, 전라도에서 봇짐을 싸거나 용달차에 짐을 싣고 인천으로 온 이농민의 모습과 인천의 괭이부리말까지 아파트가 지어지는 모습이 나타나 있다.

① (가)　② (나)　③ (다)　④ (라)　⑤ (마)

19 (가)에 들어갈 내용으로 가장 적절한 것은?

1960년대 우리나라의 청년들은 독일의 탄광 노동자로 취업하였다. 이를 통하여 독일은 부족한 광부를 구할 수 있었고, 우리나라는 _____ (가)

① 저임금 노동력을 확보할 수 있었다.
② 국내의 높은 실업률을 낮출 수 있었다.
③ 외화가 해외로 유출되는 문제가 나타났다.
④ 원주민과 이주민 간의 문화 갈등이 나타났다.
⑤ 중소기업의 부족한 인력난을 해결할 수 있었다.

20 지도는 고도 숙련 근로자의 이주(유출) 비율을 나타낸 것이다. 이를 보고 물음에 답하시오.

(1) 고도 숙련 근로자가 유출되는 지역과 유입되는 지역의 경제 발달 수준을 비교하여 서술하시오.

_____

_____

(2) 고도 숙련 근로자가 유입되는 지역의 인구 흡인 요인을 세 가지 서술하시오.

_____

_____

_____

21 우리나라의 인구 이동이 지도와 같이 나타난 시기를 쓰고, 그 이유를 서술하시오.

_____

_____

03 인구 문제

내공 1 세계의 인구 성장

1 세계의 인구 성장

산업 혁명 이전	높은 출생률과 높은 사망률로 완만한 인구 성장이 나타남
산업 혁명 이후	의료 기술 발달 및 생활 수준 향상 → 평균 수명 연장, 영아 사망률 감소로 급격한 인구 성장이 나타남

2 선진국과 개발 도상국의 인구 성장

선진국	출생률과 사망률이 모두 낮음 → 인구 증가 속도가 매우 느리거나 정체됨
개발 도상국	제2차 세계 대전 이후 산업화가 진행되면서 사망률은 낮아졌으나, 출생률은 여전히 높음 → 인구 증가 속도가 빠름

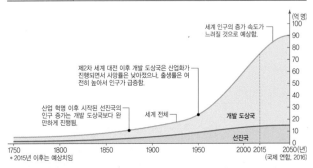

▲ 세계의 인구 성장 | 오늘날 세계 인구의 성장 속도는 경제 발전 정도에 따라 차이가 크다. 산업화가 일찍 시작된 선진국은 현재 인구 증가 속도가 감소하거나 정체된 반면에 개발 도상국은 생활 환경이 개선되고 의료 기술이 발달하면서 인구가 폭발적으로 증가하고 있다. 이에 따라 선진국과 개발 도상국은 서로 다른 인구 구조와 인구 문제가 나타나고 있다.

내공 2 개발 도상국의 인구 문제와 대책

1 낮은 인구 부양력

— 한 나라의 인구가 그 나라의 사용 가능한 자원으로 생활할 수 있는 능력을 말해.

원인	인구가 급격하게 증가하여 인구 부양력이 인구 증가 속도를 따라가지 못함
문제	기아, 빈곤, 실업 등의 문제 발생
대책	• 인구 증가 억제: 가족계획과 같은 출산 억제 정책을 통한 인구 증가 속도 완화 • 인구 부양력 증대: 농업의 기계화와 산업화 정책, 경제 개발 정책 등을 통한 인구 부양력 증대

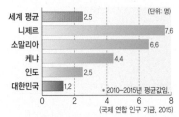

▲ 국가별 합계 출산율 | 합계 출산율이 세계 평균보다 높은 일부 개발 도상국에서는 경제 성장 속도가 인구 증가 속도를 따라가지 못해 각종 인구 문제가 나타나고 있다.

— 한 여성이 평생 낳을 것으로 예상되는 평균 자녀 수를 말해.

2 도시의 인구 급증

원인	촌락의 인구가 일자리를 찾아 도시로 이동하여 도시 인구가 급격히 증가함
문제	주택 부족, 교통 혼잡, 환경 오염 등의 문제 발생
대책	도시로의 지나친 인구 유입을 막기 위해 촌락 지역의 생활 환경 개선, 인구의 지방 분산 정책 시행 등

3 출생 성비 불균형

원인	남아 선호 사상이 강한 중국, 인도 등 일부 아시아 국가에서 남자아이의 출생률이 높게 나타남
문제	결혼 적령기의 남성이 배우자를 구하기 어려움
대책	남아 선호 사상 타파, 양성평등 문화 정착 등

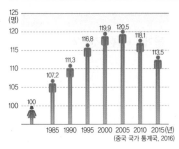

◀ 중국의 성비 변화 | 최근까지 중국은 남아 선호 사상과 '한 가정 한 자녀 갖기' 정책으로 인해 성비 불균형 문제가 심각하게 나타나고 있다.

내공 3 선진국의 인구 문제와 대책

구분	저출산	고령화
원인	여성의 사회 참여 증가, 결혼 및 출산에 대한 가치관 변화, 자녀 양육에 대한 부담 증가 등	생활 수준의 향상과 의료 기술의 발달로 평균 수명 연장
문제	• 생산 가능 인구 감소에 따른 문제: 노동력 부족에 따른 경제 성장 둔화, 외국인 근로자 유입에 따른 문화적 갈등과 사회 문제 발생 등 • 노년층 인구 증가에 따른 문제: 노인 인구 부양비와 복지 비용의 증가, 노인 소외 문제 발생, 세대 간 갈등 발생 등	
대책	출산 장려 정책, 육아 지원 강화, 양성평등 문화 확산 등	노인의 재취업 기회 제공, 정년 연장, 노인 복지 제도 정비, 연금 제도 개선 등

— 일을 할 수 있는 능력과 일할 의사를 가지고 있는 15~64세까지의 연령에 속하는 사람

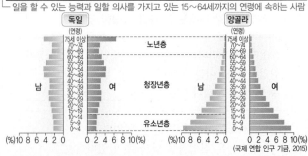

▲ 선진국과 개발 도상국의 인구 구조 | 선진국인 독일은 출산율이 낮고 평균 수명이 길어 유소년층의 인구 비율은 낮고 노년층의 인구 비율은 높다. 한편 개발 도상국인 앙골라는 출산율이 높고 평균 수명이 짧아 유소년층의 인구 비율은 높고 노년층의 인구 비율은 낮다.

내공 4 우리나라의 인구 문제와 대책

1 시기별 인구 문제

6·25 전쟁 이후	사회가 안정되면서 출생률은 높아지고, 사망률은 낮아짐 → 인구 급증
1960~1980년대	인구 억제 정책으로 출생률이 급격하게 낮아짐
1990년대 이후	저출산·고령화 문제가 나타남
오늘날	초저출산·고령 사회로 진입함

▲ **우리나라의 시기별 가족계획 포스터** | 우리나라는 1970~80년대에는 급격한 인구 증가를 막고자 출산 억제 정책을 펼쳤으나, 2000년대에는 저출산 현상에 따른 인구 감소를 막고자 출산 장려 정책을 펼치고 있다.

2 저출산·고령화 문제와 대책

(1) 저출산·고령화 문제

구분	65세 이상 인구 비율
고령화 사회	7% 이상
고령 사회	14% 이상
초고령 사회	20% 이상

구분	저출산	고령화
현황	합계 출산율이 1.24명(2015년 기준)으로 세계적으로 매우 낮은 수준임 최소 2.1명이 되어야 인구 유지가 가능함.	2000년에 고령화 사회, 2018년에 고령 사회로 진입하였고, 2026년에는 초고령 사회가 될 것으로 예상됨
원인	여성의 사회 참여 증가, 결혼 연령 상승, 결혼과 가족에 대한 가치관 변화, 육아와 가사 노동에 대한 부담 등	생활 수준 향상과 의료 기술 발달에 따른 평균 수명 증가
문제	• 생산 가능 인구 감소에 따른 세금 감소, 연금과 보험 비용 증가, 경제 성장 둔화 등 • 노년층을 부양해야 하는 청장년층의 부담 증가 • 젊은 노동력 부족에 따른 국가 경쟁력 약화 • 질병, 빈곤, 소외와 같은 노인 문제 발생	

 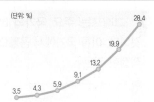

▲ **우리나라의 합계 출산율 변화** | 우리나라는 1970~80년대를 거치면서 출생률이 급격히 낮아졌고, 2001년에 합계 출산율이 1.3명을 기록하면서 초저출산 사회로 진입하였다.

▲ **우리나라의 65세 이상 인구 비율의 변화** | 우리나라는 2000년에 65세 이상의 인구 비율이 전체 인구의 7%를 넘는 고령화 사회로 진입하였고, 현재 빠르게 고령화 현상이 진행되고 있다.

(2) 저출산·고령화 문제의 대책

저출산	출산 장려 정책 시행, 임신과 출산 관련 의료비와 양육비 및 보육료 지원, 영·유아 보육 시설 확충, 청장년층의 고용 안정, 공공 교육 서비스 지원, 남성의 육아 참여 확대 등
고령화	노인 직업 훈련 기회 및 일자리 제공, 연금 제도와 사회 보장 제도의 정비, 정년 연장, 노인 복지 시설의 확충 등

1 세계의 인구 성장에 대한 설명이 맞으면 ○표, 틀리면 ✕표를 하시오.

(1) 세계의 인구는 산업 혁명 이후 빠른 속도로 증가하였다. (　　)

(2) 인구 증가 속도는 경제 발전 정도에 따라 국가별로 차이가 있다. (　　)

(3) 제2차 세계 대전 이후 선진국을 중심으로 인구가 빠르게 증가하고 있다. (　　)

2 다음에서 설명하는 용어를 쓰시오.

> 한 나라의 인구가 그 나라의 사용 가능한 자원으로 생활할 수 있는 능력을 말한다. 개발 도상국에서는 이를 높이기 위해 농업의 기계화와 산업화 정책 등을 시행하고 있다.

3 개발 도상국에서 주로 나타나는 인구 문제와 그에 대한 해결 방안을 옳게 연결하시오.

(1) 낮은 인구 부양력 •　　• ㉠ 경제 개발 정책

(2) 도시의 인구 급증 •　　• ㉡ 양성평등 문화 정착

(3) 출생 성비 불균형 •　　• ㉢ 인구의 지방 분산 정책

4 다음 괄호 안의 내용 중 알맞은 말에 ○표를 하시오.

(1) 선진국에서는 여성의 사회 활동이 늘면서 (출생률, 사망률)이 낮아지고 있다.

(2) 선진국에서는 평균 수명이 연장되면서 전체 인구에서 (청장년층, 노년층)이 차지하는 비중이 커지고 있다.

(3) (선진국, 개발 도상국)에서는 부족한 노동력을 보충하기 위해 외국인 근로자를 고용하면서 문화적 갈등과 사회 문제를 겪기도 한다.

5 다음 인구 문제에 대한 대책을 [보기]에서 골라 기호를 쓰시오.

> **보기**
> ㄱ. 연금 제도 개선　　ㄴ. 보육 시설 확충
> ㄷ. 기업의 정년 연장　　ㄹ. 출산 장려 정책 실시

(1) 저출산 (　　)

(2) 고령화 (　　)

내공 1   세계의 인구 성장

1 그래프는 세계의 인구 성장을 나타낸 것이다. A, B 지역에 대한 옳은 설명을 [보기]에서 고른 것은?

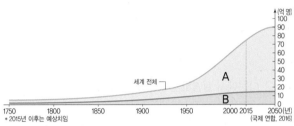

• 보기 •
ㄱ. A는 오늘날 세계의 인구 성장을 주도한다.
ㄴ. A는 산업 혁명 이후 인구가 완만하게 증가하였다.
ㄷ. B는 제2차 세계 대전 이후 인구가 빠르게 증가하였다.
ㄹ. A는 개발 도상국, B는 선진국이다.

① ㄱ, ㄴ   ② ㄱ, ㄹ   ③ ㄴ, ㄷ
④ ㄴ, ㄹ   ⑤ ㄷ, ㄹ

2 밑줄 친 ㉠~㉢에 대한 설명으로 옳은 것은?

오늘날 세계는 ㉠ 급속한 인구 증가, ㉡ 저출산 현상, ㉢ 고령화 현상 등과 같은 인구 문제를 겪고 있다.

① ㉠ – 선진국의 급격한 인구 증가가 원인이다.
② ㉡ – 외국인 근로자의 유입 확대가 원인이다.
③ ㉡ – 주로 남아 선호 사상이 강한 국가에서 나타난다.
④ ㉢ – 개발 도상국에서만 나타나는 인구 문제이다.
⑤ ㉢ – 노년층을 부양해야 하는 청장년층의 부담을 증가시킨다.

내공 2   개발 도상국의 인구 문제와 대책

3 개발 도상국에서 주로 발생하는 인구 문제만을 [보기]에서 있는 대로 고른 것은?

• 보기 •
ㄱ. 저출산   ㄴ. 노동력 부족
ㄷ. 인구 부양력 부족   ㄹ. 출생 성비 불균형

① ㄱ, ㄴ   ② ㄱ, ㄹ   ③ ㄷ, ㄹ
④ ㄱ, ㄴ, ㄷ   ⑤ ㄴ, ㄷ, ㄹ

4 그래프는 국가별 합계 출산율을 나타낸 것이다. 이들 국가에서 발생할 수 있는 인구 문제에 대한 대책을 [보기]에서 고른 것은?

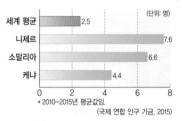

• 보기 •
ㄱ. 경제 개발 정책을 통해 인구 부양력을 증대한다.
ㄴ. 출산 억제 정책을 통해 인구의 증가 속도를 완화한다.
ㄷ. 정년 연장, 연금 제도 개선 등과 같은 노인 복지 정책을 강화한다.
ㄹ. 부족한 노동력을 확보하기 위해 외국인 근로자를 적극적으로 수용한다.

① ㄱ, ㄴ   ② ㄱ, ㄷ   ③ ㄴ, ㄷ
④ ㄴ, ㄹ   ⑤ ㄷ, ㄹ

내공 3   선진국의 인구 문제와 대책

중요 5 그래프는 주요 국가의 65세 이상 인구 비율을 나타낸 것이다. 이들 국가에서 공통으로 나타날 수 있는 인구 문제로 적절한 것은?

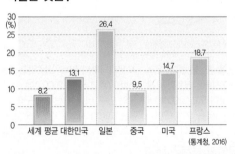

① 이촌 향도 현상으로 도시 인구가 급증할 것이다.
② 출생률이 높아지면서 인구가 빠르게 증가할 것이다.
③ 노인 부양을 위한 사회 보장비 지출이 증가할 것이다.
④ 인구 부양력이 낮아 식량 부족 문제가 나타날 것이다.
⑤ 인구에서 유소년층이 차지하는 비중이 높아질 것이다.

6 (가), (나)는 경제 발전 수준이 다른 두 국가의 인구 피라미드를 나타낸 것이다. 이에 대한 옳은 설명을 [보기]에서 고른 것은?

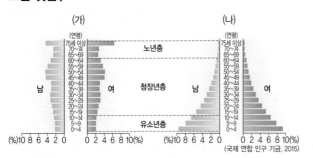

(국제 연합 인구 기금, 2015)

• 보기 •
ㄱ. (가)는 (나)보다 영아 사망률이 낮을 것이다.
ㄴ. (가)는 (나)보다 인구 증가율이 높을 것이다.
ㄷ. (나)는 (가)보다 합계 출산율이 낮을 것이다.
ㄹ. (나)는 (가)보다 경제 발달 수준이 낮을 것이다.

① ㄱ, ㄴ   ② ㄱ, ㄹ   ③ ㄴ, ㄷ
④ ㄴ, ㄹ   ⑤ ㄷ, ㄹ

내공 **4**   우리나라의 인구 문제와 대책

7 우리나라 저출산 현상의 원인으로 보기 <u>어려운</u> 것은?

① 의료 기술의 발달
② 결혼 연령의 상승
③ 여성의 사회 참여 증가
④ 결혼과 가족에 대한 가치관 변화
⑤ 육아와 가사 노동에 대한 부담 증가

8 그래프를 통해 알 수 있는 우리나라 고령화 현상의 특징을 [보기]에서 고른 것은?

	대한민국	미국	일본	독일	프랑스
고령화 사회 진입 65세 이상 인구 7%	2000년	1942년	1970년	1932년	1864년
고령 사회 진입 65세 이상 인구 14%	2018년	2015년	1994년	1972년	1979년
초고령 사회 진입 65세 이상 인구 20%	2026년	2036년	2006년	2009년	2018년

(통계청, 『국제 통계 연감』, 2016)

• 보기 •
ㄱ. 고령화 속도가 빠르다.
ㄴ. 고령화 현상이 완화되어 가고 있다.
ㄷ. 2015년 기준 초고령 사회에 진입하였다.
ㄹ. 다른 선진국에 비해 고령화가 늦게 시작되었다.

① ㄱ, ㄴ   ② ㄱ, ㄹ   ③ ㄴ, ㄷ
④ ㄴ, ㄹ   ⑤ ㄷ, ㄹ

출제율 ●●●●● 시험에 꼭 나오는 출제 가능성이 높은 예상 문제로, 내신 100점을 받기 위한 필수 문항들

9 그래프는 인도의 인구 변화를 나타낸 것이다. 이와 같은 현상이 지속될 경우 예상되는 인구 문제를 <u>두 가지</u> 서술하시오.

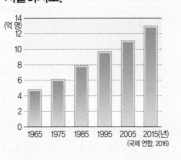

(국제 연합, 2016)

중요 10 A 지역에서 주로 나타나는 인구 문제를 <u>두 가지</u> 서술하시오.

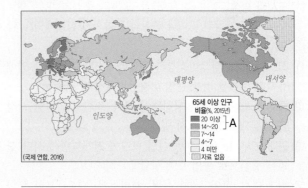

(국제 연합, 2016)

11 그래프는 우리나라의 연령별 인구 비율 변화를 나타낸 것이다. 이를 통해 알 수 있는 우리나라의 인구 문제를 쓰고, 그 대책을 <u>두 가지</u> 서술하시오.

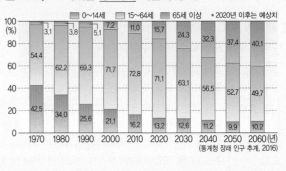

(통계청 장래 인구 추계, 2016)

도시의 위치와 특징 ~ 도시 내부의 경관

내공 1 도시의 의미와 형성

1 도시의 의미와 특징

(1) **도시**: 인구가 밀집한 곳으로 사회적·경제적·정치적 활동의 중심지 ─ 도시는 촌락과 더불어 인간의 대표적인 거주 공간이야.

(2) **도시의 특징**

① **높은 인구 밀도**: 좁은 지역에 많은 사람들이 모여 있음

② **집약적 토지 이용**: 한정된 공간을 효율적으로 활용하기 위해 고층 건물이 많음

③ **2·3차 산업 중심**: 제조업, 서비스업 등에 종사하는 인구 비율이 높아 직업과 생활 모습이 다양함

④ **중심지 역할**: 생활 편의 시설과 각종 기능이 집중되어 있음 → 주변 지역에 다양한 상품과 서비스를 제공함
    └ ㉮ 병원, 상가, 관공서 등

2 도시의 형성과 발달

(1) **도시의 형성**: 정치·경제·산업·교통의 중심지 또는 새로운 자원이 개발된 곳이나 종교와 문화의 중심지에 발달함

(2) **도시의 발달**

① **최초의 도시**: 티그리스강과 유프라테스강 유역의 농업에 유리한 조건을 갖춘 문명의 발상지에서 발달

② **중세 도시**: 상업이 발달하면서 교역·교환이 활발한 시장을 중심으로 상업 도시 발달

③ **근대 도시**: 18세기 후반 산업 혁명이 전개되면서 석탄 산지를 중심으로 공업 도시 발달

④ **현대 도시**: 공업, 첨단 산업, 서비스업, 교육, 문화 등의 다양한 기능을 수행하는 도시 발달

내공 2 세계의 주요 도시

1 도시의 특징 형성
역사, 문화, 거주민들의 삶의 모습에 따라 다양한 도시 형성 → 도시마다 다른 특색을 띰

2 세계의 주요 도시

(1) **세계 주요 도시의 기능적 구분**

국제 금융·업무 도시	금융 시장을 기반으로 국제 자본의 연결망을 가진 도시 ㉮ 미국의 뉴욕, 영국의 런던, 일본의 도쿄 등
산업·물류 도시	각종 공업이 발달해 있거나 항만과 같은 물류 기능이 발달한 도시 ㉮ 중국의 상하이, 네덜란드의 로테르담 등
환경·생태 도시	인간과 자연이 조화를 이루며 공존할 수 있는 체계를 갖춘 도시 ㉮ 독일의 프라이부르크, 브라질의 쿠리치바 등
역사·문화 도시	오랜 시간에 걸쳐 형성되어 역사 유적이 많고 문화가 발달한 도시 ㉮ 이탈리아의 로마, 그리스의 아테네 등
관광 도시	자연경관이 아름답거나 매력적인 경관이 많아 관광 산업이 발달한 도시 ㉮ 프랑스의 파리, 에콰도르의 키토 등

└ 저위도의 산지 지역에 위치하여 연중 봄과 같은 기후가 나타나는 도시야.

(2) **세계 주요 도시 간의 관계**: 오늘날 교통·통신 기술의 발달에 따라 도시들이 서로 연계되어 상호 작용을 하고 있음

▲ 인구 규모별 세계 주요 도시 분포 | 도시는 각종 기능이 발달하여 중심지 역할을 한다. 지도를 보면 인구 500만 명 이상의 대도시는 런던, 파리, 서울, 도쿄, 뉴욕 등이 있고, 이 도시들은 서로 연계되어 상호 작용을 한다.

3 세계 도시

(1) **세계 도시**: 세계 경제, 문화, 정치의 중심지로, 세계적 영향력을 가진 금융 기관, 다국적 기업의 본사가 위치하고, 각종 국제기구의 활동이 활발하게 이루어지는 도시

(2) **주요 세계 도시**: 미국의 뉴욕, 영국의 런던, 일본의 도쿄
    └ 국제 연합(UN)의 본부와 세계 최대 금융가인 월스트리트가 있어 세계 정치, 경제의 중심지 역할을 해.

내공 3 도시 내부의 지역 분화

1 도시의 경관

(1) **도시 경관**: 눈으로 볼 수 있는 도시의 전체적인 모습 → 일반적으로 도시 중심부에서 주변으로 나갈수록 건물의 높이가 낮아짐

(2) **도시 내부의 경관 차이**

① **도시 규모가 작을 경우**: 관공서, 상점, 주택, 학교, 공장 등 여러 기능이 도시 내부에 섞여 있음

② **도시 규모가 커질 경우**: 같은 종류의 기능은 모이고 다른 종류의 기능은 분리됨

2 도시 내부의 지역 분화

(1) **지역 분화**: 도시가 성장하면서 비슷한 기능끼리 모이는 현상 → 중심 업무 지역, 상업 지역, 공업 지역, 주거 지역 등으로 나뉨
    어느 한 장소에서 다른 장소까지 도달하기 쉬운 정도 ┘

(2) **지역 분화의 원인**: 도시 내부 지역별 접근성과 지가의 차이 때문임 → 교통이 편리한 지역일수록 접근성이 높으며, 접근성이 높은 지역일수록 지가와 지대가 비쌈

(3) **지역 분화의 과정**
    └ 건물이나 토지를 이용하여 얻을 수 있는 수익 또는 건물이나 토지를 빌린 대가로 지급하는 비용

집심 현상	비싼 땅값을 지급하고도 이익을 낼 수 있는 중심 업무 기능, 상업 기능이 도시 중심으로 집중하는 현상
이심 현상	비싼 땅값을 지급할 수 없거나 넓은 토지가 필요한 주거 기능, 공업 기능이 주변 지역으로 빠져나가는 현상

내공 4 도시 중심부와 도시 주변 지역의 경관

1 도시 중심부의 경관

(1) 도심 ― 대도시에서 중추 관리 기능을 비롯하여 상업 기능 및 고급 서비스 기능이 밀집된 지역

위치	접근성과 지가가 높은 도시의 중심부
특징	• 중심 업무 지구(CBD) 형성: 행정·금융 기관, 백화점, 대기업의 본사 등이 모여 고층 건물이 밀집함 • 인구 공동화 현상 발생: 주간에 업무나 쇼핑 때문에 도심에서 활동하던 사람들이 야간에 주거 지역으로 귀가함 → 도심의 주거 기능 약화로 주간과 야간의 인구 밀도 차이가 큼

(2) 부도심

위치	도심과 주변 지역을 연결하는 교통의 요지
특징	도심에 집중된 상업 기능과 서비스 기능 분담 → 도심의 교통 혼잡을 완화하는 역할을 함

(3) 중간 지역

위치	도심과 주변 지역 사이
특징	오래된 주택, 학교, 상가, 공장의 혼재 → 도심과 가까운 곳에는 주택과 상가가 함께 나타나고, 도심에서 멀어질수록 신흥 주거 단지와 공장이 섞여 있음

2 도시 주변 지역의 경관

(1) 주변 지역

위치	접근성이 낮은 도시 외곽 지역
특징	대규모 주거 단지나 다양한 규모의 공장, 상가, 창고, 학교 등의 시설이 조성됨

(2) 개발 제한 구역(greenbelt): 일부 대도시에서 도시의 무질서한 팽창을 막고 녹지 공간을 확보하기 위해 지정함

(3) 위성 도시: 교통이 편리한 대도시 인근에 있으면서 주거, 공업, 행정 등과 같은 대도시의 일부 기능을 분담하는 도시

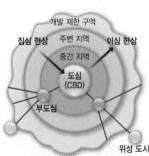
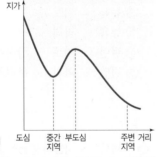

▲ **도시 내부 구조와 토지 이용별 지가 그래프** | 도시 내부 구조는 도심, 중간 지역, 부도심, 주변 지역 등으로 구분된다. 이들 지역의 지가를 살펴보면, 접근성이 가장 높은 도심의 지가가 가장 높으며, 주변 지역으로 갈수록 지가가 낮아진다.

▲ **서울의 도심(중구)과 주변 지역(노원구)** | 서울의 도심에 해당하는 중구는 업무·상업 기능이 발달하여 고층 건물이 밀집한 반면, 주변 지역에 해당하는 노원구는 주거 기능이 발달하여 주거 단지가 넓게 들어서 있다.

개념 확인하기

1 도시에 대한 설명이 맞으면 ○표, 틀리면 ✕표를 하시오.
  (1) 1차 산업에 종사하는 인구 비율이 높다. (　　)
  (2) 좁은 지역에 많은 사람이 모여 있어 인구 밀도가 높은 편이다. (　　)
  (3) 한정된 공간을 효율적으로 활용해야 하므로 토지 이용이 매우 집약적이다. (　　)

2 다음 설명에 해당하는 세계의 주요 도시를 [보기]에서 골라 기호를 쓰시오.

> **보기**
> ㄱ. 상하이　　　ㄴ. 아테네　　　ㄷ. 쿠리치바

  (1) 공업과 물류 기능이 발달한 도시 (　　)
  (2) 인간과 자연이 공존할 수 있는 체계를 갖춘 도시 (　　)
  (3) 오랜 시간에 걸쳐 형성된 역사 유적이 많고 문화가 발달한 도시 (　　)

3 다음 빈칸에 들어갈 내용을 쓰시오.
  (1) (　　　　　)는 세계 경제, 정치, 문화의 중심지로, 뉴욕, 런던, 도쿄 등이 대표적이다.
  (2) 도시가 성장하면서 지역 분화가 나타나는 원인은 도시 내부 지역별 (　　　　)과 지가의 차이 때문이다.

4 다음에서 설명하는 용어를 쓰시오.

> 주간에 도심에서 활동하던 사람들이 야간에 주거 지역으로 귀가하면서 도심의 인구 밀도가 낮아지는 현상이다.

5 도시 내부 지역과 그 특징을 옳게 연결하시오.
  (1) 도심　　　•　　　• ㉠ 도심의 기능 분담
  (2) 부도심　　•　　　• ㉡ 중심 업무 지구 형성
  (3) 주변 지역 •　　　• ㉢ 대규모 주거 단지 형성

6 다음 괄호 안의 내용 중 알맞은 말에 ○표를 하시오.
  (1) 도심과 주변 지역 사이에서 주택, 학교, 공장 등이 혼재되어 있는 곳은 (부도심, 중간 지역)이다.
  (2) 주택, 아파트와 같은 주거 지역은 도시 (주변, 중심) 지역에서 (주변, 중심) 지역으로 갈수록 늘어난다.
  (3) 개발 제한 구역은 도시의 무질서한 팽창을 막고 (공업, 녹지) 공간을 확보하기 위해 지정된 공간이다.

족집게 문제

내공 1 도시의 의미와 형성

중요 1 도시에 대한 옳은 설명만을 [보기]에서 있는 대로 고른 것은?

• 보기 •
ㄱ. 인구 밀도가 높다.
ㄴ. 2·3차 산업 종사자 비율이 높다.
ㄷ. 고층 건물이 많아 토지 이용이 집약적이다.
ㄹ. 주변 지역으로부터 상품과 서비스를 제공받는다.

① ㄱ, ㄴ ② ㄱ, ㄹ ③ ㄷ, ㄹ
④ ㄱ, ㄴ, ㄷ ⑤ ㄴ, ㄷ, ㄹ

2 (개)~(래)는 도시의 발달 과정을 나타낸 것이다. 이를 순서대로 옳게 나열한 것은?

(개) 농업에 유리한 조건을 갖춘 지역에서 도시 발달
(내) 산업 혁명 이후 석탄 산지 주변에 공업 도시 발달
(대) 공업, 서비스업 등 다양한 기능을 수행하는 도시 발달
(래) 교역과 교환이 활발한 시장을 중심으로 상업 도시 발달

① (개) - (내) - (대) - (래) ② (개) - (대) - (래) - (내)
③ (개) - (래) - (내) - (대) ④ (내) - (개) - (대) - (래)
⑤ (대) - (개) - (래) - (내)

내공 2 세계의 주요 도시

3 ㉠에 들어갈 도시로 옳은 것은?

(㉠)은/는 세계의 환경 수도로 불릴 만큼 생태 환경이 잘 보전된 도시이다. 이곳은 인간과 자연이 조화를 이루며 공존할 수 있는 체계를 갖추고, 생태 환경과 관련하여 다른 도시들이 나아가야 할 방향을 제시하고 있다.

① 파리 ② 뉴욕 ③ 아테네
④ 로테르담 ⑤ 프라이부르크

4 제시된 두 도시의 공통적인 특성으로 가장 적절한 것은?

• 이탈리아의 로마는 오랜 시간에 걸쳐 형성되어 고대, 중세, 르네상스 시대의 유적을 많이 간직하고 있다.
• 그리스의 수도인 아테네는 아크로폴리스의 파르테논 신전을 비롯한 고대 유적들을 많이 보유하고 있다.

① 세계 도시 ② 산업·물류 도시
③ 역사·문화 도시 ④ 환경·생태 도시
⑤ 국제 금융·업무 도시

5 (개)~(대)에 해당하는 도시를 옳게 연결한 것은?

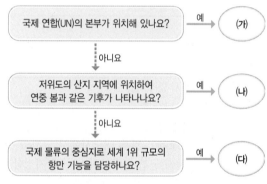

	(개)	(나)	(대)
①	뉴욕	키토	상하이
②	뉴욕	키토	쿠리치바
③	뉴욕	파리	상하이
④	런던	키토	상하이
⑤	런던	파리	쿠리치바

6 제시된 도시들의 공통점을 [보기]에서 고른 것은?

• 뉴욕 • 런던 • 도쿄

• 보기 •
ㄱ. 세계 정치, 경제, 문화의 중심지이다.
ㄴ. 농업, 어업, 임업과 같은 1차 산업이 발달해 있다.
ㄷ. 자연 경관이 아름다워 관광 산업이 발달한 도시이다.
ㄹ. 다국적 기업의 본사가 위치하고, 각종 국제기구의 활동이 활발히 이루어지는 도시이다.

① ㄱ, ㄴ ② ㄱ, ㄹ ③ ㄴ, ㄷ
④ ㄴ, ㄹ ⑤ ㄷ, ㄹ

내공 **3** 도시 내부의 지역 분화

7 도시 내부의 지역 분화에 대한 옳은 설명을 [보기]에서 고른 것은?

• 보기 •
ㄱ. 다양한 기능들의 입지 조건이 같기 때문에 발생한다.
ㄴ. 접근성과 지가는 지역 분화가 나타나는 가장 큰 원인이다.
ㄷ. 규모가 작은 도시보다 큰 도시에서 지역 분화가 뚜렷하게 나타난다.
ㄹ. 같은 종류의 기능은 분리되고, 다른 종류의 기능은 모이는 과정을 거쳐 분화된다.

① ㄱ, ㄴ   ② ㄱ, ㄷ   ③ ㄴ, ㄷ
④ ㄴ, ㄹ   ⑤ ㄷ, ㄹ

주관식

8 ㉠에 들어갈 용어를 쓰시오.

접근성이 높은 지역일수록 건물이나 토지를 이용하여 얻을 수 있는 수익 또는 건물이나 토지를 빌린 대가로 지급하는 비용인 (㉠)이/가 비싸다.

9 ㉠~㉢에 들어갈 내용을 옳게 연결한 것은?

도심은 어느 한 장소에서 다른 장소까지 도달하기 쉬운 정도인 (㉠)이/가 높기 때문에 땅값이 매우 비싸다. 따라서 이 지역에는 비싼 땅값을 지급하고도 이익을 낼 수 있는 (㉡) 기능이 남게 되고, 비싼 땅값을 지불하기 어려운 (㉢) 기능은 도시 주변 지역으로 빠져나가게 된다.

	㉠	㉡	㉢
①	지가	공업	주거
②	지가	중심 업무	공업
③	접근성	공업	중심 업무
④	접근성	상업	중심 업무
⑤	접근성	중심 업무	주거

내공 **4** 도시 중심부와 도시 주변 지역의 경관

[10~12] 그림은 도시 내부 구조를 나타낸 것이다. 이를 보고 물음에 답하시오.

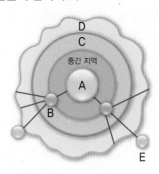

중요 10 위 그림의 A~E에 대한 설명으로 옳지 <u>않은</u> 것은?

① A는 전문 상업 기능을 주로 수행한다.
② B는 도심의 상업·서비스 기능을 분담한다.
③ C는 야간보다 주간에 인구 밀도가 더 높다.
④ D는 도시의 무질서한 팽창을 막기 위해 형성되었다.
⑤ E는 교통이 편리한 대도시 인근에 위치한다.

11 (가), (나)와 같은 모습이 나타나는 지역을 위 그림의 A~E에서 골라 옳게 연결한 것은?

(가) 저는 ◇◇ 은행 본점에서 일하고 있어요. 회사 근처에는 시청, 백화점, 대기업의 본사 등이 있어요.
(나) 제가 살고 있는 지역은 대도시의 주거 기능을 분담하기 위해 최근 새롭게 조성된 아파트 단지가 많은 곳이에요.

	(가)	(나)		(가)	(나)
①	A	B	②	A	E
③	C	D	④	C	E
⑤	E	B			

12 다음 설명에 해당하는 지역을 위 그림의 A~E에서 고른 것은?

녹지 공간을 확보하기 위해 설정한 곳으로 농업 활동은 가능하지만 주택이나 공장 건설은 제약을 받는다.

① A   ② B   ③ C   ④ D   ⑤ E

13 그래프는 ㈎, ㈏ 지역의 상대적 특징을 나타낸 것이다. A, B에 들어갈 지표를 옳게 연결한 것은?

> ㈎ 접근성과 지가가 높은 도시의 중심부
> ㈏ 접근성이 상대적으로 낮은 도시의 외곽 지역

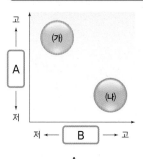

	A	B
①	백화점 수	대기업 본사 수
②	대기업 본사 수	백화점 수
③	대기업 본사 수	공업 용지 면적 비율
④	공업 용지 면적 비율	백화점 수
⑤	공업 용지 면적 비율	대기업 본사 수

14 제시된 글의 ㉠~㉣에 들어갈 내용으로 적절한 것을 [보기]에서 고른 것은?

> 광주시 ○○구 (㉠)에 있는 △△ 초등학교는 한때 학생 수가 3,000명을 넘었지만 지금은 100명 남짓이다. 학교 규모가 작아진 가장 큰 원인은 (㉠)의 높은 땅값을 지급할 수 없는 (㉡) 기능이 (㉢)으로 이동하였기 때문이다. (㉡) 기능의 약화로 현재 ○○구는 낮과 밤의 인구 밀도 차이가 큰 (㉣) 현상을 겪고 있다.

> • 보기 •
> ㄱ. ㉠ - 도심　　　　　ㄴ. ㉡ - 중심 업무
> ㄷ. ㉢ - 개발 제한 구역　ㄹ. ㉣ - 인구 공동화

① ㄱ, ㄴ　　② ㄱ, ㄹ　　③ ㄴ, ㄷ
④ ㄴ, ㄹ　　⑤ ㄷ, ㄹ

중요 15 그래프는 토지 이용별 지가를 나타낸 것이다. 이에 대한 설명으로 옳지 않은 것은?

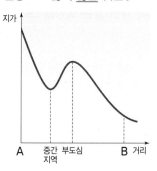

① 접근성이 높은 지역일수록 지가가 비싸다.
② A에는 집심 현상에 의해 상업 기능이 발달해 있다.
③ A는 일반적으로 중간 지역에 비해 건물의 높이가 높게 나타난다.
④ B에는 백화점과 대기업의 본사 등이 밀집해 있다.
⑤ B에는 이심 현상에 의해 대규모 주거 단지가 조성되어 있다.

16 지도는 서울의 세 지역을 나타낸 것이다. ㈎~㈐에 대한 옳은 설명을 [보기]에서 고른 것은? (단, ㈎~㈐는 도심, 부도심, 주변 지역 중 하나이다.)

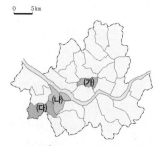

> • 보기 •
> ㄱ. ㈎는 ㈏보다 단위 면적당 지가가 높다.
> ㄴ. ㈎는 ㈐에 비해 대규모 아파트 단지가 많다.
> ㄷ. ㈏는 ㈎에 비해 주간과 야간의 인구 밀도 차이가 크다.
> ㄹ. ㈐는 ㈏보다 초등학교 학생 수가 많다.

① ㄱ, ㄴ　　② ㄱ, ㄹ　　③ ㄴ, ㄷ
④ ㄴ, ㄹ　　⑤ ㄷ, ㄹ

중요 17 사진은 서울의 도시 경관을 나타낸 것이다. (가), (나) 지역에 대한 옳은 설명을 [보기]에서 고른 것은?

▲ 중구

▲ 노원구

• 보기 •
ㄱ. (가)에는 중심 업무 지구가 형성되어 있다.
ㄴ. (나)에는 주거 지역과 공업 지역이 혼재되어 있다.
ㄷ. (가)는 (나)에 비해 건물의 높이가 낮다.
ㄹ. (나)는 (가)에 비해 교통이 편리하고 접근성이 높다.

① ㄱ, ㄴ   ② ㄱ, ㄷ   ③ ㄴ, ㄷ
④ ㄴ, ㄹ   ⑤ ㄷ, ㄹ

18 위성 도시에 대한 설명으로 옳은 것은?

① 중추 관리 기능을 수행한다.
② 인구 공동화 현상이 나타난다.
③ 도심과 주변 지역 사이에 위치한다.
④ 접근성이 높아 땅값이 매우 비싸다.
⑤ 주거, 공업, 행정 등 대도시의 일부 기능을 분담한다.

19 밑줄 친 ㉠~㉤ 중 옳지 않은 것은?

도시의 규모가 커지면 ㉠ 집심 현상과 이심 현상을 통해 지역 분화가 나타난다. ㉡ 접근성이 높은 도심에는 고층 건물들이 빽빽하게 들어서며, ㉢ 교통의 요지를 중심으로 부도심이 발달한다. ㉣ 중간 지역은 오래된 주택, 상가, 학교, 공장 등이 혼재되어 나타나며, ㉤ 주변 지역은 단위 면적당 지가가 가장 높은 곳으로서 곳곳에 녹지가 조성되어 있는 경우도 있다.

① ㉠   ② ㉡   ③ ㉢   ④ ㉣   ⑤ ㉤

서술형 문제

20 제시된 용어를 포함하여 도시의 특징을 서술하시오.

• 산업   • 중심지   • 인구 밀도

21 밑줄 친 부분의 이유를 서술하시오.

A 기업은 생산 공장을 확장하면서 이를 건설할 위치를 두고 고민에 빠졌다. 똑같은 면적인 두 지역의 월 임대료를 비교했을 때, 도심은 300만 원, 도시 외곽은 100만 원이었기 때문이다. 결국 A 기업은 도시 외곽에 생산 공장을 건설하기로 결정했다.

22 지도는 서울의 지역별 지가를 나타낸 것이다. 이를 보고 물음에 답하시오.

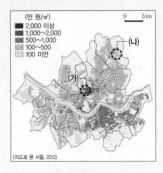

(지도로 본 서울, 2012)

(1) (가), (나)에 해당하는 도시 내부 지역을 각각 쓰시오.

(2) (가), (나)의 특징을 두 가지만 비교하여 서술하시오.

03~04 도시화와 도시 문제 ~ 살기 좋은 도시

내공 1 도시화의 의미와 과정

1 도시화 도시의 수가 증가하거나 도시에 인구가 집중하면서 전체 인구에서 도시 인구가 차지하는 비율이 높아지고, 도시적 생활 양식이 보편화되는 과정 └ 도시화율이라고 해.

2 도시화의 과정 도시화율에 따라 3단계로 구분함

┌ 대도시의 인구, 기능, 시설 등이 주변 지역으로 이동하는 현상

초기 단계	• 대부분의 인구가 촌락에 거주하며 1차 산업에 종사함 • 도시화율이 매우 낮고 완만하게 상승함
가속화 단계	• 산업화가 진행되고, 제조업과 서비스업이 발달함 • 이촌 향도 현상으로 도시화율이 급격히 상승함 • 가속화 단계 말기에는 교외화 현상이 나타나기도 함
종착 단계	• 도시화율의 증가 속도가 느려짐 • 역도시화 현상이 나타나기도 함

└ 도시 인구가 쾌적한 환경을 찾아 촌락으로 이동하여 도시 인구가 감소하는 현상

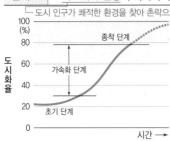

◀ **도시화 곡선** | 도시화 곡선은 대체로 S자 형태로 나타나며, 곡선의 기울기가 급할수록 도시화가 빠르게 진행된 것이다. 도시화가 진행되면 도시의 수가 증가하고 도시의 면적이 넓어지며, 2·3차 산업에 종사하는 인구 비율이 증가한다.

도시화 단계는 산업 구조 변화와 밀접하므로 도시화율을 통해 특정 지역 또는 국가의 산업 및 경제 발전 수준을 파악할 수 있어.

내공 2 선진국과 개발 도상국의 도시화

1 선진국의 도시화

(1) 과정: 18세기 산업 혁명 이후 200여 년에 걸쳐 산업화와 함께 점진적으로 진행됨 → 현재는 종착 단계에 이름

(2) 특징: 주로 촌락에서 도시로 인구가 이동하면서 이루어짐, 오늘날 도시화의 종착 단계로 정체 또는 역도시화 현상이 나타남

2 개발 도상국의 도시화

(1) 과정: 20세기 중반 이후 단기간에 매우 급속하게 진행됨 → 현재 가속화 단계 └ 제2차 세계 대전 이후 본격적으로 시작되었다.

(2) 특징: 산업화에 따른 이촌 향도와 함께 청장년층 중심의 이동으로 인구의 자연 증가도 급속하게 이루어짐, 수위 도시로 인구가 집중하여 과도시화 현상이 나타나기도 함

┌ 한 국가 내에서 인구가 가장 많은 제1의 도시

┌ 산업 또는 경제 성장의 수준을 초월하여 도시 인구가 지나치게 급증하는 현상

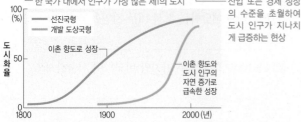

▲ **선진국과 개발 도상국의 도시화** | 선진국은 오랜 기간에 걸쳐 도시화가 이루어져 도시화 곡선의 기울기가 완만한 반면, 개발 도상국은 짧은 기간에 도시화가 급속하게 이루어져 도시화 곡선의 기울기가 급하다.

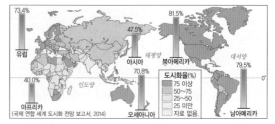

▲ **대륙 및 국가별 도시화율** | 개발 도상국의 비중이 높은 아시아와 아프리카의 도시화율은 유럽과 아메리카의 도시화율에 비해 낮은 편이다.

└ 도시화율은 선진국이 높지만, 도시화의 속도는 개발 도상국이 더 빠르다.

3 우리나라의 도시화

1960년대 이후	산업화에 따른 이촌 향도 현상으로 도시화가 빠르게 진행됨
1970년대 이후	우리나라 인구의 절반 이상이 도시에 거주하게 됨
1990년대 이후	도시화의 속도가 느려지기 시작함
현재	우리나라의 도시화율은 약 90% 정도로, 도시화의 종착 단계에 해당함

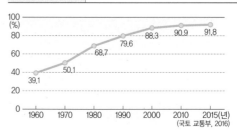

▲ **우리나라의 도시화율 변화** | 우리나라는 1960년대 이후 산업화에 따라 도시화율이 급속도로 증가하였고, 1990년대 이후 종착 단계에 접어들었다.

내공 3 선진국과 개발 도상국의 도시 문제와 해결 노력

┌ 대도시 내에 빈민이 주로 거주하고 주거 환경이 나쁜 지역으로, 도시 내부의 다른 지역과 빈부 격차가 매우 커.

1 선진국의 도시 문제

(1) 도시 활력 감소: 인구 감소, 시설의 노후화 → 도시 내부 지역의 기능 약화로 도시의 성장 정체

(2) 불량 주거 지역 형성: 도시 성장 초기에 도심에 건설된 낡고 허름한 건물을 중심으로 슬럼 형성

(3) 실업률 상승: 경제 환경의 변화로 일부 도시 내 제조업이 쇠퇴하면서 실업률 상승 └ 도심 과밀화에 따른 높은 지가와 임대료로 도시의 주거 및 경제 활동 비용이 상승했어.

(4) 기타: 주거 비용 상승 문제, 범죄 문제, 노숙자 문제, 이주민과 지역 주민 간의 갈등 문제 등

2 개발 도상국의 도시 문제 ┌ 도로, 철도, 전기, 상하수도 등 도시의 기능을 수행하는 데 바탕이 되는 시설

(1) 도시 기반 시설 부족: 급속한 산업화와 도시화로 도시에 인구 급증 → 도시 기반 시설 및 공공 서비스 부족

(2) 슬럼 형성: 몰려드는 인구에 비해 주택 부족 → 빈민촌 및 무허가 불량 주택이 밀집한 슬럼 형성

(3) 교통 문제: 도로 정비 불량으로 인한 교통 혼잡 발생

(4) 기타: 급속한 산업화로 인한 환경 문제, 실업 문제, 범죄 문제, 위생 문제, 도시 내 빈부 격차 심화 등

3 도시 문제의 해결 노력

선진국	• 도시 재개발 사업 진행 → 노후화된 각종 시설을 주민들을 위한 문화 공간으로 새롭게 조성 • 첨단 산업과 관광 산업을 중심으로 산업 구조 개편 → 도시 내 일자리 창출
개발 도상국	• 선진국의 자본과 기술을 도입하여 일자리 창출 • 주거 환경 개선 및 부족한 도시 기반 시설 확충

내공 4 살기 좋은 도시

1 도시 문제

빌바오는 철강 산업의 쇠퇴로 지역 경제가 침체하자, 구겐하임 미술관을 유치하여 예술과 관광의 도시로 거듭났다.

(1) 도시 문제의 원인: 특정 도시로의 인구와 기능의 집중

(2) 도시 문제의 종류와 해결 노력

교통 문제	도로 환경 개선, 혼잡 통행료 부과, 대중교통 이용 장려 등 예 쿠리치바(브라질)
환경 문제	쓰레기 분리수거, 친환경 에너지 사용 정책 추진, 생태 하천 복원 등 예 울산(우리나라)
도시 낙후 문제	도심 재활성화, 도시 재생 사업 추진 등 예 빌바오(에스파냐)
지역 격차 문제	지역 균형 발전 추진 등 예 그라츠(오스트리아)
일자리 부족 문제	글로벌 기업 유치, 새로운 산업 육성을 통한 일자리 창출 등 예 벵갈루루(인도)

▲ 원통형 승강장 | 쿠리치바는 굴절 버스, 원통형 버스 정류장 등을 도입하여 교통 혼잡 문제를 해결하였다.

▲ 태화강 | 울산광역시는 '태화강 살리기 사업'을 통해 태화강을 시민들의 휴식 공간으로 변화시켰다.

그라츠는 빈부 격차가 심한 동서 지역을 잇는 섬을 건설하여 지역 간 교류를 확대하였다.

2 살기 좋은 도시

(1) 살기 좋은 도시의 조건: 쾌적한 생활 환경, 정치·사회적 안정, 높은 경제 수준, 풍부한 의료·문화·편의 시설 등
→ 삶의 질이 높은 도시 ┐ 경제적 조건뿐만 아니라 개인의 행복감과 정치· 경제·사회적 조건에 따라 결정되는 주관적 개념

(2) 살기 좋은 도시의 사례: 오스트리아의 빈, 스위스 취리히, 캐나다 밴쿠버, 전라남도 순천시, 경기도 과천시 등

(3) 살기 좋은 도시를 만들기 위한 노력: 정부와 지방 자치 단체의 합리적이고 효율적인 정책 수립 및 시행, 지역 사회와 시민들의 공동체 의식 함양 등

▲ 빈(오스트리아) | 빈은 문화·예술의 도시로서 많은 역사 유적이 있으며, 공원이 잘 조성되어 도시민들의 여가 활동에 활용된다.

▲ 순천(우리나라) | 순천은 우리나라의 대표적인 생태 도시로서 우리나라의 '생태 수도'를 목표로 정책을 만들고 시행하고 있다.

1 도시에 인구가 집중하면서 전체 인구에서 도시 인구가 차지하는 비율이 높아지고, 도시적 생활 양식이 보편화되는 과정을 (   )라고 한다.

2 그래프의 A~C에 들어갈 도시화 단계를 각각 쓰시오.

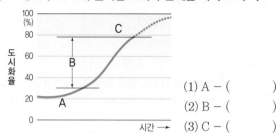

(1) A - (   )
(2) B - (   )
(3) C - (   )

3 다음 설명이 맞으면 ○표, 틀리면 ✕표를 하시오.

(1) 우리나라의 도시화는 현재 종착 단계에 해당한다.
(   )

(2) 선진국은 개발 도상국에 비해 도시화가 급속하게 진행되었으며, 현재 가속화 단계에 해당한다.
(   )

(3) 개발 도상국은 도시화 과정에서 수위 도시로 인구가 집중되어 과도시화 현상이 나타나기도 한다.
(   )

4 선진국과 개발 도상국에서 나타나는 도시 문제를 [보기]에서 골라 기호를 쓰시오.

┌─ 보기 ●
ㄱ. 도시 활력 감소
ㄴ. 도시 기반 시설 부족
ㄷ. 높은 지가로 인한 주거 비용 상승
ㄹ. 급속한 도시화로 인한 환경 문제 발생
└──────────

(1) 선진국 (   )
(2) 개발 도상국 (   )

5 도시 문제와 그에 대한 해결 노력을 옳게 연결하시오.

(1) 교통 문제 •   • ㉠ 대중교통 이용 장려
(2) 환경 문제 •   • ㉡ 도시 재생 사업 추진
(3) 도시 낙후 문제 •   • ㉢ 쓰레기 분리수거의 생활화

6 살기 좋은 도시는 자연환경이 쾌적하며, 각종 기반 시설이 잘 구축되어 있고, 정치적으로도 안정되어 있어 거주민의 (   )이 높은 도시이다.

족집게 문제

내공 1 도시화의 의미와 과정

1 도시화의 진행으로 나타나는 변화로 옳지 <u>않은</u> 것은?

① 도시의 수가 증가한다.
② 도시의 면적이 확대된다.
③ 도시적 생활 양식이 보편화된다.
④ 1차 산업에 종사하는 인구 비율이 증가한다.
⑤ 전체 인구 중 도시에 거주하는 인구가 증가한다.

[2~3] 그래프는 도시화 과정을 나타낸 것이다. 이를 보고 물음에 답하시오.

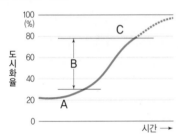

중요 2 A~C 단계에 대한 옳은 설명을 [보기]에서 고른 것은?

• 보기 •
ㄱ. A 단계에서 대부분의 인구는 1차 산업에 종사한다.
ㄴ. B 단계에서 도시화율의 상승 폭이 가장 크다.
ㄷ. A 단계는 B 단계와 달리 도시에 인구의 절반 이상이 거주한다.
ㄹ. B 단계는 C 단계에 비해 도시화 진행 속도가 느리다.

① ㄱ, ㄴ   ② ㄱ, ㄷ   ③ ㄴ, ㄷ
④ ㄴ, ㄹ   ⑤ ㄷ, ㄹ

3 제시된 글은 위 그래프의 B 단계에 대한 설명이다. ㉠~㉤에 들어갈 내용으로 옳지 <u>않은</u> 것은?

B는 도시화의 (㉠) 단계에 해당한다. 이 단계에서는 본격적으로 (㉡)가 진행되고, 도시에서 (㉢)과 서비스업이 발달하면서 도시화율이 급격하게 (㉣)한다. 이 단계 말기에는 도시 인구가 주변 지역으로 이동하는 (㉤) 현상이 나타나기도 한다.

① ㉠ - 가속화   ② ㉡ - 산업화   ③ ㉢ - 제조업
④ ㉣ - 상승   ⑤ ㉤ - 이촌 향도

내공 2 선진국과 개발 도상국의 도시화

4 ㉠~㉢에 들어갈 내용을 옳게 연결한 것은?

영국과 프랑스 등의 선진국에서는 18세기 (㉠) 이후 (㉡)의 발달과 함께 도시화가 진행되었다. 200여 년에 걸쳐 진행된 선진국의 도시화는 현재 (㉢) 단계에 이르렀다.

	㉠	㉡	㉢
①	산업 혁명	공업	종착
②	산업 혁명	공업	가속화
③	산업 혁명	서비스업	종착
④	제2차 세계 대전	공업	종착
⑤	제2차 세계 대전	서비스업	가속화

5 개발 도상국의 도시화에 대한 설명으로 옳지 <u>않은</u> 것은?

① 오늘날 가속화 단계에 해당한다.
② 20세기 중반 이후 본격적으로 시작되었다.
③ 산업화에 따른 이촌 향도 현상이 두드러진다.
④ 선진국에 비해 단기간에 급속하게 이루어졌다.
⑤ 노년층 중심의 이동으로 인구의 자연 감소가 나타난다.

중요 6 그래프는 경제 발전 수준이 다른 A, B 국가의 도시화 과정을 나타낸 것이다. 이에 대한 옳은 설명만을 [보기]에서 있는 대로 고른 것은?

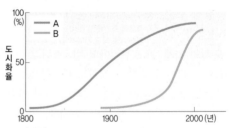

• 보기 •
ㄱ. A는 B보다 산업화 시기가 이르다.
ㄴ. A는 B보다 도시화의 역사가 짧다.
ㄷ. 오늘날 역도시화 현상은 A보다 B에서 주로 나타난다.
ㄹ. 수위 도시로 인구가 집중되는 현상은 A보다 B에서 뚜렷하게 나타난다.

① ㄱ, ㄴ   ② ㄴ, ㄷ   ③ ㄱ, ㄹ
④ ㄱ, ㄷ, ㄹ   ⑤ ㄴ, ㄷ, ㄹ

주관식

7 ㉠에 들어갈 용어를 쓰시오.

○○●●●●

도시화 과정에서 경제 발전이나 기술 혁신 등을 동반
하지 못한 채 경제 성장의 수준을 초월하여 도시 인구
가 지나치게 급증하는 현상을 (㉠)(이)라고 한다.

[8~9] 그래프는 경제 발전 수준이 다른 (가), (나) 국가의 도시
화율 변화를 나타낸 것이다. 이를 보고 물음에 답하시오.

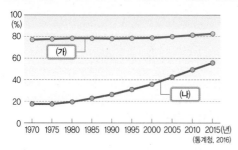

8 위 그래프를 보고 옳게 분석한 학생을 고른 것은?

○●●●●●

① 가현, 나현　　② 가현, 다현　　③ 나현, 다현
④ 나현, 라현　　⑤ 다현, 라현

9 (나)에 비해 (가)에서 두드러지게 나타나는 도시 문제로 적절한 것은?

○○●●●●

① 열악한 위생
② 기반 시설 부족
③ 각종 시설의 노후화
④ 도로 정비 불량으로 인한 교통 혼잡
⑤ 인구 급증에 따른 시설 및 일자리 부족

10 그래프는 세 국가의 도시화율 변화를 나타낸 것이다. (가)~(다)에 해당하는 국가를 지도에서 찾아 옳게 연결한 것은?

○○●●●●

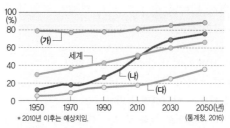

* 2010년 이후는 예상치임. (통계청, 2016)

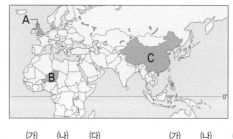

(가)	(나)	(다)		(가)	(나)	(다)
① A	B	C	② A	C	B
③ B	A	C	④ B	C	A
⑤ C	A	B			

중요 ## 11 그래프는 우리나라의 도시화율 변화를 나타낸 것이다. 이에 대한 옳은 설명을 [보기]에서 고른 것은?

●●●●●●

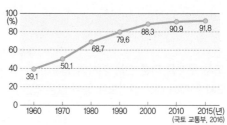

(국토 교통부, 2016)

● 보기 ●

ㄱ. 1960년에는 촌락보다 도시에 거주하는 인구가 더
많았다.
ㄴ. 1970년에는 인구의 절반 이상이 도시에 거주하게
되었다.
ㄷ. 1990년 이후 도시화의 속도가 급격하게 빨라지기 시
작하였다.
ㄹ. 2015년 기준 우리나라는 도시화의 종착 단계에 해
당한다.

① ㄱ, ㄴ　　② ㄱ, ㄷ　　③ ㄴ, ㄷ
④ ㄴ, ㄹ　　⑤ ㄷ, ㄹ

내공 3   선진국과 개발 도상국의 도시 문제와 해결 노력

12 선진국에서 나타날 수 있는 도시 문제로 적절한 것을 [보기]에서 고른 것은?

• 보기 •
ㄱ. 도시 기반 시설이 갖추어져 있지 않다.
ㄴ. 무허가 주택에 거주하는 사람들이 늘어나고 있다.
ㄷ. 공업 기능이 쇠퇴하면서 빈 창고가 많아지고 있다.
ㄹ. 노후 하수관으로 인해 도로가 함몰되는 사고가 발생한다.

① ㄱ, ㄴ   ② ㄱ, ㄷ   ③ ㄴ, ㄷ
④ ㄴ, ㄹ   ⑤ ㄷ, ㄹ

13 (가)에 들어갈 내용으로 가장 적절한 것은?

개발 도상국은 _____(가)_____ (으)로 인해 주택과 각종 시설 및 일자리 부족, 열악한 위생, 환경 오염 등의 도시 문제를 겪고 있다.

① 역도시화 현상
② 도시 재개발 사업
③ 도시 인구 비율의 감소
④ 점진적으로 이루어진 산업화
⑤ 짧은 시간에 급격하게 진행된 도시화

중요 14 다음은 도시 문제를 다룬 신문 기사의 일부이다. (가), (나)에 나타난 도시 문제에 대한 설명으로 옳지 않은 것은?

(가)
매해 증가하는 청년 실업자, 일하고 싶지만 일자리가 없어 노는 청년이 수두룩……

(나)
교외에 거주하는 직장인들이 몰리는 출퇴근 시간에는 3km 가는데 40분……

① (가)는 선진국과 개발 도상국 모두에서 나타난다.
② (가)를 해결하기 위해서는 산업 구조 개편, 자본·기술 도입 등의 노력이 필요하다.
③ (나)는 공공 주택 건설을 통해 해결할 수 있다.
④ (나)는 도로 정비가 불량한 지역일수록 문제가 심각하다.
⑤ (가), (나)는 모두 도시민들의 삶의 질을 떨어뜨린다.

내공 4   살기 좋은 도시

15 도시 문제와 그 해결 방안이 잘못 연결된 것은?

	도시 문제	해결 방안
①	교통 문제	대중교통 수단 확충
②	환경 문제	친환경 에너지 사용 정책 추진
③	도시 낙후 문제	도시 재생 사업 추진
④	지역 격차 문제	지역 균형 발전 정책 추진
⑤	일자리 부족 문제	외국인 근로자의 유입 장려

16 다음은 어느 다큐멘터리의 대본이다. 이러한 장면을 촬영할 수 있는 도시로 옳은 것은?

장면 1: 1950년대 급속한 도시화와 산업화로 교통 혼잡 문제를 겪고 있었던 과거의 모습
장면 2: 버스 승강대와 같은 높이로 설치된 원통형 승강장과 1회 통행료만 내고 버스 터미널에서 버스를 환승하고 있는 시민들

① 그라츠   ② 빌바오   ③ 밴쿠버
④ 쿠리치바   ⑤ 프라이부르크

17 다음에서 설명하는 도시로 옳은 것은?

1960년대 이후 대규모 산업 단지가 조성되고 인구가 증가하면서 태화강에 유입되는 폐수와 쓰레기가 늘어나면서 환경 오염이 심각해졌다. 이에 시는 시민, 환경 단체들과 함께 '태화강 살리기 사업'을 본격적으로 추진하였다.

① 과천   ② 순천   ③ 울산
④ 인천   ⑤ 포항

18 밑줄 친 ㉠~㉤ 중 옳지 <u>않은</u> 것은?

㉠ <u>도시 문제는 인구와 기능이 집중하여 발생</u>하는데 이러한 ㉡ <u>도시 문제는 지역 주민들의 삶의 질과 밀접하게 연결</u>되어 있다. ㉢ <u>삶의 질은 경제적 조건에 따라 결정되는 객관적인 개념</u>으로, 일반적으로 ㉣ <u>삶의 질이 높을수록 살기 좋은 도시</u>로 볼 수 있다. 따라서 ㉤ <u>세계 여러 정부와 지방 자치 단체는 합리적인 정책을 수립하여 살기 좋은 도시를 만들기 위해 노력</u>하고 있다.

① ㉠ ② ㉡ ③ ㉢ ④ ㉣ ⑤ ㉤

19 다음 두 도시의 공통점으로 가장 적절한 것은?

- 핀란드의 수도 헬싱키는 인구 규모 약 백만 명의 도시이다. 헬싱키는 자투리땅을 이용한 도시 농업을 장려하고 있다.
- 오스트레일리아의 멜버른은 전 세계에서 가장 살기 좋은 도시로 손꼽힌다. 도시 곳곳에 공원과 녹지 공간이 있어 시민들의 생활을 풍요롭게 한다.

① 정치·사회적으로 안정된 도시
② 인간과 자연이 조화를 이룬 도시
③ 각종 첨단 산업이 발달한 공업 도시
④ 산업 구조 변화를 통해 성공한 도시
⑤ 풍부한 문화 및 편의 시설을 갖춘 도시

중요 20 밑줄 친 ㉠, ㉡이 살기 좋은 도시의 조건 중 어느 것에 해당하는지 [보기]에서 골라 옳게 연결한 것은?

오스트리아의 빈은 모차르트, 베토벤 등 세계적인 음악가의 도시로, ㉠ <u>유럽에서 규모가 가장 큰 국립 오페라 하우스</u>가 있다. 또한 빈은 ㉡ <u>도시의 절반 이상이 정원, 공원, 숲 등 녹지대로 이루어져</u> 있다.

• 보기 •
ㄱ. 풍부한 문화 시설   ㄴ. 쾌적한 자연환경
ㄷ. 대중교통의 편의성   ㄹ. 정치·사회적 안정성

	㉠	㉡		㉠	㉡
①	ㄱ	ㄴ	②	ㄱ	ㄷ
③	ㄴ	ㄷ	④	ㄷ	ㄴ
⑤	ㄹ	ㄱ			

21 그래프는 도시화 과정을 나타낸 것이다. A~C에 해당하는 도시화 단계를 각각 쓰고, 도시화가 진행될수록 나타나는 변화를 <u>두 가지</u> 이상 서술하시오.

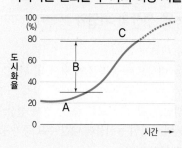

중요 22 그래프는 선진국과 개발 도상국의 도시화율을 나타낸 것이다. 이를 보고 물음에 답하시오.

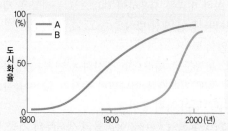

(1) A, B가 각각 어느 지역에 해당하는지 쓰시오.

(2) A, B 지역의 도시화 시기와 속도를 비교하여 서술하시오.

23 개발 도상국에서 나타나는 도시 문제를 <u>두 가지</u> 이상 서술하시오.

농업 생산의 기업화와 세계화

내공 1 세계화와 농업 생산의 기업화

1 농업 생산의 세계화
(1) 의미: 전 세계 시장을 대상으로 농작물의 생산 및 판매가 이루어지는 현상
(2) 배경: 교통·통신의 발달로 지역 간 교류 증가, 경제 성장으로 생활 수준이 향상되며 다양한 농산물에 대한 수요 증가 등
(3) 세계화에 따른 농업 생산의 변화

과거	곡물을 소규모로 재배하여 농가에서 직접 소비하는 자급적 농업이 주를 이룸
현재	산업화와 도시화가 진행되면서 시장에 판매할 목적으로 작물을 재배하거나 가축을 기르는 상업적 농업이 발달함 → 농업 생산의 다각화가 이루어짐

└ 예 낙농업, 원예 농업, 기업적 곡물 농업, 기업적 목축 등

2 농업 생산의 기업화
(1) 배경: 경제 활동의 세계화, 상업적 농업의 발달 등으로 농업 생산의 기업화 현상이 확대됨
(2) 기업적 농업: 자본과 기술력을 갖춘 다국적 농업 기업이 농기계와 화학 비료를 사용하여 대량으로 농산물을 재배하고 판매하는 농업 생산 방식 └ 예 곡물 메이저
(3) 기업적 농업의 특징
① 대량 생산: 농작물을 대량으로 생산하여 가격 경쟁력을 확보함 → 국제 거래가 늘어나면서 수요가 많은 곡물과 축산물의 생산량이 특히 증가함
② 농산물 생산 및 유통의 전문화: 농작물의 생산부터 가공 및 상품화까지의 전 과정을 담당함 → 세계 농산물의 가격과 생산 구조, 소비에 많은 영향을 끼침

▲ 세계의 기업적 농업 지역

(범례) 기업적 목축 / 기업적 곡물 농업 (구드 세계 지도, 2015)

▲ 기업적 목축(미국)과 기업적 곡물 농업(캐나다) | 기업적 목축은 대규모 목장을 마련하여 가축을 사육하는 방식이고, 기업적 곡물 농업은 농기계를 사용하여 넓은 농지를 경작하는 방식이다. 이러한 기업적 농업은 주로 미국, 캐나다, 오스트레일리아, 아르헨티나 등 넓은 평원이 있는 지역에서 이루어진다.
└ 적은 노동력으로 넓은 농지를 경작할 수 있기 때문에 노동 생산성이 매우 높아.

(D사, 2011) (범례) ★ 본사 / ■ 농장 / ● 가공 공장 / ● 항만 시설 / ● 유통 창고 및 영업 지점 / □ 제품을 판매하는 국가

▲ ○○ 농업 회사의 글로벌 네트워크와 제품 판매 | 다국적 농업 기업인 ○○사는 필리핀, 타이 등 열대 기후 지역에서 플랜테이션 방식을 이용하여 커피, 카카오, 바나나 등의 열대작물을 대량 생산한다. 이렇게 생산된 작물은 세계 각지에 있는 ○○사의 유통 센터를 통해 전 세계로 판매된다.
└ 열대 기후 지역에서 선진국의 자본, 기술과 개발 도상국의 노동력을 결합하여 상품 작물을 대규모로 재배하는 상업적 농업 방식

내공 2 농업 생산의 기업화와 세계화로 인한 변화

1 농업 생산 구조의 변화
(1) 상품 작물 재배 증가
① 원인: 기업적 농업이 확대되며 소규모로 농작물을 생산하는 국가가 타격을 받음 → 농업 경쟁력을 높이기 위해 곡물 생산지를 원예 작물, 기호 작물 등의 상품 작물 재배지로 바꾸고 있음 └ 차, 커피, 카카오 등 맛과 향을 즐기기 위해 먹는 기호 식품의 원료가 되는 작물
② 사례: 세계적인 쌀 생산지인 동남아시아 국가들은 플랜테이션 방식을 이용한 상품 작물 재배를 확대함 └ 식량 작물 생산 면적과 자영농은 감소하고 있어.

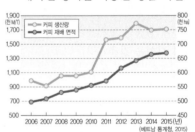

(범례) 커피 생산량 / 커피 재배 면적 (베트남 통계청, 2015)

▲ 베트남의 커피 재배 면적 변화 | 베트남은 열대 기후 지역에 위치한 대표적인 쌀 수출국이었다. 그러나 쌀의 가격 변동성이 커지고 기호 작물의 수요가 증가함에 따라 쌀보다 커피 생산에 집중하고 있다.

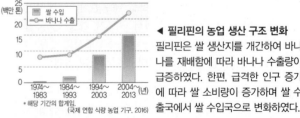

(범례) ■ 쌀 수입 / ● 바나나 수출 / * 해당 기간의 합계임. (국제 연합 식량 농업 기구, 2016)

◀ 필리핀의 농업 생산 구조 변화
필리핀은 쌀 생산지를 개간하여 바나나를 재배함에 따라 바나나 수출량이 급증하였다. 한편, 급격한 인구 증가에 따라 쌀 소비량이 증가하며 쌀 수출국에서 쌀 수입국으로 변화하였다.

(2) 가축의 사료 작물 재배 증가
① 원인: 전 세계적으로 육류 소비가 증가함 → 가축의 사료가 되는 작물의 재배 면적이 증가함
② 사례: 남아메리카 지역에서는 열대림을 목초지로 바꾸어 가축의 사료 작물을 재배함, 기업적 밀 재배 지역은 옥수수 재배 지역으로 변화함

◀ **캔자스주의 콘 벨트** | 미국 중서부 캔자스주는 대규모의 기업적 밀 재배 지역이었으나, 최근 옥수수 수요가 증가하는 추세에 맞춰 빠르게 옥수수 지대로 변화하고 있다.

2 농작물 소비 특성의 변화 및 영향

(1) 농작물 소비 특성의 변화

① **외국산 농산물 소비 증가**: 농업 생산의 기업화와 세계화로 세계 여러 지역에서 생산된 농산물을 쉽게 접하게 됨

② **육류와 기호 작물의 소비 증가**: 생활 수준의 향상으로 채소, 과일, 육류, 커피 등의 소비량이 증가함

③ **식단의 서구화**: 패스트푸드를 비롯한 서구 식단의 보편화로 식량 작물인 쌀의 소비량이 감소하고 있음

(2) 농업의 세계화가 소비 지역에 미친 영향

긍정적 영향	• 세계 각지에서 대량 생산된 다양한 농산물을 저렴하게 구매할 수 있음 • 외국산 농산물 수입 증가로 우리 식탁의 먹거리가 풍성해짐 → 먹거리의 세계화
부정적 영향	• 곡물 수입 의존도가 높은 일부 국가에서는 국제 농산물 가격이 급등하면서 식량 부족 문제가 나타남 • 기호 식품 재배와 목축업 확대로 열대 우림이 파괴됨 • 농산물 이동 과정에서 부패를 막기 위해 사용한 화학 약품의 안전성 문제가 제기됨 • 국내산 농산물의 판매 감소로 자국의 농민이 피해를 입을 수 있음 → 로컬 푸드 운동 등장

지역에서 생산된 농산물을 그 지역 안에서 소비하자는 운동이야.

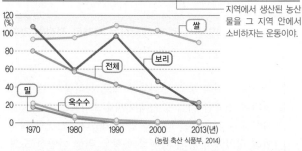

▲ **우리나라 식량 자급률의 변화** | 식량 자급이란 한 국가의 식량 소비량 중 국내에서 생산 및 공급되는 식량의 비율을 말한다. 우리나라는 쌀 자급률이 높은 편이지만, 쌀을 제외한 콩, 밀, 옥수수 등 주요 곡물은 대부분 수입에 의존하고 있다. ─ 식량 자급률이 낮으면 국제 농산물 가격이 급등할 경우 식량 부족 문제가 발생할 수 있다.

▲ **인도네시아 보르네오섬의 열대 우림 면적 감소** | 세계 최대의 팜유 생산국인 인도네시아는 팜유 농장을 확대하는 과정에서 경작지 확보를 위해 열대 우림을 불태웠고, 이로 인해 원주민의 거주 환경이 훼손되고 오랑우탄을 비롯한 다양한 생물종이 멸종 위기에 처하게 되었다.

---

1 농업 형태와 그에 대한 설명을 옳게 연결하시오.

(1) 상업적 농업 •

(2) 자급적 농업 •

• ㉠ 곡물을 소규모로 재배하여 농가에서 직접 소비하는 농업 형태

• ㉡ 시장에 판매할 목적으로 작물을 재배하고 가축을 기르는 농업 형태

2 ㉠, ㉡에 들어갈 내용을 각각 쓰시오.

> 최근 전 세계 시장을 대상으로 농작물의 생산과 판매가 이루어지는 농업의 (㉠   ) 현상이 나타나고 있다. 이와 함께 자본과 기술력을 갖춘 다국적 농업 기업이 농산물을 재배하고 판매하는 농업 생산 방식인 (㉡   ) 농업이 확대되고 있다.

3 기업적 농업의 특징만을 [보기]에서 있는 대로 골라 기호를 쓰시오.

• 보기 •
ㄱ. 농작물 소량 생산
ㄴ. 높은 가격 경쟁력
ㄷ. 농기계와 화학 비료 사용
ㄹ. 농작물 생산 및 유통의 전문화

4 다음 설명이 맞으면 ○표, 틀리면 ✕표를 하시오.

(1) 농업 경쟁력을 높이기 위해 플랜테이션 방식을 활용한 상품 작물 재배가 확대되고 있다. (   )

(2) 곡물 가격의 변동성이 커지면서 동남아시아 지역은 쌀과 같은 식량 작물 재배를 확대하고 있다. (   )

(3) 전 세계적으로 육류 소비가 증가함에 따라 남아메리카 지역에서는 사료 작물 재배 면적을 확대하고 있다. (   )

5 다음 괄호 안의 내용 중 알맞은 말에 ○표를 하시오.

(1) 패스트푸드를 비롯한 서구 식단의 보편화로 쌀의 소비량이 (증가, 감소)하고 있다.

(2) 생활 수준의 향상으로 채소, 과일 등 기호 작물의 소비량이 (증가, 감소)하고 있다.

(3) 식량 자급률이 (높은, 낮은) 국가는 국제 농산물 가격이 급등할 경우 식량 부족 문제를 겪을 수 있다.

내공 1   세계화와 농업 생산의 기업화

1 교사의 질문에 옳게 대답한 학생을 고른 것은?

> • 교사: 오늘날 농업의 세계화가 이루어지게 된 배경에
>   는 무엇이 있을까요?
> • 가영: 교통과 통신이 발달했기 때문입니다.
> • 나영: 지역 간 교류가 줄어들고 있기 때문입니다.
> • 다영: 경제 성장으로 생활 수준이 향상했기 때문입니다.
> • 라영: 다양한 농산물에 대한 수요가 감소했기 때문입니다.

① 가영, 나영   ② 가영, 다영   ③ 나영, 다영
④ 나영, 라영   ⑤ 다영, 라영

중요 2 세계화에 따른 농업 생산의 변화로 옳지 <u>않은</u> 것은?

① 농산물의 국제 거래가 증가하고 있다.
② 농업의 자동화와 기계화가 이루어지고 있다.
③ 대규모로 농산물을 재배하는 기업적 농업이 확대되고 있다.
④ 인간의 노동력에 의존한 노동 집약적 형태의 농업이 더욱 발달하고 있다.
⑤ 시장에 판매할 목적으로 작물을 재배하거나 가축을 기르는 상업적 농업이 발달하고 있다.

3 그림과 같이 운영되는 기업에 대한 설명으로 옳지 <u>않은</u> 것은?

▲ ○○ 농업 회사의 글로벌 네트워크와 제품 판매

① 개발 도상국에 진출하여 상업적 농업을 확대시킨다.
② 상품 작물 재배를 위해 플랜테이션 방식을 이용한다.
③ 농작물의 생산, 가공, 유통까지의 전 과정을 담당한다.
④ 전 세계 시장을 대상으로 농작물을 생산하고 판매한다.
⑤ 세계 농산물 시장의 가격과 생산 구조 등에 미치는 영향력이 적다.

4 사진과 관련된 농업에 대한 옳은 설명을 [보기]에서 고른 것은?

> • 보기 •
> ㄱ. 수요가 많은 곡물과 축산물의 생산에 집중한다.
> ㄴ. 농기계와 화학 비료를 사용하여 노동 생산성이 높다.
> ㄷ. 농작물을 소규모로 생산하여 가격 경쟁력이 낮은 편이다.
> ㄹ. 농가에서 재배하고 직접 소비하는 자급적 성격이 강하다.

① ㄱ, ㄴ   ② ㄱ, ㄷ   ③ ㄴ, ㄷ
④ ㄴ, ㄹ   ⑤ ㄷ, ㄹ

내공 2   농업 생산의 기업화와 세계화로 인한 변화

중요 5 밑줄 친 다양한 노력에 해당하는 사례로 적절한 것만을 [보기]에서 있는 대로 고른 것은?

> 오늘날 기업적 농업 방식의 확대로 농작물이 대량 생산되어 저렴한 가격에 판매되면서 소규모로 농작물을 생산하는 국가는 큰 타격을 입게 되었다. 그 결과 세계 여러 국가에서 농업 경쟁력 향상을 위한 <u>다양한 노력</u>이 이루어지고 있다.

> • 보기 •
> ㄱ. 동남아시아 지역은 플랜테이션 농업을 확대하고 있다.
> ㄴ. 차, 커피, 카카오와 같은 기호 작물 재배가 증가하고 있다.
> ㄷ. 원예 작물의 재배를 줄이고 한 종류의 곡물 생산에 집중하고 있다.
> ㄹ. 남아메리카 지역에서는 사료 작물 재배를 위해 열대림을 목초지로 변화시키고 있다.

① ㄱ, ㄷ   ② ㄱ, ㄹ   ③ ㄴ, ㄷ
④ ㄱ, ㄴ, ㄹ   ⑤ ㄴ, ㄷ, ㄹ

6 다음과 같은 변화가 나타나는 원인으로 가장 적절한 것은?

미국 중서부 캔자스주는 대규모의 기업적 밀 재배 지역이었으나 최근 옥수수 수요가 증가하는 추세에 맞춰 빠르게 옥수수 지대로 변화하고 있다.

① 친환경 농산물 수요가 증가하고 있다.
② 사료 작물의 소비량이 감소하고 있다.
③ 전 세계적으로 육류 소비가 증가하고 있다.
④ 다국적 농업 기업의 곡물 생산량이 늘어나고 있다.
⑤ 생활 수준 향상으로 기호 작물의 수요가 줄어들고 있다.

주요 7 농업의 세계화에 따른 농작물 소비 특성의 변화로 적절한 것을 [보기]에서 고른 것은?

• 보기 •
ㄱ. 채소, 과일의 소비량이 증가하고 있다.
ㄴ. 농작물 소비에서 기호 작물이 차지하는 비중이 감소하고 있다.
ㄷ. 해외에서 생산된 다양한 농산물을 쉽게 소비할 수 있게 되었다.
ㄹ. 패스트푸드를 비롯한 식생활의 보편화로 쌀의 소비량이 증가하고 있다.

① ㄱ, ㄴ   ② ㄱ, ㄷ   ③ ㄴ, ㄷ
④ ㄴ, ㄹ   ⑤ ㄷ, ㄹ

8 밑줄 친 ㉠~㉤ 중 옳지 않은 것은?

농업의 세계화가 소비 지역에 미친 영향	
긍정적 영향	• ㉠ 외국에서 생산된 농산물을 저렴하게 구매할 수 있음 • ㉡ 외국산 농산물 수입으로 우리 식탁의 먹거리가 풍성해짐 • ㉢ 국내산 농산물의 판매 증가로 국내 농가의 소득이 향상함
부정적 영향	• ㉣ 기호 작물 재배와 목축업 확대로 열대 우림이 파괴됨 • ㉤ 생산 및 유통 과정에서 사용되는 화학 약품의 안전성 문제가 제기됨

① ㉠   ② ㉡   ③ ㉢   ④ ㉣   ⑤ ㉤

출제율 ●●●●● 시험에 꼭 나오는 출제 가능성이 높은 예상 문제로, 내신 100점을 받기 위한 필수 문항들

9 자급적 농업과 상업적 농업의 특징을 비교하여 서술하시오.

_____

_____

10 ㉠과 같은 기업의 농산물 생산 방식의 특징을 두 가지 이상 서술하시오.

우리 식탁에 오르는 밀과 옥수수의 99%는 ㉠ 곡물 메이저의 '작품'이다. 곡물 메이저란 전 세계에 곡물 생산지를 두고 곡물을 수출입하는 다국적 기업을 일컫는 말이다. 최근에는 이들 기업을 통하지 않고서는 곡물의 국제 거래가 쉽지 않을 만큼 이들 기업은 세계 곡물 시장에서 큰 영향력을 행사하고 있다.

_____

_____

11 다음 내용을 읽고 물음에 답하시오.

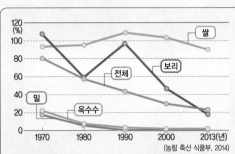

(농림 축산 식품부, 2014)

제시된 그래프는 우리나라 식량 자급률의 변화를 나타낸 것이다. 이를 통해 우리나라는 (㉠)을/를 제외한 콩, 밀, 옥수수 등 주요 곡물을 대부분 수입에 의존하고 있음을 알 수 있다.

(1) ㉠에 들어갈 작물을 쓰시오.

_____

(2) 위 그래프와 같은 상황이 지속될 때 우리나라가 겪을 수 있는 문제점을 서술하시오.

_____

다국적 기업과 생산 공간 변화 ~ 세계화에 따른 서비스업의 변화

내공 1 경제 활동의 세계화와 다국적 기업

1 경제 활동의 세계화 상품, 자본, 노동, 기술, 서비스 등이 국경을 초월하여 자유롭게 이동하면서 세계적 차원에서 경제적 상호 의존도가 높아지는 현상

2 다국적 기업의 형성

(1) 다국적 기업: 본사가 있는 국가를 포함하여 해외의 여러 국가에 판매 지사, 생산 공장 등을 운영하면서 전 세계를 대상으로 생산과 판매 활동을 하는 기업

(2) 다국적 기업의 발달 배경 ─세계 무역 증진을 위해 설립된 국제기구로, 무역 분쟁과 마찰 등을 조정하는 역할을 해.

① 교통과 통신의 발달로 국가 간 교류가 활발해짐

② 세계 무역 기구(WTO)의 출범 및 자유 무역 협정(FTA)의 체결 증가로 국가 간 무역이 증가함

③ 상품과 서비스, 자본, 기술 등의 국제 이동 증가로 세계적 차원에서 경제적 상호 의존도가 높아짐

(3) 다국적 기업의 활동: 공산품 생산과 판매 활동뿐만 아니라 농산물 생산 및 가공, 광물·에너지 자원 개발, 유통·금융 서비스 상품 제공 등으로 그 역할과 범위가 확대되고 있음

▲ **다국적 기업의 성장 과정** | 다국적 기업은 여러 단계를 거쳐 성장한다. 초기에는 단일 공장이 위치한 지역에서 성장하고, 규모가 커짐에 따라 지방에 공장을 건설하여 생산 기능을 분리한다. 이후 해외에 판매 지점을 개설하여 해외 시장을 개척하고, 해외에 생산 공장을 건설하여 제품을 직접 공급하는 과정을 거쳐 다국적 기업으로 성장한다.

내공 2 다국적 기업과 생산 공간 변화

1 다국적 기업의 공간적 분업

(1) 공간적 분업: 다국적 기업이 경영의 효율성을 높이고 이윤을 극대화하기 위해 기업의 기획 및 관리·연구·생산·판매 기능을 서로 다른 지역에 배치하는 것

(2) 다국적 기업의 기능별 입지 특성

본사	의사 결정에 필요한 다양한 정보와 자본을 확보하는 데 유리한 선진국에 입지
연구소	우수한 연구 시설과 전문 기술 인력을 확보하기 쉬운 선진국에 입지
생산 공장	• 생산 비용을 줄이기 위해 지가가 낮고 저렴한 노동력이 풍부한 개발 도상국에 주로 입지 • 시장을 확보하고 무역 장벽을 피하기 위해 선진국에 입지하기도 함 ─국내 산업을 보호하기 위해 수입품에 관세를 부과하는 등의 무역 제한 조치

▲ **○○ 자동차의 공간적 분업** | 다국적 기업인 ○○ 자동차의 연구소는 기술 수준이 높고 고급 인력이 풍부한 선진국에, 생산 공장은 지가와 임금이 저렴한 개발 도상국에 주로 분포하고 있다. 다국적 기업은 이러한 공간적 분업을 통해 경영의 효율성을 높이고 이윤을 극대화한다.

2 생산 공간 변화에 따른 지역 변화

(1) 생산 공장이 빠져나간 지역: 생산비 절감을 위해 다른 지역으로 생산 공장이 이전함 → 산업 공동화 현상으로 실업자가 증가하고 지역 경제가 침체될 수 있음

(2) 생산 공장이 들어선 지역 ─지역의 기반 산업이 경쟁력 상실로 없어지거나 해외로 이전하면서 산업 구조에 공백이 생기는 현상

긍정적 영향	• 자본 유입으로 지역 경제가 활성화됨 • 기술 이전을 통해 관련 산업이 발달함 • 새로운 산업 단지가 조성되어 일자리가 확대됨
부정적 영향	• 유사 제품을 생산하는 국내 기업의 경쟁력이 약화됨 • 이윤의 상당 부분을 본사가 가져갈 경우 국내 경제 발전을 기대하기 어려움 • 생산 공장이 철수할 경우 대규모 실업 사태와 경기 침체 등의 부작용이 발생할 수 있음 • 생산 공장에서 발생하는 유해 물질로 수질·대기 오염 등 환경 문제가 발생할 수 있음

내공 3 서비스업의 세계화

1 서비스업의 특성과 유형

(1) 서비스업: 사람이 필요로 하는 재화나 용역 등을 공급하는 활동

(2) 서비스업의 특성: 기계화·표준화가 어려워 다른 산업에 비해 고용 창출 효과가 큼

(3) 서비스업의 유형: 누구에게 제공하는가에 따라 구분됨

소비자 서비스업	일반 소비자에게 직접 제공하는 서비스 예 음식업, 숙박업, 소매업 등
생산자 서비스업	기업 활동에 도움을 주는 서비스 예 금융, 법률, 광고, 시장 조사 등

2 서비스업의 세계화 ┌ 제조업보다 서비스업이 경제 성장을 이끄는
현상으로, 대부분의 선진국에서 나타나고 있어.

(1) 배경: 탈공업화, 교통·통신의 발달로 경제 활동의 시간적·공간적 제약 완화, 다국적 기업의 활동 확대 등

(2) 세계화에 따른 서비스업의 입지 변화

공간적 분산	• 선진국의 다국적 기업은 비용 절감과 업무 효율성 향상을 위해 일부 업무를 개발 도상국으로 분산하여 운영함 예 해외 콜센터 • 대형 상점, 식당, 편의점 등은 세계 여러 지역에 진출하여 유사한 상품과 서비스를 제공함
공간적 집중	의료, 광고, 금융업 등 전문화된 서비스업은 세계 여러 지역과의 접근성이 좋고 정보가 풍부한 특정 지역에 집중됨

◀ 필리핀에 있는 글로벌 콜센터 | 인도와 필리핀에는 인건비가 저렴하고, 영어를 공용어로 쓴다는 장점 때문에 다국적 기업의 콜센터가 많이 들어서 있다.

내공 4 세계화에 따른 서비스업의 변화

1 유통의 세계화 ┌ 소비자와 판매자가 직접 만나지 않고 인터넷 통신망을 이용하여 물건을 사고파는 행위

(1) 배경: 정보 통신의 발달, 전자 상거래의 확대

(2) 전자 상거래의 특징 ┌ 전통적 구매 방식에 비해 유통 단계가 단순하여 유통 비용이 적게 들어.

① 상품 구매 시 시간적·공간적 제약이 완화됨

② 해외 직접 구매 등 소비 활동의 범위가 전 세계로 확대됨

(3) 전자 상거래 발달에 따른 변화 ┌ 예 공항, 고속도로, 철도역, 항만, 대도시 주변 등

① 택배업 등 유통 산업 성장, 운송이 유리한 지역에 대규모 물류 창고 입지

② 오프라인 매장 감소 및 배달 위주의 매장 발달 ┌ 소비자가 직접 찾아가 구매하는 상점

2 관광의 세계화

(1) 배경: 교통·통신의 발달로 관광 정보의 획득 용이, 소득 수준 향상과 여가 시간의 증대로 관광에 대한 관심 증가 등

(2) 영향

긍정적 영향	• 지역 주민의 일자리 확대 및 소득 증가 • 지역 이미지 개선 및 홍보 효과
부정적 영향	• 관광 시설 건설로 인한 환경 오염 문제 발생 • 지나친 상업화로 인한 지역의 고유문화 쇠퇴

(3) 관광 산업의 변화 ┌ 해당 지역에서만 경험할 수 있는 체험과 지역 주민에게 이익이 돌아가면서 환경 피해도 최소화할 수 있는 여행

① 지속 가능한 관광인 공정 여행에 대한 관심 증가

② 음악, 영화, 드라마, 축제 등의 소재를 체험해 보는 관광 발달 예 스크린 투어리즘

1 다음 설명이 맞으면 ○표, 틀리면 ✕표를 하시오.

(1) 교통·통신의 발달로 생산, 소비 등 경제 활동의 범위가 넓어지고 있다. (　　　)

(2) 세계 무역 기구(WTO)의 출범으로 국가 간 무역이 점차 감소하고 있다. (　　　)

(3) 상품, 자본, 노동, 기술 등의 국제 이동이 감소하며 국가 간 경제적 상호 의존도가 낮아지고 있다.
(　　　)

2 (　　　　)은 본사가 있는 국가를 포함하여 해외의 여러 국가에 판매 지사, 생산 공장 등을 운영하면서 전 세계를 대상으로 생산과 판매 활동을 하는 기업을 말한다.

3 다국적 기업의 기능과 각 기능이 입지하기에 적절한 지역을 연결하시오.

(1) 본사 ・　　　・㉠ 지가가 낮고 저렴한 노동력이 풍부한 곳

(2) 연구소 ・　　　・㉡ 다양한 정보와 자본을 확보하는 데 유리한 곳

(3) 생산 공장 ・　　　・㉢ 우수한 교육 시설과 고급 기술 인력을 확보하기 쉬운 곳

4 다국적 기업의 생산 공장 이전에 따라 각 지역에 나타나는 변화를 [보기]에서 골라 기호를 쓰시오.

• 보기 •
ㄱ. 지역 경제 침체
ㄴ. 대규모 실업자 발생
ㄷ. 기술 이전을 통한 관련 산업 발달
ㄹ. 수질 오염, 대기 오염 등 환경 오염 발생

(1) 생산 공장이 들어선 지역 (　　　)

(2) 생산 공장이 빠져나간 지역 (　　　)

5 다음 괄호 안의 내용 중 알맞은 말에 ○표를 하시오.

(1) 정보 통신 기술의 발달로 서비스 산업의 활동 범위가 (확대, 축소)되고 있다.

(2) 소득 수준이 향상하고 여가 시간이 늘어나면서 관광에 대한 관심이 (증가, 감소)하고 있다.

(3) 전자 상거래의 발달로 택배업 등의 유통 산업은 (성장, 쇠퇴)하는 반면, 오프라인 상점은 (성장, 쇠퇴)하고 있다.

족집게 문제

내공 1 **경제 활동의 세계화와 다국적 기업**

1 경제 활동의 세계화로 나타나는 변화로 옳지 <u>않은</u> 것은?

① 세계 여러 지역 간 교류가 확대되었다.
② 국가 간 경제 활동의 상호 의존도가 높아졌다.
③ 상품, 자본, 노동, 기술 등의 국제적 이동이 증가하였다.
④ 생산, 소비와 같은 경제 활동이 이루어지는 공간의 범위가 축소되었다.
⑤ 과거에 비해 해외에서 생산된 제품을 국내에서 쉽게 접할 수 있게 되었다.

[2~3] 다음 대화를 읽고 물음에 답하시오.

• 가영: 이 운동화의 상표인 A 사는 미국 회사인데, 제조국은 베트남이라고 적혀 있네?
• 나영: 뉴스에서 봤는데 A 사 같은 큰 기업들은 세계 여러 지역에 공장과 판매 지점들을 진출시킨대. 이런 기업들을 가르켜 (㉠)(이)라고 해.

2 대화의 내용과 같은 상황이 나타나게 된 배경으로 적절한 것을 [보기]에서 고른 것은?

• 보기 •
ㄱ. 교통·통신의 발달
ㄴ. 무역 장벽의 강화
ㄷ. 경제 활동의 세계화
ㄹ. 자유 무역 협정(FTA) 체결 감소

① ㄱ, ㄴ   ② ㄱ, ㄷ   ③ ㄴ, ㄷ
④ ㄴ, ㄹ   ⑤ ㄷ, ㄹ

중요 3 ㉠에 대한 설명으로 옳지 <u>않은</u> 것은?

① ㉠에 들어갈 말은 다국적 기업이다.
② 세계 여러 국가를 대상으로 생산과 판매 활동을 한다.
③ 자유 무역의 확산으로 그 역할과 활동 범위가 확대되고 있다.
④ 최근 농산물 생산 및 가공, 금융 서비스 등 다양한 분야에 진출하고 있다.
⑤ ㉠의 활동이 증가할수록 세계적 차원에서 경제적 상호 의존도는 점차 약화된다.

4 다음은 우리나라 어느 다국적 기업의 성장 과정이다. ㈎~㈐를 순서대로 옳게 나열한 것은?

㈎ 부산에 본사와 생산 공장을 세우고 사업을 시작하였다.
㈏ 미국과 유럽 현지에 생산 공장을 건설하여 제품을 직접 공급하였다.
㈐ 구미를 비롯한 부산 인근 도시에 공장을 세워 생산 기능을 분리하였다.
㈑ 유럽, 북아메리카 등의 지역에 영업 대리점을 개설하고 해외 시장을 개척하였다.

① ㈎-㈏-㈐-㈑
② ㈎-㈐-㈑-㈏
③ ㈎-㈑-㈐-㈏
④ ㈏-㈎-㈐-㈑
⑤ ㈐-㈎-㈑-㈐

내공 2 **다국적 기업과 생산 공간 변화**

5 지도는 어느 다국적 기업의 공간적 분업을 나타낸 것이다. 이에 대한 옳은 설명을 [보기]에서 고른 것은?

● A ◆ 현지 생산·판매 법인
● B ■ 지역 판매 총괄
(○○ 자동차 누리집, 2016)

• 보기 •
ㄱ. A는 기술을 갖춘 전문 인력이 풍부한 지역에 진출해 있다.
ㄴ. B는 주로 지가가 낮고 임금이 저렴한 곳에 많이 분포하고 있다.
ㄷ. 경영의 효율성을 높이기 위해 A와 B를 한곳에 집중시키고 있다.
ㄹ. A가 입지한 지역은 B가 입지한 지역에 비해 근로자 1인당 평균 임금이 낮을 것이다.

① ㄱ, ㄴ   ② ㄱ, ㄷ   ③ ㄴ, ㄷ
④ ㄴ, ㄹ   ⑤ ㄷ, ㄹ

6 다국적 기업의 생산 공장이 입지하는 조건으로 적절하지 **않은** 것은?

① 주로 저렴한 노동력이 풍부한 곳에 위치한다.
② 무역 장벽을 극복하기 위해 선진국에 입지하기도 한다.
③ 다양한 정보와 자본을 확보하기에 유리한 지역에 입지한다.
④ 생산 비용을 절감할 수 있는 조건을 갖춘 지역에 위치한다.
⑤ 판매 시장을 확보하기 위해 수요가 많은 국가에 위치하기도 한다.

중요 7 밑줄 친 부분에 해당하는 내용으로 적절한 것만을 [보기]에서 있는 대로 고른 것은?

> 우리나라에 본사를 둔 세계적인 다국적 기업인 ○○ 전자는 최근 우리나라에 있던 생산 공장을 동남아시아로 이전하고 있다. 2010년 세탁기의 생산 라인 이전을 시작으로 청소기, 냉장고의 일부 생산 라인이 베트남으로 이전되었다. 이에 우리나라의 생산 공장이 들어선 베트남 지역에도 많은 변화가 나타나고 있다.
> – 「노컷뉴스」, 2016. 1. 16.

• 보기 •
ㄱ. 기술을 이전받아 관련 산업이 발달할 수 있다.
ㄴ. 유사한 제품을 생산하는 국내 기업이 어려움을 겪을 수 있다.
ㄷ. 이윤의 대부분이 본사로 유출되어 지역 경제가 발전할 수 있다.
ㄹ. 생산 공장에서 발생하는 유해 물질로 환경 문제가 발생할 수 있다.

① ㄱ, ㄷ
② ㄱ, ㄹ
③ ㄴ, ㄷ
④ ㄱ, ㄴ, ㄹ
⑤ ㄴ, ㄷ, ㄹ

주관식

8 ㉠에 들어갈 현상을 쓰시오.

> (㉠)은/는 지역의 기반을 이루던 산업이 쇠퇴하거나 다른 지역으로 이전하게 되면서 해당 산업 구조에 공백이 생기는 현상으로, 다국적 기업의 생산 공장이 빠져나간 지역에서 주로 나타난다.

9 다음 사례에 대해 옳게 분석한 학생을 고른 것은?

> 2003년 개봉한 영화 '8 마일'은 미국 디트로이트시를 배경으로 한다. 1950년대 자동차를 생산하는 세계적 규모의 다국적 기업들이 들어서면서 번창하였던 디트로이트시는 다국적 기업의 생산 공장이 멕시코 등의 개발 도상국으로 이전하면서 지역 경제가 침체되었다. 이에 디트로이트시의 건물과 공장들이 폐허로 남아있게 되었는데, 감독은 작품에서 그 점을 사실적으로 나타내었다.

① 가현, 나현
② 가현, 다현
③ 나현, 다현
④ 나현, 라현
⑤ 다현, 라현

내공 3 **서비스업의 세계화**

10 서비스업에 대한 설명으로 옳지 **않은** 것은?

① 사람이 필요로 하는 재화나 용역을 공급하는 활동이다.
② 소비자에 따라 원하는 서비스 형태가 달라 표준화가 어렵다.
③ 찾는 사람이 많을수록 많은 노동력이 필요하여 고용 창출 효과가 크다.
④ 누구에게 제공하는가에 따라 소비자 서비스업과 생산자 서비스업으로 구분된다.
⑤ 오늘날 대부분의 선진국에서는 서비스업보다 제조업이 경제 성장을 이끄는 현상이 나타나고 있다.

11 지도는 국가별 국내 총생산에서 서비스업이 차지하는 비중과 산업 구조를 나타낸 것이다. 이에 대한 설명으로 옳지 <u>않은</u> 것은?

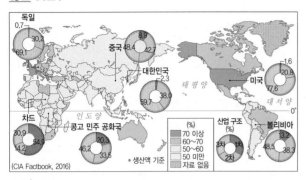

(CIA Factbook, 2016)

① 차드는 1차 산업 생산액 비중이 높은 편이다.
② 미국은 3차 산업 생산액 비중이 높은 편이다.
③ 중국은 우리나라보다 2차 산업 생산액 비중이 낮다.
④ 개발 도상국은 선진국과 달리 농업 중심의 생산 구조가 나타난다.
⑤ 선진국은 개발 도상국에 비해 국내 총생산에서 서비스 산업 생산액의 비중이 높다.

12 서비스업의 세계화에 대한 옳은 설명만을 [보기]에서 있는 대로 고른 것은?

• 보기 •
ㄱ. 서비스업의 공간적 범위가 확대되고 있다.
ㄴ. 선진국과 개발 도상국 간의 분업이 감소하고 있다.
ㄷ. 전체 산업 구조에서 서비스업이 차지하는 비중이 증가하고 있다.
ㄹ. 물자 이동이 증가함에 따라 택배업, 운수업 등의 유통 서비스가 성장하고 있다.

① ㄱ, ㄴ   ② ㄱ, ㄹ   ③ ㄴ, ㄷ
④ ㄱ, ㄷ, ㄹ   ⑤ ㄴ, ㄷ, ㄹ

내공 **4**   **세계화에 따른 서비스업의 변화**

13 그림은 서로 다른 상거래 방식을 나타낸 것이다. ㈎와 비교하여 ㈏의 상대적 특징을 [보기]에서 고른 것은?

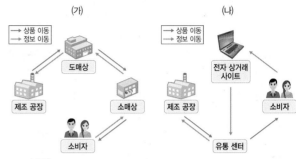

• 보기 •
ㄱ. 유통 비용이 많이 든다.
ㄴ. 이용 시간에 제한이 없다.
ㄷ. 소비 활동의 범위가 넓다.
ㄹ. 상품 구매의 공간적 제약이 크다.

① ㄱ, ㄴ   ② ㄱ, ㄷ   ③ ㄴ, ㄷ
④ ㄴ, ㄹ   ⑤ ㄷ, ㄹ

14 다음 기사를 통해 알 수 있는 내용으로 적절하지 <u>않은</u> 것은?

> 관세청에 의하면 국내 소비자의 해외 직구(직접 구매) 금액이 2010년부터 매년 두 배 이상 성장하여 2014년 연간 직구 금액은 2조 원을 넘어선 것으로 추산된다. 이에 세계적인 검색 업체 ○○은 국내 소비자의 해외 이탈을 막을 수 없다면 해외 소비자를 국내로 끌어오는 데 주력하라고 조언하였다.   – 「전자신문」, 2015. 1. 13.

① 전자 상거래를 통한 해외 송금액이 증가하고 있다.
② 정보 통신의 발달로 해외 직구가 활성화되고 있다.
③ 이러한 현상이 지속될 경우 국내 오프라인 매장이 감소할 것이다.
④ 해외 직접 구매로 인해 소비자들의 상품 선택 폭이 확대될 것이다.
⑤ 해외 직접 구매가 활성화되면서 국내 수입 업체 쇼핑몰의 수익이 증가할 것이다.

15 (가)에 들어갈 내용으로 적절하지 <u>않은</u> 것은?

> • 교사: 관광의 세계화로 나타나는 변화 모습에는 어떤 것들이 있을까요?
> • 학생: _____ (가)

① 교통, 숙박 등 관련 산업이 점차 쇠퇴하고 있습니다.
② 관광 산업의 발달로 지역 주민의 일자리가 증가합니다.
③ 정보 통신의 발달로 관광 정보의 획득이 쉬워졌습니다.
④ 관광 시설 건설로 인해 환경 오염 문제가 발생하기도 합니다.
⑤ 관광지를 상업화하는 과정에서 지역의 고유문화가 훼손되기도 합니다.

주관식

16 ㉠에 들어갈 용어를 쓰시오.

> 최근에는 해당 지역에서만 경험할 수 있는 체험과 지역 주민에게 이익의 대부분이 돌아가면서 환경 피해도 최소화할 수 있는 지속 가능한 여행 방식인 (㉠)에 대한 관심이 증가하고 있다.

17 밑줄 친 ㉠~㉤ 중 옳지 <u>않은</u> 것은?

> 최근 ㉠ 경제적 풍요와 여가 시간의 증대로 인해 ㉡ 전 세계적으로 관광객 수가 점차 줄어들고 있다. 하지만 ㉢ 통신의 발달로 관광 정보의 획득이 용이해진 요즘 ㉣ 세계 각국은 지역의 고유한 문화와 자연환경을 활용한 특색 있는 관광지를 개발하기 위해 노력하고 있다. 한편 ㉤ 영화 촬영지에서 관광객들이 영화의 소재를 직접 체험해 볼 수 있는 관광 상품도 개발되고 있다.

① ㉠   ② ㉡   ③ ㉢   ④ ㉣   ⑤ ㉤

18 다음과 같은 현상으로 인해 생산 공장이 있던 중국 지역에서 나타날 수 있는 변화를 <u>두 가지</u> 이상 서술하시오.

> '세계의 공장'이라고 불리며 세계 최대 제조업 기지로 군림했던 중국의 위상이 비틀거리고 있다. 많은 다국적 기업들이 중국에 있는 공장을 폐쇄하고 생산 설비를 베트남, 인도네시아 등의 동남아시아 지역으로 옮기고 있다.

_____

_____

_____

중요 19 다음 내용을 읽고 물음에 답하시오.

> (㉠)은/는 소비자가 상점을 방문할 필요 없이 상품을 구매하고 원하는 곳에서 받을 수 있다는 편리성 때문에 전 세계에서 성장하고 있다.

(1) ㉠에 들어갈 상거래 방식을 쓰시오.

_____

(2) (1)의 발달에 따른 변화를 <u>두 가지</u> 이상 서술하시오.

_____

_____

_____

20 제시된 용어를 포함하여 서비스업의 세계화 배경에 대해 서술하시오.

> • 탈공업화   • 교통·통신   • 다국적 기업

_____

_____

_____

01 전 지구적 차원의 기후 변화

내공 1 기후 변화

1 기후 변화의 의미와 요인

(1) **기후 변화**: 자연적·인위적 요인에 의해 기후가 장기간에 걸쳐 변화하는 현상 ┌─ 일정한 지역에서 오랫동안 일정하게 나타나는 대기의 평균적인 상태

(2) **기후 변화의 요인** ┌─ 과거에는 자연적 요인, 산업 혁명 이후에는 인위적 요인이 기후 변화에 큰 영향을 미치고 있어.

자연적 요인	태양의 활동 변화, 화산 활동에 따른 화산재 분출, 태양과 지구의 상대적 위치 변화 등
인위적 요인	석탄, 석유 등 화석 연료 사용에 따른 온실가스 배출량 증가, 도시화, 무분별한 토지 및 산림 개발 등

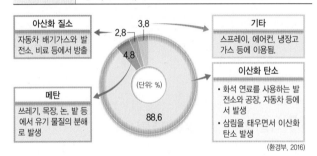

아산화 질소	기타
자동차 배기가스와 발전소, 비료 등에서 방출	스프레이, 에어컨, 냉장고 가스 등에 이용됨.

메탄	이산화 탄소
쓰레기, 목장, 논, 밭 등에서 유기 물질의 분해로 발생	• 화석 연료를 사용하는 발전소와 공장, 자동차 등에서 발생 • 삼림을 태우면서 이산화 탄소 발생

(단위: %) 3.8 / 2.8 / 4.8 / 88.6
(환경부, 2016)

▲ 온실가스의 종류

2 지구 온난화

(1) **지구 온난화**: 대기 중 온실가스 농도 증가로 지구의 평균 기온이 높아지는 현상

(2) **지구 온난화를 가속화하는 요인**

① **온실가스 증가**: 산업 혁명 이후 화석 연료의 사용 증가에 따라 온실가스 배출량이 급증하면서 온실 효과가 강화됨

② **무분별한 산림 개발**: 이산화 탄소를 흡수하고 저장하는 기능을 가진 숲이 파괴되며 지구 온난화가 가속화됨

적정한 온실 효과 / 태양광 / 복사열

과도한 온실 효과 / 태양광 / 복사열

▲ **온실 효과** | 지구에서 복사되는 열이 온실가스에 막혀 지구 밖으로 나가지 못하고 대기와 지표면의 온도를 높이는 현상을 온실 효과라고 한다.

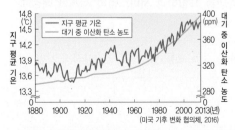

▲ **지구의 연평균 기온 변화** | 산업 혁명 이후, 화석 연료의 사용이 급증하며 대기 중 이산화 탄소 농도가 급증하였다. 이는 과도한 온실 효과로 이어져 지난 100여 년간 지구의 평균 기온은 약 0.74℃ 정도 상승하였다.

내공 2 기후 변화의 영향

1 빙하 감소와 해수면 상승

(1) **빙하 감소**: 지구 온난화의 영향으로 지표면의 온도가 상승하여 극지방과 고산 지역의 빙하 면적이 축소됨

(2) **해수면 상승**: 빙하가 녹은 물이 바다로 흘러들어 해수면이 상승함 → 해발 고도가 낮은 해안 저지대 국가와 일부 섬나라의 침수 피해 증가 **예** 몰디브, 투발루, 나우루 등
└─ 빙하가 녹으면서 운항이 가능한 북극 항로들이 개발되고, 북극 항로의 항해 일수가 늘었다는 긍정적 측면도 있어.

2 기상 이변 증가 ┌─ 대기 중에서 일어나는 물리적인 현상 **예** 바람, 구름, 비, 눈, 더위, 추위 등

(1) **기상 이변의 발생 빈도 증가**: 빙하가 녹은 물이 바닷물의 염분 농도를 낮게 만들어 해류의 순환을 방해함 → 태풍, 홍수, 폭우, 가뭄, 폭설 등과 같은 기상 이변의 발생 빈도와 피해 규모가 증가함

(2) **가뭄과 사막화 심화**: 기온 상승으로 물의 증발량이 증가하여 건조한 땅이 많아지고 물이 부족해짐

(3) **여름철 고온 현상 증가**: 폭염과 열대야 발생이 증가함

3 생태계 변화

(1) **해양 생태계 변화**: 바닷물의 온도 상승으로 수온 변화에 적응이 어려운 물고기들이 죽거나 수온이 낮은 수역으로 옮겨감 ┌─ 반면, 아열대 과일의 재배 지역은 확대되고 있어.

(2) **육상 생태계 변화**: 지표면의 온도 상승으로 고산 식물의 분포 범위가 감소하고 멸종 위기 식물이 증가함

(3) **기타**: 식물의 개화 시기가 빨라지고 동식물의 서식지가 변화함, 모기와 파리 등 전염병을 옮기는 해충이 증가함

▲ **볼리비아 차칼타야 스키장** | 세계에서 가장 높은 스키 활주로였으나, 빙하가 계속 줄어들어 현재는 흔적만 남아 있다.

▲ **미국 알래스카 시슈머레프섬** | 여름이 길어지면서 언 땅이 녹고 파도에 의해 모래가 깎여 나가면서 집이 무너졌다.

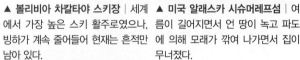

▲ **투발루** | 산호초 섬으로 이루어진 투발루는 바닷물이 점점 차올라 국토 전체가 물에 잠길 위기에 놓여 있다.

▲ **프랑스 파리** | 일주일 가까이 이어진 폭우로 센강의 물이 흘러넘쳐 파리의 관광 명소가 줄줄이 휴관하였다.

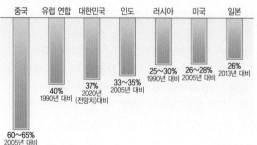

알프스산맥	북극해
빙하의 후퇴	해빙의 면적과 두께 감소

알래스카 영구 동토가 녹기 시작

그린란드 남부 대륙 빙하가 녹기 시작

유럽 아시아 북아메리카

아프리카 인도양 태평양 대서양 남아메리카

0°

오세아니아

킬리만자로산 정상 부근의 눈이 80% 이상 감소	히말라야산맥 빙하의 후퇴	키리바시·투발루 영토가 바닷물에 잠길 위험에 처한 나라	안데스산맥 페루 남서부의 빙하 후퇴

▲ **기후 변화에 따른 지역 변화** | 지구 평균 기온 상승으로 빙하가 줄어들고 해수면이 상승하였다. 그 결과 일부 해안 저지대가 물에 잠기고, 홍수 등의 기상 이변이 증가하며 기후 변화로 인해 어려움을 겪는 지역이 늘고 있다.

내공3 기후 변화를 해결하기 위한 노력

1 국제적 차원의 노력 — 각국의 이해관계와 산업 구조, 기술 수준이 다르므로 전 지구적 합의를 끌어내는 데 어려움이 많아.

(1) **국제 협력의 필요성**: 기후 변화는 전 세계 대부분의 지역에 영향을 주기 때문에 국제 사회의 협력이 필요함

(2) **기후 변화 해결을 위한 국제 협약**

기후 변화 협약 (1992)	브라질 리우데자네이루에서 열린 국제 연합 환경 개발 회의에서 온실가스를 줄이기 위한 기후 변화 협약을 최초로 채택함
교토 의정서 (1997)	온실가스의 배출량 감축 목표를 제시하고 탄소 배출권 거래 제도를 도입하는 등 기후 변화 협약의 구체적인 이행 방안을 제시함
파리 협정 (2015)	프랑스 파리에서 열린 제21차 국제 연합 기후 변화 협약 당사국 총회에서 2020년 이후의 기후 변화 대응 방안을 담은 협정을 채택함

(3) **온실가스 배출을 둘러싼 선진국과 개발 도상국의 입장**

선진국	온실가스 배출량이 급증하고 있는 개발 도상국도 온실가스 감축에 적극적으로 참여해야한다고 주장함
개발 도상국	경제 성장이 시급하기 때문에 온실가스 배출량을 적극적으로 감축하는 데 회의적임

중국 유럽 연합 대한민국 인도 러시아 미국 일본

25~30% 1990년 대비 26~28% 2005년 대비 26% 2013년 대비

33~35% 2005년 대비

40% 1990년 대비 37% 2020년 (전망치)대비

60~65% 2005년 대비

* 감축 목표 기간: ~2030년(미국만 2025년)

(환경부, 2016)

▲ **국가·지역별 온실가스 배출량 감축 목표** | 파리 협정은 선진국만을 대상으로 했던 교토 의정서와 달리 모든 국가를 대상으로 온실가스 배출량 감축 의무를 규정하였다. 이에 따라 모든 국가는 자국이 스스로 정한 방식에 따라 2020년부터 의무적으로 온실가스 감축에 나서야 한다.

2 지역적 차원의 노력 비정부 기구(NGO)를 중심으로 환경 의식 개선, 각국 정부의 기후 변화 대응책 마련 등
└ 우리나라는 환경 성적 표지 제도, 온실가스 배출권 거래제 등을 시행하여 온실가스 배출량을 줄이는 데 동참하고 있어.

3 개인적 차원의 노력 기후 변화로 발생하는 문제의 심각성을 인식하고 온실가스 배출량을 줄이기 위해 노력해야 함
└ ⑩ 재활용 잘하기, 대중교통 이용하기 등

---

1 기후 변화에 대한 설명이 맞으면 ○표, 틀리면 ✕표를 하시오.

(1) 기후는 자연적 요인에 의해서만 변화한다.

( )

(2) 화석 연료의 사용이 증가함에 따라 온실 효과가 강화되고 있다. ( )

2 대기 중 온실가스 농도 증가로 지구의 평균 기온이 높아지는 현상을 ( )라고 한다.

3 기후 변화의 영향으로 옳은 것을 [보기]에서 골라 기호를 쓰시오.

• 보기 •
ㄱ. 건조한 땅이 많아진다.
ㄴ. 빙하의 면적이 증가한다.
ㄷ. 식물의 개화 시기가 빨라진다.
ㄹ. 고산 식물의 분포 범위가 늘어난다.

4 다음 빈칸에 들어갈 내용을 쓰시오.

(1) 지구의 평균 기온이 상승하며 폭염과 ( ) 와 같은 여름철 고온 현상이 빈번해지고 있다.

(2) 지구 온난화의 영향으로 빙하가 녹고, 빙하가 녹은 물이 바다로 흘러들어 ( )이 상승하고 있다.

5 다음 설명에 해당하는 국제 협약을 [보기]에서 골라 기호를 쓰시오.

• 보기 •
ㄱ. 파리 협정
ㄴ. 교토 의정서
ㄷ. 기후 변화 협약

(1) 온실가스를 줄이기 위해 최초로 채택함 ( )

(2) 2020년 이후의 기후 변화 대응 방안에 관해 논의함 ( )

(3) 탄소 배출권 거래 제도 등 온실가스 배출량 감축을 위한 구체적 이행 방안을 제시함 ( )

6 다음 설명이 맞으면 ○표, 틀리면 ✕표를 하시오.

(1) 지구 온난화에 대처하기 위해서는 전 지구적 차원의 공동 노력이 필요하다. ( )

(2) 개발 도상국은 전 세계 모든 국가가 온실가스 배출량 감축에 적극적으로 참여할 것을 주장한다. ( )

족집게 문제

내공 1 기후 변화

1 기후 변화에 대한 옳은 설명만을 [보기]에서 있는 대로 고른 것은?

• 보기 •
ㄱ. 장기간에 걸쳐 나타나는 현상이다.
ㄴ. 기후의 평균적인 상태가 변화하는 것이다.
ㄷ. 오늘날 인위적 요인보다 자연적 요인이 더 많은 영향을 미치고 있다.
ㄹ. 태양의 활동 변화, 화산 활동에 따른 화산재 분출로 인해 일어나기도 한다.

① ㄱ, ㄴ
② ㄱ, ㄷ
③ ㄷ, ㄹ
④ ㄱ, ㄴ, ㄹ
⑤ ㄴ, ㄷ, ㄹ

[2~3] 그림을 보고 물음에 답하시오.

(가)   (나)

2 (가), (나) 현상에 대한 설명으로 옳은 것은?

① (가)와 같은 상황이 지속되면 지표면의 온도가 과도하게 상승할 것이다.
② (나)와 같은 상황이 지속되면 기후 이상 현상은 감소할 것이다.
③ (가)는 (나)에 비해 인간이 거주하기에 적정한 상태일 것이다.
④ (나)는 (가)에 비해 지구의 평균 기온이 더 낮을 것이다.
⑤ (가), (나)는 모두 적정한 온실 효과를 나타낸다.

3 (나)와 같은 현상에 가장 큰 영향을 미치는 기체로 옳은 것은?

① 메탄
② 산소
③ 수소
④ 아산화 질소
⑤ 이산화 탄소

4 그래프에 대한 옳은 설명을 [보기]에서 고른 것은?

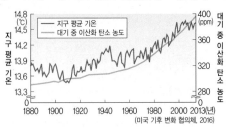

(미국 기후 변화 협의체, 2016)

• 보기 •
ㄱ. 지구의 평균 기온은 점차 상승하고 있다.
ㄴ. 이산화 탄소 배출량은 꾸준히 감소하고 있다.
ㄷ. 지구 평균 기온과 대기 중 이산화 탄소 농도는 반비례 관계이다.
ㄹ. 석탄, 석유 등 화석 연료의 사용 증가는 이러한 상황을 가속화시키고 있다.

① ㄱ, ㄴ
② ㄱ, ㄹ
③ ㄴ, ㄷ
④ ㄴ, ㄹ
⑤ ㄷ, ㄹ

내공 2 기후 변화의 영향

중요 5 ㉠에 대한 설명으로 옳지 않은 것은?

(㉠)의 영향으로 한반도에 많은 변화가 나타나고 있다. 주로 제주에서 재배되던 감귤이 지금은 경남 진주, 전남 고흥에서도 자란다. 바다에서 고등어, 멸치 등 난류성 어종은 늘어난 반면, 명태, 꽁치 등 한류성 어종은 우리 연근해에서 사실상 씨가 말랐다.

① ㉠에 들어갈 말은 지구 온난화이다.
② ㉠의 영향으로 아열대 작물의 재배 면적은 줄어들게 되었다.
③ ㉠이 심화할수록 폭염과 열대야와 같은 여름철 고온 현상이 증가한다.
④ 산업 혁명 이후 인간의 활동이 ㉠에 미치는 영향력이 점차 커지고 있다.
⑤ ㉠으로 인해 홍수나 가뭄, 태풍과 같은 기상 이변의 발생 빈도가 증가하고 있다.

6 다음은 학생이 작성한 형성 평가지이다. 이 학생이 받을 점수로 옳은 것은?

	형성 평가	

최근 기후 변화의 영향으로 발생하고 있는 현상에 대한 설명이 맞으면 ○표, 틀리면 ×표를 하시오.

문항	내용	답안
(1)	북극 항로의 항해 일수가 줄어들고 있다.	×
(2)	투발루와 같은 섬나라의 영토는 확장되고 있다.	○
(3)	빙하 면적이 감소함에 따라 평균 해수면이 점차 높아지고 있다.	○
(4)	바닷물의 염분 농도가 높아지며 해류의 순환이 보다 원활해졌다.	○
(5)	모기 등의 해충이 감소하며 열대 질병 발생 지역이 축소되고 있다.	×

(각 1점씩)

① 1점　　② 2점　　③ 3점　　④ 4점　　⑤ 5점

내공 3 **기후 변화를 해결하기 위한 노력**

7 기후 변화에 대한 학생들의 대화 중 옳지 않은 것은?

① 가영: 기후 변화는 전 세계에 영향을 미치므로 전 지구적 차원의 공동 노력이 필요해.
② 나영: 기후 변화의 피해는 온실가스 배출량이 적은 저개발 국가에서도 나타나고 있어.
③ 다영: 각국의 이해관계가 달라 온실가스 감축을 위한 전 지구적 합의를 이끌어내기 어려워.
④ 라영: 개발 도상국은 전 세계 모든 국가가 동등한 비율로 온실가스 배출을 감축할 것을 주장하고 있어.
⑤ 마영: 우리나라는 환경 성적 표지 제도, 온실가스 배출권 거래제 등을 통해 온실가스 감축에 동참하고 있어.

중요 8 파리 협정에 대한 설명으로 옳은 것은?

① 탄소 배출권 거래 제도를 처음으로 제안하였다.
② 2020년 이후의 기후 변화 대응을 담은 협약이다.
③ 온실가스 감축과 관련한 최초의 기후 변화 협약이다.
④ 우리나라는 참여하지 않아 의무를 이행하지 않아도 된다.
⑤ 주요 선진국들에게만 온실가스 감축 의무를 부여하고 있다.

---

9 다음 글을 읽고 물음에 답하시오.

▲ 몰디브의 수중 각료 회의

인도양에 있는 몰디브는 산호초와 모래 해변으로 이루어진 아름다운 섬나라이다. 하지만 대기 중 온실가스 농도가 증가하며 지구의 평균 기온이 높아지는 (㉠) 현상이 가속화되며 2100년에는 국토 전체가 물에 잠길 것이라는 비극적인 전망이 나오고 있다. 이에 몰디브의 대통령과 장관들은 해수면 4~5m 아래 바닷속에서 30여 분간 수중 각료 회의를 여는 특별한 행사를 통해 이 심각한 사태를 세계에 알렸다.

(1) ㉠에 들어갈 용어를 쓰시오.

_____

(2) (1)이 산업 혁명 이후 심화된 원인을 서술하시오.

_____
_____

중요 10 다음 글을 읽고 물음에 답하시오.

국제 사회는 1992년 브라질 리우데자네이루에서 열린 환경 개발 회의에서 온실가스를 줄이기 위한 기후 변화 협약을 최초로 채택하였다. 이후 1997년에는 온실가스 감축을 위한 구체적 이행 방안을 제시하는 (㉠)을/를 채택하였으며, 2015년에는 2020년 이후의 기후 변화에 대응하는 내용을 담은 (㉡)을/를 채택하였다.

(1) ㉠, ㉡에 들어갈 국제 협약을 각각 쓰시오.

_____

(2) ㉠, ㉡을 온실가스 감축 의무 부담 국가를 중심으로 비교하여 서술하시오.

_____
_____

환경 문제 유발 산업의 이동 ~ 생활 속의 환경 이슈

내공 1 환경 문제를 유발하는 산업의 이전

1 환경 문제 유발 산업의 이전 배경 산업화와 도시화에 따라 자원 소비 및 폐기물의 양이 증가하며 환경 문제가 심화함 → 일찍이 산업화와 도시화를 겪은 선진국이 환경 문제에 대한 규제를 강화함

2 유해 폐기물의 국제적 이동

┌ 정부 허가를 받은 안전 설비가 갖추어진 곳에서 매립, 소각의 방법으로 폐기해야 하기 때문에 환경 및 경제적 부담이 발생해.

(1) 전자 쓰레기: 사용하고 난 전자 제품에서 나오는 폐기물 → 기술의 발달로 전자 제품의 사용 주기가 짧아지면서 전자 쓰레기의 양도 늘어나고 있음
(2) 전자 쓰레기의 이동: 선진국에서 개발 도상국으로 이동함

선진국	환경 및 경제적 부담을 줄이기 위해 아시아와 아프리카의 개발 도상국에 전자 쓰레기를 불법적으로 수출함
개발 도상국	전자 쓰레기의 부품을 분리하여 금속 자원을 채취하려는 경제적 목적으로 선진국의 전자 쓰레기를 수입함

▲ **전자 쓰레기의 국제적 이동** | 전자 쓰레기의 대부분은 선진국에서 배출되어 개발 도상국으로 보내진다. 전자 쓰레기에는 환경 오염을 유발하는 중금속 물질이 많이 포함되어 있다. 이 때문에 선진국은 환경 규제가 느슨한 개발 도상국으로 전자 쓰레기를 이전하여 해당 국가의 환경 오염을 심화하고 있다.

(3) 전자 쓰레기의 이동에 따른 문제점: 가공 및 처리 과정에서 유해 물질 배출로 인해 주민들의 건강 악화, 환경 오염, 생태계 파괴 등의 문제가 발생함 → 유해 폐기물의 국제적 이동을 막기 위한 협약 체결 **예** 바젤 협약

3 공해 유발 산업의 국제적 이동
(1) 공해 유발 산업: 매연·폐수뿐만 아니라 석면·수은·카드뮴 등의 유해 물질을 배출하여 심각한 환경 문제를 일으키는 산업
(2) 공해 유발 산업의 이동: 환경 규제가 엄격한 선진국에서 상대적으로 환경 규제가 느슨한 개발 도상국으로 오래된 제조 설비가 이동함

┌ 국가별로 산업화의 시기와 속도가 달라 생산 시설의 국가 간 이동이 발생해.

선진국	• 개발보다 환경에 더 많은 관심을 가짐 • 개발 도상국으로 공장을 이전함으로써 저임금 노동력을 확보하는 동시에 환경 문제를 해결함
개발 도상국	• 빠른 산업화를 통한 경제 성장을 우선시함 • 새로운 일자리 창출 등의 경제적 효과를 얻는 대신 환경 오염, 주민들의 건강 악화 같은 문제가 발생함

▲ **석면 산업체의 국제적 이동** | 석면의 인체 유해성이 알려지면서 서유럽 중심의 선진국에서는 석면 사용을 전면 금지하였다. 이에 석면 산업체들은 여전히 석면의 생산과 소비가 가능한 중국, 인도네시아 등 개발 도상국으로 공장을 이전하였다. 이러한 공해 유발 산업의 국제적 이동은 선진국과 개발 도상국 간 환경 문제의 지역적 불평등을 일으킨다.

4 농장과 농업 기술의 국제적 이동
(1) 농장 이전: 선진국의 농장이 임금과 땅값이 저렴한 개발 도상국으로 이전함 → 개발 도상국에서는 선진국의 농업 기술을 바탕으로 플랜테이션 농업이 이루어짐
(2) 농장 이전이 개발 도상국에 미치는 영향

긍정적 영향	지역 경제 활성화에 도움이 됨
부정적 영향	토양의 황폐화, 관개용수 남용에 따른 물 부족 문제, 화학 비료와 농약 사용에 따른 토양·식수 오염 문제, 식량 문제 등을 유발함

┌ 식량 생산지를 플랜테이션 농업에 활용하기 때문에 식량 생산량이 감소하게 돼.

◀ **케냐 장미를 수입하는 국가** | 최근 유럽 시장에 공급되는 장미꽃의 약 70%는 케냐에서 재배된 것이다. 탄소 배출 비용 절감, 저렴한 인건비, 환경 오염 등을 이유로 네덜란드의 화훼 농가가 케냐로 이전했기 때문이다.

내공 2 생활 속의 환경 이슈

예 생활 하수, 도로 소음 등 ┐

1 환경 이슈 환경 문제 중 원인과 해결 방안이 입장에 따라 서로 다른 것 → 시대별로 다르게 나타나며, 지역적인 것부터 세계적인 것까지 다양한 규모에서 나타남

예 기후 변화, 사막화 등

2 다양한 환경 이슈
(1) 미세 먼지

대기가 안정된 상황에서는 농도가 높아지고, 바람이 불거나 비가 내리면 농도가 낮아져.

① 미세 먼지: 우리 눈에 보이지 않을 정도로 가늘고 작은 먼지
② 미세 먼지의 발생 요인

자연적 요인	흙먼지, 식물 꽃가루 등
인위적 요인	석탄, 석유 등의 화석 연료를 태울 때 생기는 매연, 자동차 배기가스, 건설 현장의 날림 먼지, 소각장 연기 등

└ 우리나라의 미세 먼지는 화력 발전소, 노후 경유차, 중국발 영향 등 국내외 요인이 복합적으로 작용하고 있어.

③ 미세 먼지의 영향: 각종 호흡기 질환 및 치매와 같은 뇌 질환 유발, 반도체 등 정밀 산업의 불량률 증가, 항공기 및 여객선 운항에 차질 초래 등

(2) 쓰레기 문제
① 쓰레기 문제의 발생 원인: 편리한 생활을 추구하면서 자원 소비 증가, 일회용품과 포장재 사용 증가 등
② 쓰레기 문제에 따른 갈등: 쓰레기 매립이나 소각을 둘러싼 갈등이 발생함 — 주로 미국, 브라질, 아르헨티나 등에서 대규모로 재배되고 있으며, 그 생산량도 점차 증가하고 있다.

(3) 유전자 변형 식품(GMO)
① 유전자 변형 식품: 유전자 재조합 기술을 이용해 본래의 유전자를 변형시켜 기존 번식 방법으로는 나타날 수 없는 새로운 성질의 유전자를 갖도록 개발된 식품이나 농산물
예 잡초에 강한 옥수수, 잘 무르지 않는 토마토 등
② 유전자 변형 식품에 대한 상반된 입장

긍정적 입장	• 수확량 증대로 농가의 소득 증가 및 생산 비용 감소 • 특정 영양소 강화 및 대량 생산 가능 → 세계 식량 부족 문제 해결 • 잡초와 해충에 강한 품종 개발 → 농약 사용량 감소
부정적 입장	• 인체에 대한 안전성이 검증되지 않음 • 유전자 변형 농산물에 대항하는 더욱 강력한 해충 등장 가능성 → 생태계 교란 위험

(4) 로컬 푸드(Local Food) 운동 — 대략 반경 50km 이내의 지역에서 생산되어 장거리 운송을 거치지 않은 농산물
① 로컬 푸드 운동의 배경: 방부제 사용 등 수입 식품의 안전성 우려, 장거리 운송에 따른 화석 연료 사용 증가로 지구 온난화 가속화 → 지역에서 생산된 농산물을 지역에서 소비하자는 로컬 푸드 운동 활성화
② 로컬 푸드 운동의 효과: 소비자에게 신선하고 안전한 먹을거리 제공, 농민의 안정적 소득 보장, 지역 경제 활성화, 화석 연료 사용을 줄여 온실가스 배출 감소 등

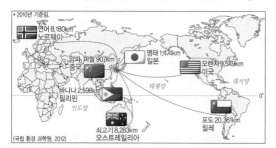

▲ 주요 소비 식품의 이동 거리 | 농산물이 생산지에서 식탁에 오르기까지 이동한 거리(km)에 식품의 수송량(t)을 곱한 값을 푸드 마일리지라고 한다. 이동 거리가 길수록 온실가스 배출량이 많기 때문에 푸드 마일리지를 통해 장거리 이동 식품이 환경에 부담을 미치는 정도를 파악할 수 있다.

3 환경 문제 해결을 위한 노력
(1) 환경 문제 해결 방안: 전 지구적 차원의 대책 수립 및 일상 생활에서 환경 보전 활동에 참여하는 개인의 실천 필요
(2) 일상생활 속 환경 보전 활동
① 전기, 가스, 물 등을 낭비하지 않기
② 자가용보다 자전거나 대중교통 이용하기
③ 저탄소 제품, 에너지 효율이 높은 제품 사용하기
④ 일회용품 사용 자제 및 재활용품 분리배출 생활화하기

개념 확인하기

1 전자 쓰레기에 대한 설명이 맞으면 ○표, 틀리면 ✕표를 하시오.
(1) 대부분 개발 도상국에서 배출되어 선진국으로 이동한다. (   )
(2) 전자 제품의 사용 주기가 짧아지면서 그 양이 늘어나고 있다. (   )
(3) 개발 도상국의 주민들은 전자 쓰레기의 부품을 분리하는 과정에서 유해 물질에 노출되고 있다. (   )

2 다음 괄호 안의 내용 중 알맞은 말에 ○표를 하시오.

> (선진국, 개발 도상국)은 환경에 많은 관심을 갖고 공해 유발 산업의 공장을 해외로 이전시키는 반면, (선진국, 개발 도상국)은 빠른 산업화를 통한 경제 성장을 위해 공해 유발 공장들을 유치하고 있다.

3 (   )란 환경 문제 중 원인과 해결 방안이 입장에 따라 서로 다른 것이다.

4 미세 먼지에 대한 설명이 맞으면 ○표, 틀리면 ✕표를 하시오.
(1) 입자가 매우 작아 우리 몸속에 미치는 영향이 적다. (   )
(2) 대기가 안정된 상황에서는 확산이 잘 일어나지 않아 농도가 높아진다. (   )

5 유전자 변형 식품의 특징을 [보기]에서 골라 기호를 쓰시오.

> • 보기 •
> ㄱ. 대량 생산 가능
> ㄴ. 잡초나 해충에 약함
> ㄷ. 인체 안전성에 대한 우려 존재
> ㄹ. 생물 다양성을 지키고 생태계 안정에 기여

6 ㉠, ㉡에 들어갈 용어를 각각 쓰시오.

> 환경에 대한 관심이 커지면서 지역에서 생산된 농산물을 지역에서 소비하자는 (㉠   ) 운동이 확산되고 있다. (㉠   )는 '식품의 이동 거리 (km)×식품의 수송량(t)'을 나타내는 (㉡   )가 낮아 해외에서 수입한 식품에 비해 환경에 미치는 부담이 적다.

족집게 문제

내공 1 환경 문제를 유발하는 산업의 이전

1 밑줄 친 ⑦∼⑩ 중 옳지 않은 것은?

오늘날 산업 혁명과 기술 혁신, 도시화로 인해 환경 문제가 전 세계 곳곳에서 나타나고 있다. ⑦ 산업화로 인간이 자연의 제약을 극복하면서 인구가 급증하였고, ⑥ 인구 증가에 따라 자원 소비량은 감소한 반면 ⑥ 폐기물의 양은 늘어났다. 또한 ⑧ 도시화에 따른 교통량 증가와, ⑩ 생활 하수 등 오염 물질의 대량 방출 등으로 환경 문제는 나날이 심화하고 있다.

① ⑦ ② ⑥ ③ ⑥ ④ ⑧ ⑤ ⑩

중요 2 지도는 전자 쓰레기의 국제적 이동을 나타낸 것이다. 이에 대한 옳은 분석을 [보기]에서 고른 것은?

➡ 앵글로아메리카에서 배출한 전자 쓰레기의 이동
➡ 북서유럽에서 배출한 전자 쓰레기의 이동   (그린피스, 바젤 행동 네트워크, 2015)

• 보기 •
ㄱ. 전자 쓰레기는 주로 선진국에서 개발 도상국으로 이동한다.
ㄴ. 유럽에서 발생한 전자 쓰레기는 주로 중국으로 이동하고 있다.
ㄷ. 많은 선진국이 경제적 이익을 얻기 위해 전자 쓰레기를 수입하고 있다.
ㄹ. 전자 쓰레기 유입 지역은 유출 지역에 비해 환경 규제가 느슨한 지역이다.

① ㄱ, ㄴ   ② ㄱ, ㄹ   ③ ㄴ, ㄷ
④ ㄴ, ㄹ   ⑤ ㄷ, ㄹ

3 ⑦에 대한 설명으로 옳지 않은 것은?

아프리카 가나의 수도 아크라 인근의 아그보그블로시 마을에는 '기부' 스티커가 붙어 있는 컨테이너마다 폐가전제품이 가득하다. 이 마을에서는 아이들까지 안전 장비 하나 없이 온종일 (⑦)을/를 소각하여 생긴 금속을 팔아 돈을 버는데, 소각 과정에서 나오는 수은, 납, 카드뮴, 구리 등은 제대로 된 방법으로 거두면 재활용 자원이 되지만, 그렇지 않으면 치명적인 오염원이 된다. 선진국에서 '기부'라는 이름으로 버리는 쓰레기는 이 지역 사람들의 목숨까지도 위협하고 있다.

① ⑦에 들어갈 말은 전자 쓰레기이다.
② ⑦의 자유로운 수출입은 법적으로 허용되지 않는다.
③ ⑦을 소각하는 국가는 유해 물질 배출에 따른 피해를 겪고 있다.
④ 과학 기술의 발달과 생활 수준의 향상으로 ⑦의 양은 감소하고 있다.
⑤ ⑦은 정부의 허가를 받은 안전 설비가 갖추어진 곳에서 폐기해야 한다.

주관식

4 ⑦에 들어갈 국제 협약을 쓰시오.

유해 폐기물에 대한 국제적 관심이 증가하면서 1989년 유해 폐기물의 국제적 이동의 통제와 규제를 목적으로 하는 (⑦)이/가 체결되었다.

5 공해 유발 산업의 국제적 이동에 대한 설명으로 옳지 않은 것은?

① 국가별로 산업화의 시기와 속도 등이 다르기 때문에 발생한다.
② 공해 유발 산업의 이동을 통해 선진국은 저임금 노동력을 확보할 수 있다.
③ 공해 유발 산업의 유치로 개발 도상국은 환경 오염 등의 문제를 겪고 있다.
④ 개발 도상국은 공해 유발 산업을 규제하는 법적 장치를 제대로 갖추지 못한 경우가 많다.
⑤ 선진국은 환경보다는 경제 성장을 우선시하기 때문에 공해 유발 산업을 지속적으로 유치하고 있다.

6 다음 글을 통해 알 수 있는 내용으로 옳은 것을 [보기]에서 고른 것은?

> 건축 자재로 사용되는 석면은 대표적인 발암 물질로, 석면이 섞인 공기를 장기간 들이마시면 암에 걸릴 위험이 커진다. 일본의 석면 회사는 1970년대에 자국 내 석면과 관련된 규제가 강화되자, 석면 공장을 우리나라로 이전하였다. 1990년대 이후에는 우리나라의 석면 회사들이 중국, 인도네시아, 말레이시아, 필리핀 등으로 공장을 이전하였다.

● 보기 ●
ㄱ. 1990년대 이후 석면 공장의 이전으로 우리나라의 환경 문제는 더욱 심화될 것이다.
ㄴ. 중국, 인도네시아 등의 지역에서는 새로운 일자리 창출 등의 경제적 효과가 나타날 것이다.
ㄷ. 석면 공장은 환경 문제에 대한 인식이 높은 지역에서 인식이 낮은 지역으로 이동하는 추세이다.
ㄹ. 석면 공장은 빠른 산업화를 통한 경제 성장보다 환경 보호를 중시하는 지역으로 이전하고 있다.

① ㄱ, ㄴ   ② ㄱ, ㄷ   ③ ㄴ, ㄷ
④ ㄴ, ㄹ   ⑤ ㄷ, ㄹ

7 다음 글의 주제로 가장 적절한 것은?

> 미국의 대표적인 농약 회사인 A 사는 미국의 환경 규제가 강화되자, 환경 규제가 덜 엄격한 인도의 보팔로 공장을 옮겼다. 1984년 12월, 보팔의 A 사 공장에서 맹독성 화학 물질 저장 탱크가 폭발해 42톤 규모의 가스가 누출되는 사고가 일어났다. 이 사고로 2,800여 명의 지역 주민이 사망했고 20만 명 이상의 피해자가 발생하였다.

① 환경 문제의 지역적 불평등
② 개발 도상국의 엄격한 환경 규제
③ 자원 소비 증가에 따른 환경 문제
④ 환경 오염을 해결하기 위한 기업의 노력
⑤ 산업체 이전으로 일어나는 지역 경제 활성화

중요 8 다음 글에 대한 옳은 분석만을 [보기]에서 있는 대로 고른 것은?

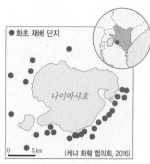

▲ 나이바샤호 주변의 화초 재배 단지

> 과거 유럽에서 소비되던 장미는 대부분 네덜란드에서 재배되었으나, 생산비가 증가하면서 남아메리카와 아프리카로 생산지가 이동하였다. 그중 케냐는 기후 조건이 장미 재배에 적합하며 나이바샤 호수의 풍부한 수자원도 이용할 수 있어 장미 산업이 발달하게 되었다.

● 보기 ●
ㄱ. 케냐는 화훼 산업을 유치함으로써 식량 문제가 완화될 것이다.
ㄴ. 네덜란드는 화훼 수요가 감소하자 화훼 생산지를 케냐로 이전하였다.
ㄷ. 케냐는 장미 수출로 외화 수입이 증가하여 경제가 활성화되었을 것이다.
ㄹ. 화훼 농장이 들어선 나이바샤 호수 주변 지역은 관개용수 남용으로 물 부족 문제를 겪을 수 있다.

① ㄱ, ㄴ   ② ㄱ, ㄷ   ③ ㄷ, ㄹ
④ ㄱ, ㄴ, ㄹ   ⑤ ㄴ, ㄷ, ㄹ

내공 2   생활 속의 환경 이슈

9 환경 이슈에 대한 설명으로 옳지 않은 것은?

① 시대와 관계없이 동일하게 발생한다.
② 전 지구적 차원의 기후 변화가 대표적이다.
③ 원인과 해결 방안이 입장에 따라 다를 수 있다.
④ 환경에 대한 관심이 커지면서 환경 이슈도 증가하고 있다.
⑤ 지역적인 것부터 세계적인 것까지 다양한 규모에서 나타난다.

[10~11] 다음 대화를 읽고 물음에 답하시오.

> • 비상: 엄마, 오늘 밖이 너무 뿌옇게 보여요. 바로 앞의 아파트도 잘 안 보여요.
> • 엄마: 그래? 뉴스를 보니 우리 눈에 보이지 않을 정도로 작은 먼지인 (㉠) 농도가 오늘 하루 종일 높다고 하더구나. 오늘은 꼭 마스크를 챙겨야겠구나.

주관식

10 ㉠에 들어갈 용어를 쓰시오.

중요 11 ㉠에 대한 설명으로 옳지 <u>않은</u> 것은?

① 반도체 산업의 불량률을 높이기도 한다.
② 입자가 매우 작아 호흡기에서 걸러지지 않는다.
③ 치매와 같은 뇌 질환을 유발하는 요인이 되기도 한다.
④ 가시거리를 떨어뜨려 비행기 운항에 지장을 주기도 한다.
⑤ 흙먼지나 식물 꽃가루 등의 자연적 요인에 의해서만 발생한다.

12 교사의 질문에 옳게 대답한 학생을 고른 것은?

① 가현, 나현　　② 가현, 다현　　③ 나현, 다현
④ 나현, 라현　　⑤ 다현, 라현

[13~15] 다음 글을 읽고 물음에 답하시오.

> (㉠)은/는 유전자 재조합 기술을 이용하여 생물체의 유용한 유전자를 다른 생물체의 유전자와 결합하여 특정 목적에 맞도록 변형한 농산물이다. 1994년 미국에서 '무르지 않는 토마토'가 처음 개발된 이후 현재 전 세계에서 재배되고 있는 (㉠)은/는 쌀, 밀, 카놀라, 목화 등 모두 18가지에 이른다.

13 ㉠에 들어갈 용어로 옳은 것은?

① 기호 식품　　　　② 로컬 푸드
③ 유기농 농산물　　④ 푸드 마일리지
⑤ 유전자 변형 식품

14 ㉠에 대한 옳은 설명을 [보기]에서 고른 것은?

> • 보기 •
> ㄱ. 재배 과정에 많은 노동력과 비용을 들여야 한다.
> ㄴ. 잡초에 강한 옥수수, 카페인이 제거된 커피 등이 그 예이다.
> ㄷ. 미국, 브라질, 아르헨티나 등지에서 소규모로 재배되고 있다.
> ㄹ. 기존의 번식 방법으로는 나타날 수 없는 새로운 성질의 유전자를 지닌다.

① ㄱ, ㄴ　　　　② ㄱ, ㄹ　　　　③ ㄴ, ㄷ
④ ㄴ, ㄹ　　　　⑤ ㄷ, ㄹ

중요 15 ㉠을 둘러싼 다양한 의견을 정리한 것으로 적절하지 <u>않은</u> 것은?

① 생산자: 수확량이 감소하여 농가의 소득이 줄어들었어요.
② 소비자: 인체에 대한 안전성이 검증되지 않아 먹기가 꺼려져요.
③ 식량 전문가: 대량 생산이 가능하기 때문에 세계 식량 문제 해결에 도움이 될 수 있어요.
④ 환경 단체 회원: 새로운 생물체를 인위적으로 만들어 생물 다양성을 파괴할 우려가 있어요.
⑤ 기업가: 저희가 수출하는 농산물은 해충과 잡초에 강하기 때문에 농약을 사용할 필요가 없어요.

16 푸드 마일리지에 대한 설명으로 옳지 <u>않은</u> 것은?

① 푸드 마일리지가 높을수록 식품의 안전성이 높다.
② 푸드 마일리지와 온실가스 배출량은 비례 관계이다.
③ 식품의 수송량(t)과 생산지에서 소비자까지의 이동 거리(km)를 곱하여 계산한다.
④ 장거리 운송 식품이 환경에 부담을 미치는 정도를 측정하는 데 중요한 자료가 된다.
⑤ 같은 무게의 국내산 키위와 뉴질랜드 키위를 비교했을 때 국내산 키위의 푸드 마일리지가 적다.

17 로컬 푸드 운동의 효과를 [보기]에서 고른 것은?

• 보기 •
ㄱ. 지역 농민들의 소득이 증가할 수 있다.
ㄴ. 세계 각지에서 생산된 농산물을 저렴하게 구매할 수 있다.
ㄷ. 화석 연료를 사용하여 온실가스 배출량이 증가할 수 있다.
ㄹ. 지역에 맞는 친환경 농업을 발전시켜 지역 경제를 활성화할 수 있다.

① ㄱ, ㄴ   ② ㄱ, ㄹ   ③ ㄴ, ㄷ
④ ㄴ, ㄹ   ⑤ ㄷ, ㄹ

18 환경 문제 해결을 위한 홍보 문구로 적절하지 <u>않은</u> 것은?

① 일회용품 싫어요. 재활용품 분리배출 좋아요.
② 무심코 쓰는 저탄소 제품, 지구를 점점 아프게 합니다.
③ 환경 문제 해결, 그 시작은 일상생활 속 환경 문제에 대한 관심!
④ 쓰지 않는 전기 콘센트를 빼 놓는 습관이 지구를 살릴 수 있습니다.
⑤ 자가용보다는 자전거를 타는 습관, 건강과 환경을 지키는 일석이조의 습관입니다.

19 지도는 석면 산업체의 국제적 이동을 나타낸 것이다. 석면 산업체의 국제적 이동 경향과 그 이유를 서술하시오.

1981년 독일 석면 기업 L사가 한국 J사로 석면 방직 기계 수출
1970년대 미국 석면 기업 J사의 석면 시멘트 공장이 일본으로 진출
1970년대 초 일본 석면 기업 N사의 자회사 T사는 청석면과 백석면 방직 기계를 한국 J사로 수출
1990~2000년 한국의 석면 방직 공장 J사는 인도네시아, 말레이시아, 중국으로 진출
(환경 보건 시민 센터, 2014)

독일, 유럽, 아시아, 중국, 일본, 북아메리카, 미국, 태평양, 대서양, 아프리카, 말레이시아, 인도양, 인도네시아, 오세아니아, 남아메리카

_____

20 미세 먼지의 발생 원인을 서술하시오.

_____

21 다음 글을 읽고 물음에 답하시오.

최근 지역에서 생산된 농산물을 해당 지역에서 소비하자는 (㉠) 운동이 활발하게 이루어지고 있다. 북미의 '100마일 다이어트' 운동, 일본의 '지산지소(地産地消)' 운동이 대표적이다. 이러한 운동은 수입 농산물이 이동하는 과정에서 생기는 <u>문제점</u>에 대한 심각성이 커지면서 이를 해결하고자 등장하게 되었다.

(1) ㉠에 들어갈 용어를 쓰시오.

_____

(2) 밑줄 친 '문제점'에 해당하는 내용을 <u>두 가지</u> 이상 서술하시오.

_____

01 우리나라의 영역과 독도

내공 1 영역의 의미와 구성

1 영역 한 국가의 주권이 효력을 미치는 공간적 범위 → 국민의 삶의 터전이며, 국제법상 한 국가가 다른 국가의 간섭을 받지 않고 지배할 수 있는 공간임
└ 국가의 중요한 사항을 결정하는 최고의 권력을 말해.
└ 영역에서는 타국의 선박 및 항공기의 통행이 제한돼.

2 영역의 구성

영토	한 국가에 속한 육지의 범위로 국토 면적과 일치함 → 영해와 영공을 설정하는 기준이 됨
영해	영토 주변의 바다 → 대부분의 국가는 기선에서부터 12해리까지를 영해로 설정함 └ 영해를 정하는 기준선
영공	영토와 영해의 수직 상공 → 일반적으로 대기권 내로 범위를 제한함

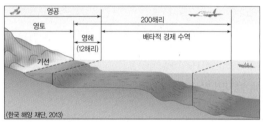

▲ **영역과 배타적 경제 수역** | 한 국가의 주권이 영향을 미치는 영역은 국민의 삶의 터전이자 국가가 존재하기 위한 기본 조건이므로, 세계 각국은 영역을 보호하기 위해 노력하고 있다.

내공 2 우리나라의 영역과 배타적 경제 수역

1 우리나라의 영역
└ 우리나라는 서·남해안에서 간척 사업을 꾸준히 진행한 결과 영토가 조금씩 넓어졌어.

영토	• 한반도와 부속 도서로 구성 • 총 면적은 약 22.3만 ㎢, 남한 면적은 약 10만 ㎢
영해	• 동해안, 제주도, 울릉도, 독도 등 → 통상 기선에서부터 12해리까지 • 서해안, 남해안 등 → 직선 기선에서부터 12해리까지 • 대한 해협 → 직선 기선에서부터 3해리까지
영공	영토와 영해의 수직 상공 → 최근 항공 교통이 발달하고 인공위성을 이용한 관측이 활발해지면서 중요성이 커지고 있음

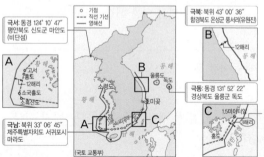

▲ **우리나라 영토의 4극과 영해** | 삼면이 바다로 둘러싸인 우리나라는 해안에 따라 영해의 설정 기준이 다르다. 해안선이 단조롭고 섬이 적은 동해안, 제주도, 울릉도, 독도는 최저 조위선인 통상 기선을 기준으로 영해를 설정하는 반면 해안선이 복잡하고 섬이 많은 서해안과 남해안은 가장 바깥쪽의 섬을 연결한 직선 기선을 기준으로 영해를 설정한다. └ 해수면이 가장 낮은 썰물 때의 해안선

내공 2 배타적 경제 수역(EEZ)

의미	영해 기선에서부터 200해리에 이르는 수역 중 영해를 제외한 바다
특징	• 연안국은 어업 활동과 해양 자원의 탐사 및 개발 등에 관한 경제적 권리가 보장됨 └ 다른 국가의 어선은 조업 활동을 할 수 없어. • 연안국은 인공 섬을 만들거나 바다에 시설물을 설치하고 활용할 수 있음 • 경제적 목적이 없는 타국의 선박 및 항공기의 통행이나 케이블 설치 등은 가능함

▲ **우리나라 주변 바다의 배타적 어업 수역** | 우리나라는 주변 해역의 자원을 확보하기 위해 1995년에 배타적 경제 수역을 선포하였다. 그러나 우리나라는 중국, 일본과 지리적으로 가까워 배타적 경제 수역을 200해리로 설정할 경우 중복되는 수역이 발생한다. 이에 세 나라는 어업 협정을 체결하여 겹치는 수역을 중간 수역이나 잠정 조치 수역으로 설정하여 어족 자원을 공동으로 관리하고 있다.

내공 3 독도의 위치와 자연환경

1 독도의 위치 우리나라에서 가장 동쪽에 있는 영토로, 울릉도에서 동남쪽으로 87.4km 떨어진 곳에 위치함

◀ **독도의 위치** | 날씨가 맑은 날에는 울릉도에서 독도를 육안으로 볼 수 있다. 그러나 독도에서 가장 가까운 일본의 섬인 오키섬은 독도에서 157.5km나 떨어져 있어, 날씨가 맑더라도 육안으로 독도를 볼 수 없다.

2 독도의 자연환경

지형	• 약 460만~250만 년 전에 해저에서 분출한 용암이 굳어져 형성된 화산섬으로 제주도나 울릉도보다 먼저 형성됨 • 동도와 서도 2개의 큰 섬과 89개의 부속 도서로 이루어짐 • 동도와 서도는 형성 초기에 하나의 섬이었으나, 바닷물의 침식 작용으로 나뉘게 됨 • 대부분의 해안이 급경사를 이루어 거주 환경이 불리함 → 서도가 동도보다 험난함 └ 거대한 화산체는 바다에 잠겨 있고, 그중 일부가 수면 위로 올라와 있기 때문이야.
기후	난류의 영향을 받아 기온의 연교차가 작은 해양성 기후가 나타남 → 기온이 온화한 편이며 일 년 내내 강수가 고름 └ 연평균 기온은 12.4℃, 연평균 강수량은 1,383.4mm야.

내공 4 독도의 가치

1 독도의 다양한 가치

영역적 가치	• 우리나라 영해의 동쪽 끝을 확정한다는 점에서 매우 중요함 • 배타적 경제 수역 설정의 기준점이 될 수 있음 • 주변국의 정세를 파악할 수 있는 동해 한가운데에 있어 군사적·안보적 측면에서 중요한 가치와 의미를 지님 • 독도에 해양 과학 기지를 설치한다면 독도 주변 해역의 해양 상태를 더욱 명확하게 파악할 수 있으며, 정확한 기상 예보가 가능해짐
경제적 가치	• 독도 주변 바다는 한류와 난류가 교차하여 조경 수역이 형성되어 수산 자원이 풍부함 • 주변 해저에 메탄 하이드레이트와 해양 심층수 등의 자원이 있음
환경 및 생태적 가치	• 여러 단계의 화산 활동으로 형성되어 다양한 암석, 지형 및 지질 경관이 나타나 높은 지질학적 가치가 있음 → 해저 화산의 형성과 진화 과정을 살펴볼 수 있음 • 화산암체로 이루어져 식물이 뿌리를 내리고 자라기 힘든 환경이지만 조류, 식물, 곤충 등 290여 종의 다양한 동식물이 서식함 → 1999년 섬 전체가 천연 보호 구역으로 지정됨

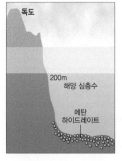

천연가스와 물이 결합하여 형성된 고체 에너지야.

◀ **독도의 해저 자원** | 독도 주변 해저에는 차세대 에너지원으로 주목받는 메탄 하이드레이트가 다량 매장되어 있으며, 식수, 식품, 의약품의 원료로 사용되는 해양 심층수가 풍부하다.

독도는 우리 국민이 거주하는 소중한 영토로, 독도 경비대가 섬과 인근 해역을 지키고 있어.

2 소중한 우리 땅, 독도

(1) **독도 영유의 역사**: 512년 신라 장군 이사부가 우산국을 신라의 영토로 편입한 이후 우리나라의 영토가 됨

(2) **일본 영유권 주장의 부당성**: 일본은 1905년 독도를 일방적으로 자국 영토에 편입한 이후 독도가 일본 영토라는 억지 주장을 하고 있으나, 독도는 역사·지리·국제법적으로 명백한 우리나라의 영토임

(3) **고문헌과 고지도 속의 독도**: 『세종실록지리지』, 『강계고』, 「동국지도」, 「삼국접양지도」 등을 통해 예부터 독도를 우리의 영토로 인식해 왔음을 알 수 있음

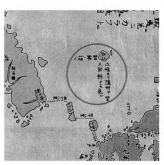

◀ **삼국접양지도(1785)** | 일본 지리학자가 그린 지도로, 조선과 같은 색으로 표현한 울릉도와 독도에 '조선의 것'이라고 표시하고 있다.

(4) **독도를 지키기 위한 다양한 노력**: 독도 경비대, 독도 관련 민간단체의 학술 연구 및 행사 개최, 해외 광고 등

1 한 국가의 주권이 효력을 미치는 공간적 범위인 (   )은 영토, 영해, 영공으로 이루어진다.

2 그림은 한 국가의 영역과 배타적 경제 수역을 나타낸 것이다. ㉠~㉣에 들어갈 용어를 각각 쓰시오.

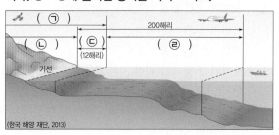

(한국 해양 재단, 2013)

3 다음 설명이 맞으면 ○표, 틀리면 ✕표를 하시오.
(1) 영공에서는 타국 항공기의 통행이 자유롭다.
(   )
(2) 우리나라는 해안에 따라 영해 설정 기준이 다르다.
(   )
(3) 우리나라의 영토는 한반도와 부속 도서로 이루어져 있다.
(   )

4 우리나라 각 해안의 영해 범위를 옳게 연결하시오.
(1) 서해안   •   • ㉠ 직선 기선에서부터 3해리까지
(2) 동해안   •   • ㉡ 직선 기선에서부터 12해리까지
(3) 대한 해협 •   • ㉢ 통상 기선에서부터 12해리까지

5 배타적 경제 수역은 영해 기선에서부터 (   )에 이르는 수역 중 영해를 제외한 바다이다.

6 다음 괄호 안의 내용 중 알맞은 말에 ○표를 하시오.
(1) 독도는 우리나라의 영토 중 가장 (동쪽, 서쪽)에 위치한다.
(2) 독도는 제주도나 울릉도보다 (이전, 이후)에 만들어진 화산섬이다.
(3) 독도는 난류의 영향을 받아 기온의 연교차가 작은 (대륙성, 해양성) 기후가 나타난다.

7 다음 설명이 맞으면 ○표, 틀리면 ✕표를 하시오.
(1) 독도는 화산암체로 이루어져 있어 동식물이 서식하지 않는다.
(   )
(2) 독도 주변 바다는 조경 수역이 형성되어 수산 자원이 풍부하다.
(   )
(3) 독도는 우리나라 영해의 동쪽 끝이 어디인지 확정한다는 점에서 매우 중요하다.
(   )

내공 1 영역의 의미와 구성

1 영역에 대한 설명으로 옳지 <u>않은</u> 것은?

① 국민의 삶의 터전이다.
② 영토, 영해, 영공으로 이루어진다.
③ 국가가 존재하기 위한 기본 조건이다.
④ 한 국가의 주권이 효력을 미치는 범위이다.
⑤ 경제적 목적이 없는 타국의 선박 및 항공기가 자유롭게 통행할 수 있다.

중요 2 그림은 영역의 구성과 배타적 경제 수역을 나타낸 것이다. A~E에 대한 설명으로 옳은 것은?

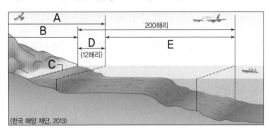

(한국 해양 재단, 2013)

① A는 영토의 수직 상공이다.
② B는 영공과 영해의 설정 기준이 된다.
③ C에서부터 200해리까지를 배타적 경제 수역이라고 한다.
④ 간척 사업을 할 경우 D의 면적이 넓어진다.
⑤ E는 자국의 선박만 통행할 수 있는 수역이다.

내공 2 우리나라의 영역과 배타적 경제 수역

3 우리나라의 영토에 대한 설명으로 옳지 <u>않은</u> 것은?

① 남북으로 긴 형태이다.
② 남한보다 북한의 면적이 더 넓다.
③ 삼면이 바다로 둘러싸인 반도국이다.
④ 부속 도서는 영토에 포함되지 않는다.
⑤ 간척 사업으로 영토가 확대되어 왔다.

중요 4 지도는 우리나라 영해의 범위를 나타낸 것이다. A~D에 대한 옳은 설명을 [보기]에서 고른 것은?

• 보기 •
ㄱ. A의 수직 상공은 우리나라의 영공이다.
ㄴ. B에서는 다른 국가의 선박이 자유롭게 통행할 수 없다.
ㄷ. C는 중국과의 어업 협정을 통해 정한 잠정 조치 수역이다.
ㄹ. D는 가장 바깥쪽에 위치한 섬들을 직선으로 연결한 선이다.

① ㄱ, ㄴ   ② ㄱ, ㄹ   ③ ㄴ, ㄷ
④ ㄴ, ㄹ   ⑤ ㄷ, ㄹ

5 지도는 우리나라의 주변 수역을 나타낸 것이다. A~C 수역에 대한 설명으로 옳은 것은?

① A는 우리나라의 영해이다.
② A에서 우리나라의 허가 없이는 타국의 선박이 자유롭게 통행할 수 없다.
③ B에서 우리나라의 어선은 어업 활동을 할 수 있다.
④ C에서 중국의 어선은 어업 활동을 할 수 없다.
⑤ B와 C는 우리나라, 일본, 중국 세 나라가 공동으로 관리한다.

내공 3 독도의 위치와 자연환경

6 독도에 대한 설명으로 옳은 것은?

① 울릉도가 형성된 이후에 만들어졌다.
② 우리나라의 영토 중 가장 서쪽에 위치한다.
③ 기온의 연교차가 큰 대륙성 기후가 나타난다.
④ 기온이 온화한 편이며 일 년 내내 강수가 고르다.
⑤ 우리나라의 배타적 경제 수역에 위치한 수중 암초이다.

내공 4 독도의 가치

중요 7 독도의 경제적 가치에 대한 설명으로 옳은 것은?

① 우리나라 영해의 동쪽 끝을 확정한다.
② 위치상 군사적 측면에서 중요한 가치가 있다.
③ 다양한 동식물이 서식하는 생태계의 보고이다.
④ 해저 화산의 형성과 진화 과정을 살펴볼 수 있다.
⑤ 주변 바다에 조경 수역이 형성되어 어족 자원이 풍부하다.

8 다음 두 자료를 통해 알 수 있는 역사적 사실만을 [보기]에서 있는 대로 고른 것은?

- 「팔도총도」(1531): 「신증동국여지승람」에 실린 조선 전도이다. 이 지도에는 동해상에 울릉도와 우산도(독도) 두 섬이 그려져 있다.
- 「삼국접양지도」(1785): 일본 지리학자가 그린 지도이다. 이 지도는 일본을 둘러싼 세 나라를 색깔로 구분하고 있는데, 울릉도와 독도가 조선과 같은 색으로 표현되어 있다.

• 보기 •
ㄱ. 독도는 각종 수산 자원이 풍부하였다.
ㄴ. 독도는 사람이 살지 않는 무인도였다.
ㄷ. 선조들은 독도를 우리의 영토로 인식해 왔다.
ㄹ. 일본은 독도를 조선의 영토로 인식하고 있었다.

① ㄱ, ㄴ   ② ㄱ, ㄷ   ③ ㄷ, ㄹ
④ ㄱ, ㄴ, ㄹ   ⑤ ㄴ, ㄷ, ㄹ

---

9 그림을 보고 물음에 답하시오.

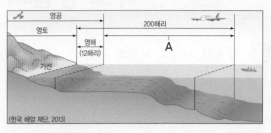

(한국 해양 재단, 2013)

(1) A의 명칭을 쓰시오.

(2) (1)의 특징을 두 가지 서술하시오.

10 지도는 우리나라 영해의 범위를 나타낸 것이다. 이를 보고 물음에 답하시오.

(1) A~C 수역에 적용되는 기선을 각각 쓰시오.

(2) C 수역의 영해 범위가 좁은 이유를 서술하시오.

11 독도의 영역적 가치를 두 가지 서술하시오.

02~03 우리나라 여러 지역의 경쟁력 ~ 국토 통일과 통일 한국의 미래

내공 1 세계화 시대의 지역화 전략

1 지역화 각 지역의 특성이 국가의 경계를 넘어 세계적으로 널리 알려지는 것 ┗ 지역의 자연환경과 그곳에서 거주해 온 주민이 오랜 시간에 걸쳐 상호 작용하여 형성된 것으로, 지역성이라고 해.

2 지역화 전략

의미	지역의 경쟁력을 높이기 위해 경제적·문화적 측면에서 다른 지역과 차별화할 수 있는 계획을 마련하는 것 예 지역 브랜드, 장소 마케팅, 지리적 표시제 등
필요성	• 지역 간 교류의 확대로 경쟁이 치열해짐에 따라 각 지역은 다른 지역과 차별화된 지역화 전략으로 경쟁력을 높이기 위해 노력해야 함 → 세계화 시대에 지역성은 곧 지역의 경쟁력이 될 수 있음 • 지역 경제가 활성화되고, 지역 주민들의 자긍심을 높일 수 있음

내공 2 다양한 지역화 전략

1 지역 브랜드 ┌ 효과적인 지역 브랜드 개발을 위해서는 다른 지역과 차별화되는 해당 지역만의 특성을 정확히 파악해야 하며, 지역 주민의 참여와 협조가 필요해.

의미	지역 그 자체 또는 지역의 상품과 서비스 등을 소비자에게 특별한 브랜드로 인식시키는 것
효과	• 지역 브랜드의 가치가 높아지면 그 지명을 붙인 상품의 판매량이 증가하고 서비스에 대한 신뢰도가 높아짐 • 지역 이미지가 향상되고 지역 경제가 활성화됨
사례	강원도 평창군의 'HAPPY 700', 충청남도 보령시의 캐릭터 '머돌이'와 '머순이', 미국 뉴욕의 'I♥NY' 등

▲ 지역 이미지를 활용한 브랜드와 캐릭터

2 장소 마케팅

지역을 대표하는 상징물을 말해. 대표적인 사례로 서울의 엔 서울 타워, 미국 뉴욕의 자유의 여신상, 프랑스 파리의 에펠 탑 등이 있어.

의미	특정 장소가 가지고 있는 자연환경이나 역사적·문화적 특성을 드러내어 장소를 매력적인 상품으로 만들어 이를 판매하려는 활동 → 지역 축제, 랜드마크 등이 장소 마케팅에 많이 활용됨
효과	• 관광객·투자자 유치를 통해 지역 경제를 활성화함 • 지역 주민들의 소속감과 자긍심을 높일 수 있음
사례	보령 머드 축제, 김제 지평선 축제, 진주 유등 축제, 화천 산천어 축제 등

3 지리적 표시제

의미	상품의 품질이나 특성이 생산지의 지리적 특성에서 비롯되고 품질이 우수할 때, 해당 지역의 이름을 상표권으로 인정하는 제도
효과	• 다른 곳에서 임의로 상표권을 이용하지 못하도록 하는 법적 권리가 주어짐 • 특산품의 보호와 품질 향상 및 지역의 특화 산업으로의 육성을 도모함 • 생산자는 안정적인 생산 활동을 할 수 있고, 소비자는 믿을 수 있는 제품을 살 수 있음
사례	보성 녹차, 이천 쌀, 횡성 한우, 성주 참외, 순창 전통 고추장 등

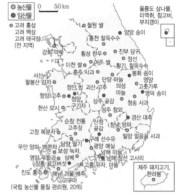

▲ **우리나라의 지리적 표시 상품** | 우리나라에서는 2002년에 보성 녹차가 최초로 지리적 표시 상품으로 등록된 이후 많은 지역의 농산물과 임산물 등이 지리적 표시 상품으로 등록되었다.

내공 3 우리나라의 위치와 국토 통일의 필요성

1 우리나라 위치의 중요성 ┌ 삼면이 바다로 둘러싸여 있는 국가

(1) **대륙과 해양을 이어 주는 반도국**: 대륙을 통해 중국, 러시아, 유럽으로 진출할 수 있으며, 해양을 통해 태평양과 전 세계로 진출하는 데 유리한 지리적 장점을 가짐

(2) **동아시아 교통의 요지**: 발전 잠재력이 매우 높은 동아시아 지역에서도 중심 역할을 할 수 있는 곳에 자리함

2 국토 통일의 필요성

국토 분단으로 인한 문제점	• 반도국의 지리적 이점을 활용하지 못하고 있으며 국토 공간의 불균형 심화 • 군사적 갈등과 대립으로 과도한 군사비 지출 • 군사적 긴장 상태의 지속으로 국제 사회에서 한반도의 위상 약화 • 이산가족과 실향민 발생 • 남북 문화의 이질화와 민족의 동질성 약화
국토 통일이 필요한 이유	• 반도국의 지리적 이점과 국토 공간의 균형 회복 • 분단 비용 절감 ┐ 국방비 등 분단으로 인해 발생하는 비용을 말해. • 한반도의 위상 강화 • 세계 평화와 문화 교류에 이바지 • 이산가족과 실향민의 아픔 치유 • 민족의 동질성 회복

내공 4 통일 한국의 미래

1 국토 공간의 변화

(1) **반도국의 지리적 이점 회복**: 유라시아 대륙과 태평양을 연결함으로써 국제 물류의 중심지로 성장할 수 있음

(2) **국토의 효율적 이용 가능**: 삶의 터전이 확대되고 균형 있는 국토 개발이 가능해짐

(3) **매력적인 국토 공간 조성**: 제주도와 백두산, 금강산, 비무장 지대(DMZ) 등의 아름다운 생태 지역과 서울, 개성 등에 있는 역사 문화유산을 결합하여 생태·환경·문화가 어우러진 매력적인 국토 공간을 조성할 수 있음

> 군사적 대립을 방지하기 위해 군사 분계선을 기준으로 남북으로 각각 2㎞ 범위에 설정한 완충 지대를 말해. 이곳은 지난 60여 년 동안 일반인의 출입이 통제되어 자연 생태계가 잘 보존되어 있어.

▲ **통일 이후 국토 공간의 변화** | 국토가 통일되어 경의선·경원선의 한반도 종단 철도가 시베리아 횡단 철도 등 대륙 철도와 연결되고 아시안 하이웨이가 구축된다면 육로로 중국과 러시아를 거쳐 유럽까지 갈 수 있게 된다. 이에 따라 화물 소송에 필요한 시간 및 비용을 절감할 수 있기 때문에 무역량이 증가하고, 관광객의 유입이 많아짐으로써 경제가 활성화될 것이다.

> 아시아 32개국을 횡단하는 전체 길이 약 14만 km에 이르는 간선 도로

2 생활 모습의 변화

(1) **자유 민주주의적 이념 확대**: 이념 갈등에 따른 긴장이 완화되고 개인의 다양한 생각과 가치가 존중받을 수 있음

(2) **경제 발전**

① 생활 공간의 확대로 새로운 직업과 일자리의 창출을 기대할 수 있음

② 남한의 자본, 기술, 식량 자원과 북한의 풍부한 지하자원, 노동력이 상호 보완적으로 결합하면 경제적으로 크게 발전할 수 있음

③ 남북한이 지출하던 군사비를 경제와 복지 분야에 투자하면 국민의 삶의 질이 향상될 수 있음

▲ **남한과 북한의 경제 지표 비교** | 남한은 국민 총소득, 무역액, 전력 생산량 등에서 북한보다 우위를 보이고 있고, 북한은 석탄 생산량과 철광석 생산량 등에서 남한보다 우위를 보이고 있다. 통일이 되면 남한의 자본과 우수한 기술이 북한의 풍부한 지하자원과 결합하여 경제 발전을 이루고, 세계의 중심 국가로 성장할 수 있을 것이다.

---

1 (   )은 지역의 자연환경과 그곳에서 거주해 온 주민이 오랜 시간에 걸쳐 상호 작용하여 형성된 지역의 특성을 말한다.

2 다음 설명이 맞으면 ○표, 틀리면 ✕표를 하시오.

(1) 지역화란 각 지역의 특성이 국가의 경계를 넘어 세계적으로 널리 알려지는 것을 말한다.　(　　)

(2) 지역 간 교류의 확대로 경쟁이 치열해짐에 따라 지역화 전략은 그 필요성이 약화되고 있다.　(　　)

(3) 지역화 전략은 지역의 경쟁력을 높이기 위해 경제적·문화적 측면에서 다른 지역과 차별화할 수 있는 계획을 마련하는 것을 말한다.　(　　)

3 지역화 전략에 해당하는 사례를 [보기]에서 골라 기호를 쓰시오.

> • 보기 •
> ㄱ. I♥NY　　　　　ㄴ. 성주 참외
> ㄷ. 횡성 한우　　　　ㄹ. 자유의 여신상
> ㅁ. 보령 머드 축제　　ㅂ. '머돌이'와 '머순이'

(1) 지역 브랜드　　　　　　　(　　　　)

(2) 장소 마케팅　　　　　　　(　　　　)

(3) 지리적 표시제　　　　　　(　　　　)

4 다음 빈칸에 들어갈 내용을 쓰시오.

(1) 우리나라는 동아시아 (　　　　)의 요지에 자리하고 있다.

(2) 우리나라는 삼면이 바다로 둘러싸인 (　　　　)으로 대륙과 해양 양방향으로 모두 진출할 수 있다.

5 다음 괄호 안의 내용 중 알맞은 말에 ○표를 하시오.

(1) 남북은 국토 분단으로 민족의 동질성이 (약화, 회복)되고 있다.

(2) 남북이 통일되면 균형 있는 국토 개발이 (어려울, 가능할) 것이다.

(3) 남북이 통일되면 국제 사회에서 우리나라의 위상이 (낮아, 높아)질 것이다.

(4) 통일 이후 남북이 지출하던 군사비를 경제와 복지 분야에 투자하면 국민의 삶의 질이 (저하, 향상)될 것이다.

족집게 문제

내공 1 **세계화 시대의 지역화 전략**

[1~2] 다음 글을 읽고 물음에 답하시오.

> 지역의 경쟁력을 높이기 위해 경제적·문화적 측면에서 다른 지역과 차별화할 수 있는 계획을 마련하는 것을 (㉠)(이)라고 한다.

1 ㉠에 들어갈 용어로 옳은 것은?

① 세계화   ② 정보화   ③ 지역성
④ 지역화   ⑤ 지역화 전략

2 최근 ㉠의 중요성이 커지고 있는 이유로 적절한 것을 [보기]에서 고른 것은?

> • 보기 •
> ㄱ. 세계화 추세가 약화되고 있다.
> ㄴ. 지역 간 교류가 확대되고 있다.
> ㄷ. 지역 간 경쟁이 심화되고 있다.
> ㄹ. 지역성의 중요성이 약화되고 있다.

① ㄱ, ㄴ   ② ㄱ, ㄷ   ③ ㄴ, ㄷ
④ ㄴ, ㄹ   ⑤ ㄷ, ㄹ

3 지역화 전략에 대한 설명으로 옳지 않은 것은?

① 지역 경쟁력을 높이는 것이 목적이다.
② 지역 브랜드, 장소 마케팅 등이 활용된다.
③ 주민들의 정체성을 다지고 자긍심을 높인다.
④ 지역의 인문 환경이 아닌 자연환경을 활용하여 지역의 가치를 높이는 것이다.
⑤ 지역성을 바탕으로 다른 지역과 차별할 수 있는 지역의 특성을 상품화하고 홍보하는 것이다.

내공 2 **다양한 지역화 전략**

중요 4 그림이 나타내는 지역화 전략에 대한 설명으로 옳지 않은 것은?

① 지역의 상품과 서비스를 소비자에게 특별한 브랜드로 인식시킨다.
② 랜드마크 같은 지역의 특정 장소를 상품화하여 경제적 가치를 높인다.
③ 다른 지역과의 차별성을 높이고 지역의 긍정적인 이미지를 강화한다.
④ 지역의 고유한 특성과 매력을 담은 슬로건, 로고, 캐릭터 등을 활용한다.
⑤ 또 다른 사례로 충청남도 보령시의 캐릭터 '머돌이'와 '머순이', 미국 뉴욕의 'I♥NY' 등이 있다.

5 효과적인 지역 브랜드 개발 전략에 대한 옳은 설명만을 [보기]에서 있는 대로 고른 것은?

> • 보기 •
> ㄱ. 중앙 정부가 주도하여 개발한다.
> ㄴ. 지역 주민과 긴밀하게 협력한다.
> ㄷ. 해당 지역의 고유한 특성과 가치를 정확히 파악한다.
> ㄹ. 해당 지역의 자연환경과 역사, 문화, 산업, 인물 등을 활용한다.

① ㄱ, ㄴ   ② ㄱ, ㄷ   ③ ㄴ, ㄹ
④ ㄱ, ㄷ, ㄹ   ⑤ ㄴ, ㄷ, ㄹ

6 지역 브랜드 개발을 통해 얻을 수 있는 효과를 [보기]에서 고른 것은?

> • 보기 •
> ㄱ. 지역 이미지 향상
> ㄴ. 지역 경제 활성화
> ㄷ. 지역 특산품 보호
> ㄹ. 다른 지역과의 동질성 강화

① ㄱ, ㄴ   ② ㄱ, ㄷ   ③ ㄴ, ㄷ
④ ㄴ, ㄹ   ⑤ ㄷ, ㄹ

7 ㉠에 들어갈 지역화 전략을 쓰시오. ○○○◐◐◐

> 지역마다 다양한 축제를 개최하고, 랜드마크를 이용하여 지역을 홍보하는 활동 등은 지역화 전략 중 하나인 (㉠)의 대표적인 사례라고 할 수 있다.

10 밑줄 친 '이것'에 해당하는 지리적 표시 등록 상품은? ○○○◐◐◐

> 우리나라에서는 2002년에 이것이 처음 지리적 표시 상품으로 등록된 이후 많은 지역의 농산물과 임산물 등이 지리적 표시 상품으로 등록되었다.

① 철원 쌀　　② 단양 마늘　　③ 보성 녹차
④ 충주 사과　　⑤ 횡성 한우

중요 **8** (가), (나) 지역화 전략에 대한 설명으로 옳지 않은 것은? ○○○◐◐◐

(가)　　　　　　　(나)

▲ 보령시의 캐릭터　　　▲ 보령 머드 축제 포스터

① (가)는 상표 개념을 지역에 적용한 것이다.
② (가)는 지역을 특별한 브랜드로 인식시킨다.
③ (나)는 관광객을 유치하여 지역 경제를 활성화한다.
④ (나)는 지역 특산품을 보호하고 상품의 품질 향상에 기여한다.
⑤ (나)는 장소를 매력적인 상품으로 만들어 이를 판매하려는 활동이다.

중요 **11** 지도와 관련 있는 지역화 전략의 효과로 적절하지 않은 것은? ○○○◐◐◐

① 가공품을 제외한 지역의 농산물을 보호한다.
② 지리적 특산물의 품질 향상을 도모할 수 있다.
③ 생산자에게 안정적인 생산 활동을 할 수 있게 한다.
④ 소비자에게 믿을 수 있는 지역 제품을 살 수 있는 기회를 제공한다.
⑤ 다른 지역에서 상표권을 이용하지 못하도록 하는 법적 권리가 생긴다.

내공 **3** **우리나라의 위치와 국토 통일의 필요성**

12 우리나라의 위치에 대한 옳은 설명을 [보기]에서 고른 것은? ○○○◐◐◐

> • 보기 •
> ㄱ. 유라시아 대륙의 서쪽에 위치한다.
> ㄴ. 삼면이 바다로 둘러싸인 반도국이다.
> ㄷ. 육로를 통해 아메리카 대륙과 연결된다.
> ㄹ. 유라시아 대륙과 태평양을 연결하는 지리적 요충지에 위치한다.

9 사진의 지역 축제에 대한 설명으로 옳은 것은? ○○○◐◐◐

① 지역의 역사를 활용하고 있다.
② 지역의 자연환경을 활용하고 있다.
③ 지역의 랜드마크를 활용하고 있다.
④ 지역의 전통 문화유산을 활용하고 있다.
⑤ 세계의 보편적인 문화를 활용하고 있다.

① ㄱ, ㄴ　　② ㄱ, ㄷ　　③ ㄴ, ㄷ
④ ㄴ, ㄹ　　⑤ ㄷ, ㄹ

중요 13 지도를 통해 알 수 있는 우리나라 위치의 특성으로 옳은 것은?

① 서아시아 교통의 요지에 위치한다.
② 여러 지역과의 교류 측면에서 불리한 위치에 있다.
③ 대륙과 해양 양방향으로 진출할 수 있는 지리적 이점이 있다.
④ 대륙의 한가운데에 위치하여 해양으로의 진출에 제약이 있다.
⑤ 최근 중국의 경제 성장으로 우리나라의 위치적 중요성이 작아지고 있다.

14 남북 분단으로 인해 발생하는 문제로 보기 어려운 것은?

① 균형 있는 국토 개발이 어렵다.
② 남북 문화의 이질화가 심화된다.
③ 이산가족과 실향민들의 아픔이 지속된다.
④ 군사적 갈등과 대립으로 군사비가 과도하게 지출된다.
⑤ 군사적 긴장 상태의 고조로 한반도의 위상이 강화된다.

15 표는 남한과 북한의 언어를 비교한 것이다. 이를 통해 알 수 있는 통일의 필요성으로 가장 적절한 것은?

남한 말	북한 말	남한 말	북한 말
볶음밥	기름밥	도넛	가락지빵
달걀	닭알	주스	과일단물
달걀찜	닭알두부	도시락	곽밥
달걀말이	색쌈	족발	발쪽찜
양계장	닭공장	잡곡밥	얼럭밥

(통일 교육원, 2016)

① 전통문화를 계승해야 한다.
② 이산가족의 아픔을 치유해야 한다.
③ 국토를 균형 있게 발전시켜야 한다.
④ 주민들의 삶의 질을 향상해야 한다.
⑤ 분단으로 심화된 문화의 이질성을 완화해야 한다.

내공 4 통일 한국의 미래

16 통일 한국의 미래 모습으로 보기 어려운 것은?

① 이념 갈등에 따른 긴장이 완화될 것이다.
② 민족의 동질성을 회복할 수 있을 것이다.
③ 분단 비용이 막대하여 삶의 질이 낮아질 것이다.
④ 생태·환경·문화가 어우러진 매력적인 국토 공간을 조성할 수 있을 것이다.
⑤ 반도국의 지리적 이점을 회복하여 대륙과 해양을 연결하는 국제 물류의 중심지로 성장할 수 있을 것이다.

17 지도에 표시된 A 지역에 대한 설명으로 옳지 않은 것은?

(대한민국 국가 지도집, 2015)

① 군사적 대립을 방지하는 구실을 한다.
② 생태계 보존을 위해 설치된 지역이다.
③ 통일 후 이 지역을 관광 자원으로 활용할 수 있다.
④ 일반인의 출입이 통제되어 자연 생태계가 잘 보존되어 있다.
⑤ 군사 분계선을 기준으로 남북으로 각각 2km 범위에 설정되었다.

중요 18 다음 글을 통해 알 수 있는 남북통일의 기대 효과로 적절하지 않은 것은?

> 통일이 되면 경의선·경원선의 한반도 종단 철도(TKR)를 시베리아 횡단 철도(TSR), 중국 횡단 철도(TCR) 등 대륙 철도와 연결할 수 있다.

① 무역량이 감소할 것이다.
② 관광객의 유입이 많아질 것이다.
③ 유럽으로의 진출이 확대될 것이다.
④ 국제 물류의 중심지로 성장할 것이다.
⑤ 러시아로의 물자 수송 시간이 단축될 것이다.

19 ㉠, ㉡에 들어갈 내용을 옳게 연결한 것은?

> 국토가 통일되면 남한의 (㉠)이 북한의 (㉡)
> 과 결합하여 경제적으로 크게 발전할 수 있을 것이다.

	㉠	㉡
①	풍부한 자본	발달된 기술
②	발달된 기술	풍부한 자본
③	발달된 기술	풍부한 지하자원
④	저렴한 노동력	발달된 기술
⑤	풍부한 지하자원	풍부한 자본

20 그래프는 통일 한국의 국내 총생산 예상치를 나타낸 것이다. 이를 통해 알 수 있는 남북통일의 기대 효과로 가장 적절한 것은?

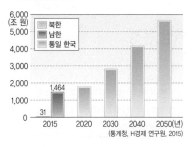

(통계청, H경제 연구원, 2015)

① 군사비 지출이 증가할 것이다.
② 경제 규모가 크게 성장할 것이다.
③ 국토 이용의 효율성이 낮아질 것이다.
④ 남북 문화의 이질화가 심화할 것이다.
⑤ 국제 인적·물적 교류가 축소될 것이다.

중요 21 그래프는 2050년의 예상 인구 구조를 나타낸 것이다. 이를 통해 예측할 수 있는 남한 대비 통일 한국의 모습으로 적절한 것은?

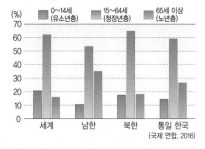

(국제 연합, 2016)

① 인구가 더 적을 것이다.
② 평균 연령이 더 높을 것이다.
③ 고령화 현상이 더 심할 것이다.
④ 유소년층 인구가 더 적을 것이다.
⑤ 생산 가능 인구가 더 많을 것이다.

22 다음 글을 읽고 물음에 답하시오.

> (㉠)은/는 지역의 자연환경과 그곳에서 거주해
> 온 주민이 오랜 시간에 걸쳐 상호 작용하여 형성된
> 것으로, 다른 지역과 구별되는 특성을 말한다. 세계
> 화 시대에 각 지역은 지역 경쟁력을 높이기 위해 경
> 제적·문화적 관점에서 다른 지역과 차별화할 수 있
> 는 지역화 전략을 추진하고 있는데, (㉡) 등이
> 대표적이다.

(1) ㉠에 해당하는 용어를 쓰시오.

_____

(2) ㉡에 해당하는 지역화 전략을 두 가지 이상 쓰고, 그 의미를 각각 서술하시오.

_____

_____

23 그림이 나타내는 지역화 전략을 쓰고, 이를 통해 얻을 수 있는 효과를 두 가지만 서술하시오.

_____

_____

24 밑줄 친 교통로가 구축되기 위한 전제 조건을 쓰고, 이 교통로의 구축으로 우리나라가 얻게 될 이점을 서술하시오.

> 아시아 32개국을 횡단하는 간선 도로인 아시안 하
> 이웨이 건설이 추진되고 있다. 우리나라의 아시안
> 하이웨이 구간은 '일본~부산~서울~평양~신의주
> ~중국'으로 연결되는 1번 도로와 '부산~강릉~원산
> ~러시아'로 이어지는 6번 도로가 있다.

_____

_____

_____

지구상의 지리적 문제

내공 1 지구상의 지리적 문제

1 지리적 문제 사람들이 살아가는 공간에서 발생하는 문제
   예 기아 문제, 생물 다양성 감소, 영역 분쟁 등

2 지리적 문제의 발생 원인 국가 및 지역 간 경제 격차 심화, 환경 오염 물질의 장거리 이동, 영토 및 자원을 둘러싼 국가 간의 이해관계 대립, 서로 다른 종교 또는 민족 간의 대립 등

3 지리적 문제의 특징 특정 지역에 국한되어 발생하지 않으며, 여러 요인이 복합적으로 결합되어 나타남
   └ 세계화로 지역 간 상호 작용이 활발해지면서 지리적 문제가 특정 지역의 문제가 아닌 지구 공통의 문제가 되는 경우가 많아졌어.

내공 2 기아 문제

1 기아

의미	인간이 생존하는 데 필요한 물과 영양소를 충분히 섭취하지 못하는 상태
영향	• 단기적 영향: 면역력을 낮추고 전염병을 유행시킴 • 장기적 영향: 신체적·정신적 성장을 방해하여 노동 생산성을 감소시킴

2 기아 발생의 원인

가뭄, 홍수, 이상 한파, 태풍 등

자연적 요인	자연재해 및 농작물 병충해 등으로 식량 생산 감소
인위적 요인	• 곡물 수요의 증대: 개발 도상국의 인구 급증에 따라 곡물 수요가 증가함 • 식량 공급의 어려움: 전쟁 및 분쟁으로 식량 생산 및 공급에 차질이 발생함 • 곡물 가격의 상승: 이윤 극대화를 위해 곡물 대기업들이 유통량을 조절하고, 옥수수, 콩 등의 식량 작물이 가축 사료, 바이오 에너지 원료로 사용되면서 곡물 가격이 상승함 → 저개발국의 곡물 수입이 어려워 짐

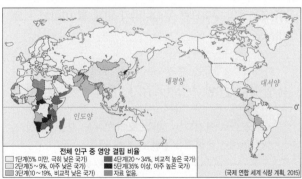

전체 인구 중 영양 결핍 비율
□ 1단계(5% 미만, 극히 낮은 국가) ■ 4단계(20 ~ 34%, 비교적 높은 국가)
□ 2단계(5 ~ 9%, 아주 낮은 국가) ■ 5단계(35% 이상, 아주 높은 국가)
□ 3단계(10 ~ 19%, 비교적 낮은 국가) □ 자료 없음.

(국제 연합 세계 식량 계획, 2015)

▲ **세계의 기아 현황** | 전 세계 70억 명의 인구 중 약 10억 명이 넘는 사람들이 기아에 따른 영양실조로 고통받고 있다. 지도에서 보면 아프리카와 일부 아시아 국가 등지에서 영양 결핍 인구 비율이 높은데, 이들 국가는 인구 증가율이 높아 그 상황이 더욱 악화되고 있다. 반면 유럽과 북아메리카, 오세아니아는 영양 결핍 인구 비율이 낮게 나타나고 있다.

내공 3 생물 다양성의 감소

1 생물 다양성 생물이 가진 종의 다양성뿐만 아니라, 그들이 지닌 유전자의 다양성, 그리고 그들이 사는 생태계의 다양성까지 모두 포괄하는 용어
   ┌ 전 세계 생물종의 절반 이상이 분포하는 열대 우림의 파괴는 생물종 감소의 주요 원인이야.

2 생물 다양성의 감소
(1) 생물 다양성 감소의 원인: 열대 우림의 파괴, 기후 변화, 환경 오염, 무분별한 남획, 외래종의 유입 등
(2) 생물 다양성 감소의 영향: 인간이 이용 가능한 생물 자원의 수 감소, 먹이 사슬의 단절로 인한 생태계 파괴, 자정 능력의 감소 등
(3) 생물 다양성 유지를 위한 노력: 국제 연합에서 생물 다양성 협약 채택

내공 4 영역을 둘러싼 분쟁

1 영역 분쟁

의미	영토 또는 영해의 주권을 두고 벌어지는 국가 간의 분쟁
원인	역사적 배경, 민족과 종교의 차이, 자원을 둘러싼 이권 다툼 등 여러 가지 원인이 결합하여 발생함

■ 분쟁 지역 (한국 국방 연구원, 2016)

▲ **세계의 주요 영역 분쟁 지역**

2 주요 분쟁 지역
(1) 영토를 둘러싼 분쟁 지역: 국경선 설정이 모호한 지역, 자원 확보 경쟁을 벌이는 지역, 여러 종교와 언어가 섞이어 문화적 충돌을 겪는 지역에서 주로 발생함

아프리카	아프리카는 과거 유럽 강대국의 이해관계에 따라 국경선이 설정되었는데, 독립 이후 국경과 부족 경계가 달라서 분쟁과 내전, 난민 발생이 끊이지 않고 있음
팔레스타인 지역	팔레스타인은 이슬람교를 믿는 지역이었으나, 제2차 세계 대전 이후 유대교를 믿는 이스라엘이 건국하면서 기존에 살고 있던 팔레스타인 사람들을 내보내어 주변 아랍 국가들과 갈등 및 전쟁이 시작됨
카슈미르 지역	이슬람교도가 많은 카슈미르 지역이 인도에 편입되면서 이슬람교를 믿는 파키스탄과 힌두교를 믿는 인도 간에 갈등이 발생함

▲ 에티오피아 분쟁 | 아프리카의 북동부에 있는 에티오피아와 소말리아, 에리트레아, 지부티는 국가 경계와 부족 경계가 일치하지 않아 한 국가 내에 여러 부족이 분포하거나 같은 부족이 서로 다른 국가에 나뉘어 거주함으로써 영토 분쟁이 끊이지 않고 있다.

▲ 카슈미르 분쟁 | 인도가 영국으로부터 독립할 때 힌두교도가 많은 지역은 인도로, 이슬람교도가 많은 지역은 파키스탄으로 분리되었다. 카슈미르 지역은 파키스탄으로 편입될 예정이었으나, 이곳을 통치하던 힌두교 지도자가 인도에 통치권을 넘기면서 이들 간의 갈등이 시작되었다.

(2) 바다를 둘러싼 분쟁 지역: 해상 교통로의 요지와 군사적 요충지 획득, 자원의 확보와 이용을 위해 영해와 배타적 경제 수역 확보를 둘러싼 갈등이 증가함

쿠릴(지시마) 열도	• 러시아와 일본 간 영유권 분쟁 지역 • 주변 바다에 어족 자원이 풍부하고 석유, 천연가스 등이 매장되어 있음 • 샌프란시스코 강화 조약에 의해 일본은 사할린 지역과 쿠릴 열도를 구소련에 넘겨주었지만, 쿠릴 열도 남부에 위치한 4개 섬은 일본으로 반환되어야 한다고 주장함
센카쿠 열도 (댜오위다오)	• 일본, 중국, 타이완 간 영유권 분쟁 지역 • 주변 바다에 석유, 천연가스 등이 매장되어 있음 • 1895년 청일 전쟁 이후 일본 영토로 편입되면서 현재까지 일본이 실효적 지배를 하고 있으나, 중국과 타이완이 영유권을 주장함
난사(스프래틀리, 쯔엉사) 군도	• 중국, 필리핀, 말레이시아, 베트남, 타이완, 브루나이 등이 영유권을 주장함 • 해상 교통의 요지에 위치하고, 주변 바다에 석유와 천연가스가 매장되어 있음 — 인도양과 태평양을 잇는 길목에 위치해.
카스피해	• 러시아, 아제르바이잔, 카자흐스탄, 투르크메니스탄, 이란 간 영유권 분쟁 지역 • 카스피해에 대량의 석유와 천연가스가 매장되어 있음 • 카스피해를 바다로 볼 경우 연안국의 해안선 길이에 비례해서 경계가 나뉘고, 호수로 볼 경우 연안국이 공동 분할해야 함 → 각국은 서로에게 유리한 방향으로 카스피해를 바다 또는 호수로 주장하며 경계 설정에 대한 논란을 지속하고 있음

▲ 바다를 둘러싼 분쟁 지역 | 최근에는 육상 자원이 고갈되면서 해상 교통의 요지와 풍부한 해저 자원을 확보하기 위한 영해 및 배타적 경제 수역을 둘러싼 갈등이 더욱 심해지고 있다.

1 다음 설명이 맞으면 ○표, 틀리면 ✕표를 하시오.

(1) 지리적 문제는 특정 지역에 국한되어 발생한다.
( )
(2) 지리적 문제는 여러 요인이 복합적으로 결합되어 나타난다.
( )
(3) 대표적인 지리적 문제로 기아 문제, 생물 다양성의 감소, 영역 분쟁 등이 있다.
( )

2 다음 빈칸에 들어갈 내용을 쓰시오.

(1) 인간이 생존하는 데 필요한 영양소를 충분히 섭취하지 못하는 상태를 ( )라고 한다.
(2) 가뭄, 홍수, 이상 한파, 태풍 등과 같은 ( )는 기아 문제를 발생시키는 자연적 요인이다.
(3) 기아 문제의 ( ) 요인에는 곡물 수요의 증대, 식량 공급의 어려움, 곡물 가격의 상승 등이 있다.

3 ㉠, ㉡에 들어갈 내용을 각각 쓰시오.

생물이 가진 종의 다양성뿐만 아니라 그들이 지닌 유전자의 다양성, 그리고 그들이 사는 생태계의 다양성까지 포괄하는 용어를 (㉠)이라고 하는데, 국제 연합에서는 이를 유지하기 위해 (㉡)을 채택하였다.

4 생물 다양성 감소의 원인만을 [보기]에서 있는 대로 골라 기호를 쓰시오.

┌ 보기 ┄
ㄱ. 기후 변화   ㄴ. 환경 오염
ㄷ. 외래종의 침입   ㄹ. 열대 우림의 증가

5 다음 괄호 안의 내용 중 알맞은 말에 ○표를 하시오.

(1) 영토 또는 영해의 주권을 두고 벌어지는 국가 간의 분쟁을 (기아 문제, 영역 분쟁)(이)라고 한다.
(2) (카슈미르, 팔레스타인) 지역은 이슬람교를 믿는 파키스탄과 힌두교를 믿는 인도 간에 갈등이 발생한 분쟁 지역이다.

6 분쟁 지역과 분쟁 당사국을 옳게 연결하시오.

(1) 카스피해 •　　　　• ㉠ 러시아, 일본
(2) 쿠릴(지시마) 열도 •　　• ㉡ 일본, 중국 등
(3) 센카쿠 열도(댜오위다오) • • ㉢ 러시아, 이란 등

족집게 문제

내공 1 지구상의 지리적 문제

1 제시된 문제들의 공통점으로 옳은 것만을 [보기]에서 있는 대로 고른 것은?

- 기아 문제
- 영역 분쟁
- 생물 다양성 감소

• 보기 •
ㄱ. 단일 요인에 의해서 발생하는 문제이다.
ㄴ. 특정 지역에 국한되어 발생하지 않는다.
ㄷ. 사람들이 살아가는 공간에서 발생하는 문제이다.
ㄹ. 문제의 해결을 위해 여러 국가 간 공조와 협력이 요구된다.

① ㄱ, ㄴ　　　② ㄱ, ㄹ　　　③ ㄴ, ㄷ
④ ㄱ, ㄷ, ㄹ　　⑤ ㄴ, ㄷ, ㄹ

2 지리적 문제의 발생 원인으로 적절하지 <u>않은</u> 것은?

① 지역 간 상호 작용의 감소
② 지역 간 경제 격차의 심화
③ 환경 오염 물질의 장거리 이동
④ 서로 다른 종교 또는 민족 간의 대립
⑤ 영토 및 자원을 둘러싼 국가 간의 대립

내공 2 기아 문제

중요 3 지도를 통해 알 수 있는 지리적 문제에 대한 설명으로 옳은 것은?

(국제 연합 세계 식량 계획, 2015)

전체 인구 중 영양 결핍 비율
□ 1단계(5% 미만, 극히 낮은 국가)
□ 2단계(5~9%, 아주 낮은 국가)
□ 3단계(10~19%, 비교적 낮은 국가)
■ 4단계(20~34%, 비교적 높은 국가)
■ 5단계(35% 이상, 아주 높은 국가)
□ 자료 없음

① 종교의 차이가 주된 원인이다.
② 주권을 두고 벌이는 국가 간의 분쟁이다.
③ 북아메리카 지역에서 가장 심각하게 나타난다.
④ 식량 부족으로 충분한 영양을 섭취하지 못하여 발생한다.
⑤ 국제 연합은 이를 해결하기 위해 생물 다양성 협약을 채택하였다.

4 ㉠에 들어갈 지리적 문제의 발생 원인 중 성격이 <u>다른</u> 하나는?

(㉠)은/는 단기적으로 면역력을 낮추고 전염병을 유행시키며, 장기적으로 신체적·정신적 성장을 방해하여 노동 생산성을 감소시킨다.

① 급격한 인구 증가
② 식량 분배의 불균형
③ 국제 곡물 가격의 상승
④ 내전으로 인한 식량 공급의 어려움
⑤ 농작물 병충해로 인한 식량 생산 감소

5 다음과 같은 원인에 의해 나타난 지리적 문제로 적절한 것은?

옥수수, 콩 등의 식량 작물이 가축 사료, 바이오 에너지 원료로 사용되면서 이들 작물의 가격이 빠르게 상승하고 있다. 실제로 미국에서 생산하는 옥수수는 식량 자원으로 이용하는 비중보다 가축 사료용 및 바이오 에너지 생산에 이용하는 비중이 높다.

① 가뭄　　　　　　　② 기아 문제
③ 영토 분쟁　　　　　④ 영해 분쟁
⑤ 생물 다양성 감소

내공 3 생물 다양성의 감소

6 생물 다양성에 대한 옳은 설명만을 [보기]에서 있는 대로 고른 것은?

• 보기 •
ㄱ. 생물이 가진 종의 다양성에 한정된 개념이다.
ㄴ. 열대 우림의 파괴는 생물종 감소의 주요 원인이다.
ㄷ. 생물 다양성 감소는 생태계의 자정 능력을 해친다.
ㄹ. 오늘날 환경 오염, 무분별한 남획 등으로 인해 생물 다양성이 빠르게 감소하고 있다.

① ㄱ, ㄴ　　　② ㄱ, ㄹ　　　③ ㄴ, ㄷ
④ ㄱ, ㄷ, ㄹ　　⑤ ㄴ, ㄷ, ㄹ

7 다음 사례에 나타난 지리적 문제의 해결 노력으로 적절한 것은?

> 인도네시아의 수마트라섬에만 서식하는 '수마트라 오 랑우탄'은 현재 '심각한 멸종 위기종'으로 지정되어 있 다. 하지만 그들이 서식하는 열대 우림에 대한 관리가 부족하여 그 수가 계속 줄어들고 있다.

① 역사적 배경에 따른 국가 간의 차이를 인정한다.
② 생물 다양성을 보전하기 위한 국가 전략을 수립한다.
③ 농작물의 병충해를 예방할 수 있는 약품을 개발한다.
④ 육상 자원의 공동 개발을 위한 국가 간 협약을 체결한다.
⑤ 국제 곡물 가격을 안정적으로 유지하기 위한 대책을 수립한다.

내공 4 영역을 둘러싼 분쟁

8 밑줄 친 지역에서 분쟁이 발생하는 원인으로 옳은 것은?

> 제2차 세계 대전 이후 팔레스타인 지역에 유대교를 믿 는 이스라엘이 건국하면서 주변 아랍 국가들과의 갈등 이 시작되었다. 네 번에 걸친 전쟁으로 이스라엘이 팔 레스타인 지역의 대부분을 차지하였는데, 그전에 살던 팔레스타인 사람들이 영토를 회복하기 위해 저항하면 서 전쟁이 계속되고 있다.

① 자연재해
② 외래종의 유입
③ 급격한 인구 증가
④ 민족·종교적 갈등
⑤ 천연자원의 소유권

9 지도의 A 지역에 대한 설명으로 옳은 것은?

① 중국이 실효 지배하고 있다.
② 인도양과 태평양을 잇는 요충지이다.
③ 청일 전쟁 이후 일본 영토로 편입되었다.
④ 샌프란시스코 강화 조약에 의해 구소련에 넘겨졌다.
⑤ 바다로 볼지, 호수로 볼지에 대한 논쟁이 계속 이어지 고 있다.

출제율 ◐◑◐◑◑ 시험에 꼭 나오는 출제 가능성이 높은 예상 문제로, 내신 100점을 받기 위한 필수 문항들

10 다음 글을 읽고 물음에 답하시오.

> 아프리카의 나이지리아, 남수단, 소말리아, 예멘 등 에서는 2천만 명이 넘는 사람들이 굶주림에 시달리 고 있다.

(1) 위 글에 나타난 지리적 문제를 쓰시오.

_____

(2) (1)의 자연적·인위적 발생 요인에 대해 각각 서술하 시오.

_____

_____

11 지도에 표시된 지역에서 영역 분쟁이 발생하는 원인을 서술하시오.

_____

_____

12 지도에 표시된 분쟁 지역의 명칭을 쓰고, 분쟁의 발 생 원인을 두 가지 서술하시오.

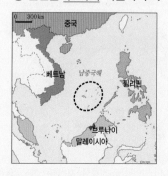

_____

_____

02~03 저개발 지역의 발전을 위한 노력 ~ 지역 간 불평등 완화를 위한 노력

내공 1 발전 수준의 지역 차

1 지역 차의 발생 원인 자연환경, 자원의 보유량, 기술, 자본, 토지, 인구, 학력 수준 등 경제 환경에 영향을 주는 요소가 지역마다 다르기 때문

2 발전 수준의 지역 차

선진국	18세기 후반 산업 혁명을 통해 일찍이 산업화를 이룬 선진국은 경제가 발전하여 소득과 생활 수준이 높음 예 서부 유럽, 앵글로아메리카 등
개발 도상국	20세기 이후 산업화가 진행되고 있는 개발 도상국은 경제 발전 수준이 낮고 소득이 적음 예 동남아시아, 라틴 아메리카, 아프리카 등

3 발전 수준의 지역 차를 보여 주는 다양한 지표

(1) 다양한 지표

1인당 국내 총생산 (GDP)	일정 기간 동안 한 국가 안에서 새롭게 생산된 최종 생산물의 시장 가치의 합인 국내 총생산을 총인구로 나눈 값 ─ 대표적인 경제 지표야.
인간 개발 지수 (HDI)	국제 연합 개발 계획(UNDP)이 매년 각국의 1인당 국민 총소득, 기대 수명, 교육 수준 등을 기준으로 하여 국가별로 국민의 삶의 질을 평가한 지수 ─ 경제 지표와 비경제 지표를 모두 고려해.
행복 지수 (HPI)	국내 총생산, 기대 수명, 사회적 자본, 부패 지수, 관용 등 총 다섯 개의 지표를 종합하여 평가한 지수
기타 지표	성인 문자 해독률, 기대 수명, 영아 사망률, 합계 출산율, 교사 1인당 학생 수, 성 불평등 지수(GII) 등

(2) 다양한 지표로 살펴본 발전 수준의 지역 차

선진국	1인당 국내 총생산, 인간 개발 지수, 행복 지수, 성인 문자 해독률, 기대 수명 등이 높게 나타남
개발 도상국	영아 사망률, 합계 출산율, 교사 1인당 학생 수, 성 불평등 지수 등이 높게 나타남

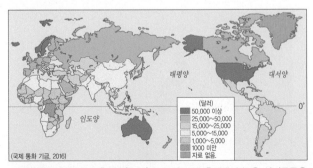

▲ **국가별 1인당 국내 총생산(GDP)** | 1인당 국내 총생산이 높은 선진국들은 주로 북반구에 있고, 상대적으로 1인당 국내 총생산이 낮은 개발 도상국들은 주로 적도 주변 및 남반구에 위치한다. 이들 간에는 경제적 격차 때문에 다양한 갈등이 발생하기도 하는데, 이러한 현상을 남북 문제라고 한다. 한편 오늘날 세계화의 확산으로 선진국과 개발 도상국 간 발전 수준의 격차가 커지고 있다.

내공 2 빈곤 문제 해결을 위한 노력

1 저개발 국가의 노력

식량 생산량 증대	관개 시설을 확충하고 수확량이 많은 품종을 개발함
사회 기반 시설 확충	도로, 전력, 통신망 등 사회 기반 시설에 대한 공공 지출을 늘려 경제 발전을 위한 기반을 강화함
교육 기회 확대	여성과 아동의 문맹률을 낮춰 인적 자원을 개발함
국외 기술 도입	선진 기술을 도입하여 국내 산업의 생산성을 향상함
적정 기술 도입	현지에서 사용하기 쉬워 저개발 지역 주민들의 삶에 도움을 줌 예 큐 드럼(Q drum), 라이프 스트로 등

└ 지역의 문화적·경제적·환경적 조건을 고려하여 해당 지역에서 지속해서 생산·소비할 수 있도록 만들어진 기술을 말해.

2 저개발 국가들의 협력 단일 국가의 능력으로 선진국들의 자본, 기술과 경쟁하기 어려운 저개발 국가들이 협력 체제를 구축함 예 서아프리카 경제 공동체(ECOWAS) 등

3 국제 연합 및 국제 비정부 기구의 노력 국제 연합은 빈곤 문제 해결을 위해 2016년 지속 가능 발전 목표(SDGs)를 정하여 국제적인 지원과 협력을 확대해 나가고 있으며, 국제 비정부 기구들도 힘을 쏟고 있음

선진국에 함께 대응, 공동으로 자원 개발 및 수출, 회원국 간 활발한 교류 등으로 경제가 발전할 수 있어.

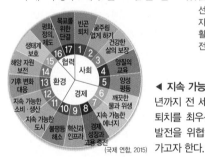

◀ **지속 가능 발전 목표(SDGs)** | 2030년까지 전 세계의 공동 목표로서 빈곤 퇴치를 최우선으로 하며, 지속 가능한 발전을 위협하는 요인들을 완화해 나가고자 한다.

내공 3 지역 간 불평등 완화를 위한 국제 사회의 노력

어느 한 국가의 노력만으로 해결하기 어렵기 때문에 국제적 협력이 필요해.

1 정부 간 국제기구

(1) 국제 연합(UN)

의미	국제 평화와 안전의 유지, 인권 및 자유 확보를 위해 노력하는 대표적인 국제기구
산하 기구	• 국제 연합 평화 유지군(PKF): 분쟁 지역에 파견되어 질서 유지 및 안전 보장 활동을 함 • 국제 연합 난민 기구(UNHCR): 난민 보호 및 난민 문제 해결을 위한 활동을 함 • 세계 식량 계획(WFP): 세계의 기아와 빈곤으로 고통받는 지역에 식량 지원 활동을 함 • 국제 연합 아동 기금(UNICEF): 아동 구호와 아동 복지 향상을 위한 활동을 함 • 세계 보건 기구(WHO): 세계의 질병 및 보건 위생 문제 해결을 위한 활동을 함

(2) **기타**: 국제 부흥 개발 은행(IBRD), 경제 협력 개발 기구(OECD) 등

2 국제 원조

(1) 의미: 저개발 국가의 빈곤 문제를 해결하기 위해 국제 사회가 재정 및 기술, 물자 등을 지원하는 것

(2) 유형 및 특징

유형	• 공적 개발 원조(ODA): 정부나 국제기구가 공식적으로 지원하는 형태 • 민간 개발 원조: 비정부 기구와 민간 재단이 지원하는 형태
특징	• 경제 협력 개발 기구(OECD) 산하의 개발 원조 위원회(DAC)에서 공적 개발 원조(ODA)를 담당함 • 과거 우리나라는 개발 원조 위원회의 각종 원조를 받았지만, 현재는 한국 국제 협력단(KOICA)을 통해 개발 도상국을 지원하고 있음

(3) 성과 및 한계

성과	저개발 국가의 빈곤 감소와 삶의 질 향상에 기여함
한계	• 선진국에서는 원조를 자국의 이익을 위한 외교 정책으로 이용하거나, 무역 시장을 개방하는 조건으로 활용하기도 함 • 원조 대상 지역에 재해나 분쟁이 발생하면 장기적인 지원을 받기 어려움 • 원조 대상 지역의 자발적인 성장 및 발전을 저해하기도 함 • 일부 국가에서는 원조를 부패한 정부의 운영 자금으로 사용하기도 함

3 국제 비정부 기구(NGO)

(1) 의미: 민간단체 주도로 만들어진 비정부 조직

(2) 특징: 인도주의적 차원에서 범세계적인 사회 문제를 해결하기 위해 다양한 활동을 함 ─국제기구의 활동을 보조하기도 하는데, 국제 사회에서 최근 이들의 기여도가 높아지고 있어.

(3) 대표적인 국제 비정부 기구

그린피스	지구의 환경을 보존하고 평화를 증진하기 위한 활동을 함
국경 없는 의사회	인종, 종교, 성, 정치적 성향과 관계없이 도움이 필요한 사람들에게 의료 서비스를 지원함
세이브 더 칠드런	아동 긴급 구호 사업을 함

4 공정 무역

(1) 의미: 선진국과 저개발 국가 사이의 불공정한 무역을 개선하여 저개발 국가의 생산자에게 정당한 가격을 지급하는 무역 방식

(2) 주요 상품: 커피, 차, 카카오, 바나나, 의류, 수공예품 등이 주로 거래됨 ─주요 생산 국가는 저개발국이고, 주요 소비 국가는 선진국이야.

(3) 성과 및 한계

성과	• 중간 상인의 개입을 줄여 유통 비용을 낮추고, 생산자에게 일정한 이익을 보장함으로써 저개발 국가의 주민들이 경제적으로 자립할 수 있도록 도와줌 • 이익금의 일부를 교육 등 사회 발전을 위해 투자함으로써 저개발 국가가 빈곤에서 벗어날 수 있도록 도와줌 • 안전하고 친환경적인 방식으로 상품을 생산함 → 환경 문제가 감소하고, 소비자는 안심하고 상품을 소비할 수 있음
한계	• 다국적 기업의 상품에 밀려 시장 확보에 어려움이 있음 • 선진국 소비자의 선심과 경제적 여력에 의존할 수밖에 없음 → 경제 상황이 좋지 않거나 무역 불평등에 대한 사람들의 관심이 적어진다면 공정 무역이 지속되기 어려움

└ 공정 무역 제품이 일반 제품보다 가격이 비싸.

1 다음 설명이 맞으면 ○표, 틀리면 ✕표를 하시오.

(1) 오늘날 선진국과 개발 도상국 간의 발전 수준 격차는 점차 줄어들고 있다. ( )

(2) 발전 수준의 지역 차를 보여 주는 지표로 1인당 국내 총생산, 인간 개발 지수 등이 있다. ( )

(3) 자연환경, 자원의 보유량, 기술 등 경제 환경에 영향을 주는 요소가 지역마다 다르기 때문에 발전 수준의 지역 차가 발생한다. ( )

2 다음 괄호 안의 내용 중 알맞은 말에 ○표를 하시오.

(1) (선진국, 개발 도상국)은 (선진국, 개발 도상국)에 비해 영아 사망률이 높게 나타난다.

(2) (선진국, 개발 도상국)은 (선진국, 개발 도상국)에 비해 성인 문자 해독률이 높게 나타난다.

(3) 선진국과 개발 도상국 간의 경제적 격차 때문에 발생하는 갈등을 (동서 문제, 남북 문제)라고 한다.

3 다음 빈칸에 들어갈 내용을 쓰시오.

(1) 빈곤 문제 해결을 위해 국제 연합은 ( ) 목표를 정하여 국제적인 지원과 협력을 확대해 나가고 있다.

(2) 저개발 국가는 도로, 전력, 통신망 등과 같은 ( )을 확충하여 경제 발전을 위한 기반을 강화해 나가고 있다.

(3) 지역의 문화적·경제적·환경적 조건을 고려하여 해당 지역에서 지속해서 생산·소비할 수 있도록 만들어진 기술을 ( )이라고 한다.

4 다음 설명이 맞으면 ○표, 틀리면 ✕표를 하시오.

(1) 지역 간 불평등 문제는 어느 한 국가의 노력만으로 해결하기 어렵기 때문에 국제적 협력이 필요하다. ( )

(2) 국제 원조는 불공정한 무역을 개선하여 저개발 국가의 생산자에게 정당한 가격을 지급하는 무역 방식이다. ( )

5 정부 간 국제기구와 국제 비정부 기구의 사례를 [보기]에서 골라 기호를 쓰시오.

┌ 보기 ●────
ㄱ. 그린피스　　　　ㄴ. 국제 연합
ㄷ. 세계 보건 기구　ㄹ. 세계 식량 계획
ㅁ. 국경 없는 의사회　ㅂ. 세이브 더 칠드런
└─────────────

(1) 정부 간 국제기구 ( )

(2) 국제 비정부 기구 ( )

족집게 문제

내공 1 발전 수준의 지역 차

1 발전 수준의 지역 차가 발생하는 원인으로 적절한 것을 [보기]에서 고른 것은?

• 보기
ㄱ. 인종의 차이　　　　　ㄴ. 학력 수준의 차이
ㄷ. 자원 보유량의 차이　　ㄹ. 국제 연합 가입 여부

① ㄱ, ㄴ　　　② ㄱ, ㄹ　　　③ ㄴ, ㄷ
④ ㄴ, ㄹ　　　⑤ ㄷ, ㄹ

2 세계의 지역별 발전 수준에 대한 옳은 설명만을 [보기]에서 있는 대로 고른 것은?

• 보기
ㄱ. 남반구 국가들은 북반구 국가들에 비해 대체로 발전 수준이 낮다.
ㄴ. 일찍이 산업화를 이룬 선진국은 개발 도상국에 비해 소득과 생활 수준이 높다.
ㄷ. 선진국과 개발 도상국의 발전 수준의 격차 때문에 다양한 갈등이 발생하기도 한다.
ㄹ. 오늘날 세계화의 확산으로 선진국과 개발 도상국 간 발전 수준의 격차가 완화되고 있다.

① ㄱ, ㄴ　　　② ㄷ, ㄹ　　　③ ㄱ, ㄴ, ㄷ
④ ㄱ, ㄴ, ㄹ　　⑤ ㄴ, ㄷ, ㄹ

3 발전 수준의 지역 차를 보여 주는 지표로 적절하지 않은 것은?

① 인구 밀도
② 행복 지수
③ 인간 개발 지수
④ 성인 문자 해독률
⑤ 1인당 국내 총생산

중요 4 지도는 국가별 인간 개발 지수를 나타낸 것이다. 지도의 A 국가군에서 높게 나타나는 지표를 [보기]에서 고른 것은?

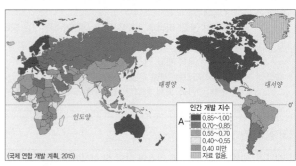

(국제 연합 개발 계획, 2015)

인간 개발 지수
0.85~1.00
0.70~0.85
0.55~0.70
0.40~0.55
0.40 미만
자료 없음.

• 보기
ㄱ. 기대 수명　　　　　　ㄴ. 영아 사망률
ㄷ. 1인당 국민 총소득　　ㄹ. 교사 1인당 학생 수

① ㄱ, ㄴ　　　② ㄱ, ㄷ　　　③ ㄴ, ㄷ
④ ㄴ, ㄹ　　　⑤ ㄷ, ㄹ

내공 2 빈곤 문제 해결을 위한 노력

5 저개발 지역의 빈곤 문제 해결을 위한 노력으로 적절하지 않은 것은?

① 수확량이 많은 품종을 개발한다.
② 경제 발전을 위한 사회 기반 시설을 확충한다.
③ 국내 산업의 생산성을 높이기 위해 선진 기술을 도입한다.
④ 인구 증가율을 높이기 위해 출산 장려 정책을 실시한다.
⑤ 인적 자원의 개발을 위해 여성과 아동에게도 교육 기회를 확대한다.

6 ㉠에 들어갈 용어로 옳은 것은?

(㉠)은/는 인간이 누려야 할 최소한의 권리조차 누릴 수 없는 사람들에게 인간의 권리를 누릴 수 있게 해 준다. (㉠)은/는 단순하면서도 현지에서 사용하기 쉬워 저개발 지역 주민들의 삶에 도움을 주는데, 대표적인 사례로 큐 드럼(Q drum), 라이프 스트로 등이 있다.

① 공정 무역　　　　　② 국제 원조
③ 자유 무역　　　　　④ 적정 기술
⑤ 지역 경제 공동체

출제율 ●●●●● 시험에 꼭 나오는 출제 가능성이 높은 예상
문제로, 내신 100점을 받기 위한 필수 문항들

7 교사의 질문에 대한 학생의 대답으로 적절하지 <u>않은</u> 것은?

> • 교사: 저개발 국가들이 경제 협력 체제를 구성하면 어떤 이익이 있을까요?
> • 학생: _____

① 국가 경쟁력을 높일 수 있어요.
② 정치적 불안정을 해결할 수 있어요.
③ 공동으로 자원을 개발하여 수출할 수 있어요.
④ 회원국 간에 교류가 늘어 경제가 발전할 수 있어요.
⑤ 자국의 이익에 부정적인 영향을 미치는 국가들에 함께 대응할 수 있어요.

8 그림이 나타내는 지역 간 불평등 완화를 위한 노력에 대한 옳은 설명을 [보기]에서 고른 것은?

(국제 연합, 2015)

> • 보기 •
> ㄱ. 빈곤 퇴치를 최우선으로 한다.
> ㄴ. 2030년까지 전 세계의 공동 목표이다.
> ㄷ. 세계화를 촉진하기 위한 노력의 일환이다.
> ㄹ. 국제 비정부 기구가 정한 지속 가능 발전 목표이다.

① ㄱ, ㄴ ② ㄱ, ㄷ ③ ㄴ, ㄷ
④ ㄴ, ㄹ ⑤ ㄷ, ㄹ

내공 **3** **지역 간 불평등 완화를 위한 국제 사회의 노력**

9 국제 연합(UN)에 관한 설명으로 옳지 <u>않은</u> 것은?

① 산하에 여러 전문 기구가 있다.
② 대표적인 정부 간 국제기구이다.
③ 지역 간 불평등 완화를 위해 국제 협력을 도모한다.
④ 민간단체가 중심이 되어 만들어진 국제 비정부 기구이다.
⑤ 국제 평화와 안전의 유지, 인권 및 자유 확보를 위해 노력한다.

중요 **10** ㉠에 들어갈 용어에 대한 옳은 설명만을 [보기]에서 있는 대로 고른 것은?

> (㉠)은/는 저개발 국가의 빈곤 문제를 해결하기 위해 국제 사회가 재정 및 기술, 물자 등을 지원하는 것이다.

> • 보기 •
> ㄱ. 공적 개발 원조와 민간 개발 원조로 나눌 수 있다.
> ㄴ. 국제 연합 산하의 국제 연합 난민 기구가 이를 담당한다.
> ㄷ. 저개발 국가의 빈곤 감소와 삶의 질 향상에 도움을 준다.
> ㄹ. 선진국은 자국의 이익을 위한 외교 정책으로 이를 이용하기도 한다.

① ㄱ, ㄴ ② ㄴ, ㄷ ③ ㄱ, ㄷ, ㄹ
④ ㄴ, ㄷ, ㄹ ⑤ ㄱ, ㄴ, ㄷ, ㄹ

주관식

11 ㉠에 들어갈 기관을 쓰시오.

> 우리나라는 과거에 개발 원조 위원회에서 각종 원조를 받았지만, 현재는 대외 무상 원조 전담 기관인 (㉠)을/를 통해 개발 도상국을 지원하고 있다.

12 국제 비정부 기구(NGO)에 대한 설명으로 옳지 <u>않은</u> 것은?

① 국제기구의 활동을 보조하기도 한다.
② 국제 사회에서 기여도가 높아지고 있다.
③ 국가 간 이해관계의 영향을 받아 활동한다.
④ 대표적인 예로 그린피스, 국경 없는 의사회 등이 있다.
⑤ 인도주의적 차원에서 범세계적인 사회 문제 해결을 위해 활동한다.

13 표는 주요 국제 비정부 기구(NGO)에 대해 정리한 것이다. (가)~(다)에 들어갈 내용으로 옳은 것은?

국제 비정부 기구	역할
그린피스	(가)
국경 없는 의사회	(나)
세이브 더 칠드런	(다)

① (가) – 분쟁 지역에 파견되어 질서 유지 및 안전 보장 활동을 한다.
② (가) – 세계의 기아와 빈곤으로 고통 받는 지역에 식량 지원 활동을 한다.
③ (나) – 세계의 질병 및 보건 위생 문제 해결을 위한 활동을 한다.
④ (나) – 인종, 종교, 성, 정치적 성향과 관계없이 도움이 필요한 사람들에게 의료 서비스를 지원한다.
⑤ (다) – 지구의 환경을 보존하고 평화를 증진하기 위한 활동을 한다.

중요 14 공정 무역에 대한 옳은 설명을 [보기]에서 고른 것은?

• 보기 •
ㄱ. 중간 상인의 개입을 줄여 유통 비용을 낮춘다.
ㄴ. 공정 무역 제품이 일반 제품에 비해 가격이 싸다.
ㄷ. 저개발국의 생산자에게 일정한 이익을 보장함으로써 자립할 수 있도록 도와준다.
ㄹ. 공정 무역 제품의 주요 생산 국가는 선진국이고, 주요 소비 국가는 저개발국이다.

① ㄱ, ㄴ   ② ㄱ, ㄷ   ③ ㄴ, ㄷ
④ ㄴ, ㄹ   ⑤ ㄷ, ㄹ

15 지도는 국가별 인간 개발 지수를 나타낸 것이다. A 국가군에서 높게 나타나는 발전 지표를 <u>두 가지 이상</u> 서술하시오.

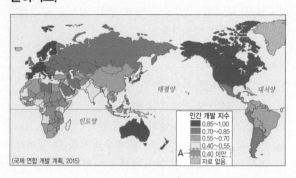

(국제 연합 개발 계획, 2015)

16 (가)에 들어갈 적절한 내용을 서술하시오.

아프리카 여러 나라에서는 '오래된 옷 기부하기'라는 자선 사업을 통해 선진국의 중고 의류를 기부받는다. 그러나 이들 국가의 일부 사람들은 중고 의류의 유입을 반대하고 있다. 그 이유는 _____ (가)

17 그림은 일반 커피와 공정 무역 커피의 이익 배분 구조를 나타낸 것이다. 이를 보고 물음에 답하시오.

(1) (가), (나) 중 공정 무역 커피에 해당하는 것을 쓰시오.

(2) 위 그림을 통해 알 수 있는 공정 무역의 성과를 <u>두 가지</u> 서술하시오.

시험 하루 전!! 끝내주는~

내공 점검

01 인구 분포

1 그래프는 대륙별 인구 분포를 나타낸 것이다. A, B에 해당하는 대륙을 옳게 연결한 것은?

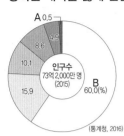

A 0.5
4.9
8.6
10.1
인구수
73억 2,000만 명
(2015)
15.9
B 60.0(%)
(통계청, 2016)

① A − 아프리카
② A − 남아메리카
③ B − 유럽
④ B − 아시아
⑤ B − 오세아니아

2 A~D 지역의 인구 분포에 영향을 미치는 요인에 대한 옳은 설명만을 [보기]에서 있는 대로 고른 것은?

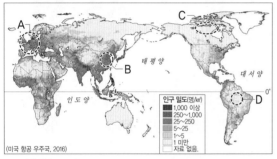

(미국 항공 우주국, 2016)

인구 밀도(명/㎢)
1,000 이상
250~1,000
25~250
5~25
1~5
1 미만
자료 없음.

• 보기 •
ㄱ. A는 산업이 발달하여 인구가 밀집하였다.
ㄴ. B는 벼농사가 발달하여 인구가 밀집하였다.
ㄷ. C는 한대 기후가 나타나 인구가 희박하다.
ㄹ. D는 지형이 높고 가파른 산악 지역이 많아 인구가 희박하다.

① ㄱ, ㄴ   ② ㄷ, ㄹ   ③ ㄱ, ㄴ, ㄷ
④ ㄱ, ㄴ, ㄹ   ⑤ ㄴ, ㄷ, ㄹ

3 다음 지역들의 공통된 특징으로 옳은 것은?

• 캐나다 북부   • 사하라 사막   • 태백산맥 부근

① 교통이 편리하여 인구가 밀집하였다.
② 일자리가 풍부하여 인구가 밀집하였다.
③ 각종 지하자원이 부족하여 인구가 희박하다.
④ 인문·사회적 요인이 유리하여 인구가 밀집하였다.
⑤ 기후 및 지형 조건이 농업에 불리하여 인구가 희박하다.

4 지도는 우리나라의 인구 분포를 나타낸 것이다. 이에 대한 설명으로 옳지 **않은** 것은?

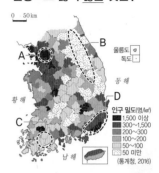

0 50 km
울릉도
독도
동 해
황 해
A
B
D
C
인구 밀도(명/㎢)
1,500 이상
300~1,500
200~300
100~200
50~100
50 미만
남 해
(통계청, 2016)

① A는 우리나라 정치·문화·경제의 중심지이다.
② B는 1960년대 이후 이촌 향도 현상으로 인구 밀도가 높아졌다.
③ C는 벼농사에 유리한 자연조건 때문에 과거에는 인구 밀도가 높았다.
④ D는 일자리를 찾아 많은 인구가 유입되면서 인구 밀도가 높아졌다.
⑤ 산업화 이후 우리나라의 인구 분포를 나타낸다.

5 다음 자료를 통해 알 수 있는 내용으로 가장 적절한 것은?

인구는 선거구를 확정하는 데 가장 중요하게 고려되어, 선거구 간 인구의 차이가 심할 때는 선거구를 조정한다. 하나의 선거구마다 1명의 국회 의원을 선출하는데, 이때 뽑힌 국회 의원을 지역구 국회 의원이라고 한다.

0 50 km
총 253석
49 서울
13 인천
60 경기
8 강원
11 충남
1 세종
7 대전
8 충북
13 경북
10 전북
12 대구
6 울산
8 광주
10 전남
16 경남
18 부산
3 제주
황 해
동 해
남 해
(중앙 선거 관리 위원회, 2012)
▲ 우리나라 지역구 국회 의원 수

① 지역별로 인구가 고르게 분포한다.
② 지역별 면적과 인구수는 비례한다.
③ 지역별 면적과 지역구 국회 의원 수는 비례한다.
④ 지역별 인구수와 지역구 국회 의원 수는 비례하지 않는다.
⑤ 서울, 인천, 경기도를 포함하는 수도권에 우리나라 인구의 절반 가까이가 살고 있다.

02 인구 이동

6 ㉠, ㉡에 들어갈 용어를 각각 쓰시오.

> 인구 이동의 유형은 이동 범위에 따라 국내 이동과
> (㉠)으로 구분할 수 있으며, 이동 동기에 따라 자
> 발적 이동과 (㉡)으로 구분할 수 있다.

7 지도와 같은 요인에 의한 인구 이동의 사례로 가장 적절한 것은?

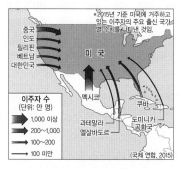

① 영국에 사는 제임스는 프랑스 남부로 여행을 갔다.
② 가영이는 서울에 있는 대학에 가기 위해 부산에서 이사왔다.
③ 티모는 내전을 피해 고국을 떠나 케냐의 난민촌으로 이주하였다.
④ 우마르는 일자리를 찾아 이집트에서 사우디아라비아로 이주하였다.
⑤ 존은 기후 변화 때문에 국토 상당 부분이 물에 잠겨이웃 나라로 이주하였다.

8 다음 사례와 같은 인구 이동의 유형을 지도의 A~E에서 고른 것은?

> 우리 가족은 내전 때문에 어쩔 수 없이 고국을 도망쳐나와 인접 국가의 난민촌에서 살고 있어요.

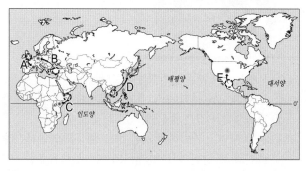

① A   ② B   ③ C   ④ D   ⑤ E

9 지도는 세계의 인구 이동을 나타낸 것이다. A~D 인구이동에 대한 옳은 설명을 [보기]에서 고른 것은?

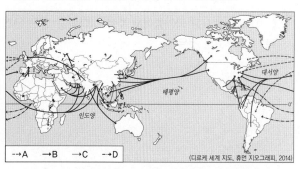

> • 보기 •
> ㄱ. A는 분쟁을 피하기 위한 난민의 이동이다.
> ㄴ. B는 일자리를 찾기 위한 자발적 이동이다.
> ㄷ. C는 기후 변화에 의해 발생한 환경 난민의 이동이다.
> ㄹ. D는 노예 무역에 의한 아프리카인들의 아메리카로의 이동이다.

① ㄱ, ㄴ   ② ㄱ, ㄷ   ③ ㄴ, ㄷ
④ ㄴ, ㄹ   ⑤ ㄷ, ㄹ

10 우리나라의 인구 이동 모습이 지도와 같이 나타나는 시기에 대한 설명으로 옳은 것은?

① 정치적 요인이 인구 이동에 큰 영향을 미쳤다.
② 농촌의 인구가 일자리를 찾아 도시로 이동하였다.
③ 많은 사람이 일자리를 찾아 북부 지방으로 이주하였다.
④ 일본, 미국, 중국 등으로 이주하였던 많은 동포들이귀국하였다.
⑤ 도시 인구가 주변 지역이나 촌락으로 이동하는 현상이 나타났다.

03 인구 문제

11 지도에 표시된 국가들에서 주로 나타나는 인구 문제를 [보기]에서 고른 것은?

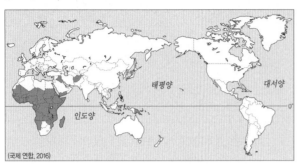

(국제 연합, 2016)

• 보기 •
ㄱ. 노동력 부족　　　　ㄴ. 급속한 인구 증가
ㄷ. 낮은 인구 부양력　　ㄹ. 저출산·고령화 현상

① ㄱ, ㄴ　　② ㄱ, ㄷ　　③ ㄴ, ㄷ
④ ㄴ, ㄹ　　⑤ ㄷ, ㄹ

12 그래프는 경제 수준이 서로 다른 지역의 인구 변화를 나타낸 것이다. A 지역에서 주로 나타나는 인구 문제와 그 대책을 옳게 연결한 것은?

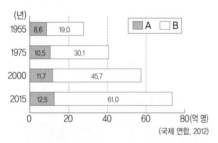

(국제 연합, 2012)

	인구 문제	대책
①	고령화 현상	정년 단축
②	저출산 문제	출산 장려 정책 시행
③	노동력 부족	출산 억제 정책 시행
④	성비 불균형	인구의 지방 분산 정책 시행
⑤	인구 부양력 부족	식량 증산 정책 실시

13 ㄱ~ㄷ에 들어갈 용어를 각각 쓰시오.

> 65세 이상 인구가 전체 인구의 7%를 넘으면 (㉠) 사회, 14%를 넘으면 (㉡) 사회, 20%를 넘으면 (㉢) 사회로 구분한다.

14 그래프는 우리나라의 연령별 인구 비율 변화를 나타낸 것이다. 이와 같은 변화의 원인을 [보기]에서 고른 것은?

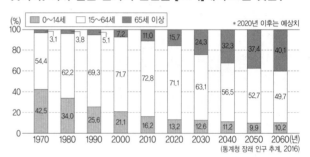

(통계청 장래 인구 추계, 2016)

• 보기 •
ㄱ. 남아 선호 사상에 따른 성비 불균형
ㄴ. 이촌 향도 현상에 따른 도시 인구의 급증
ㄷ. 결혼 연령 상승 및 미혼 인구 증가에 따른 출산율 감소
ㄹ. 경제 수준 향상 및 의료 기술의 발달에 따른 평균 수명의 연장

① ㄱ, ㄴ　　② ㄱ, ㄷ　　③ ㄴ, ㄷ
④ ㄴ, ㄹ　　⑤ ㄷ, ㄹ

15 다음 인구 정책 포스터를 통해 알 수 있는 우리나라 인구 문제에 대한 대책으로 가장 적절한 것은?

① 노인들에게 재취업 기회를 제공한다.
② 연금 제도와 사회 보장 제도를 정비한다.
③ 가족계획과 같은 출산 억제 정책을 실시한다.
④ 촌락 지역을 개발하여 이촌 향도 현상을 약화시킨다.
⑤ 출산과 관련된 의료비와 양육비 및 보육료를 지원한다.

01 도시의 위치와 특징

1 ㉠에 들어갈 용어에 대한 옳은 설명을 [보기]에서 고른 것은?

(㉠)은/는 촌락과 더불어 인간의 대표적인 거주 공간으로서 사회적·경제적·정치적 활동의 중심지 역할을 수행한다.

• 보기 •
ㄱ. 저층 건물이 많아 토지 이용의 집약도가 낮다.
ㄴ. 주변 지역에 다양한 상품과 서비스를 제공한다.
ㄷ. 넓은 지역에 적은 사람이 모여 있어 인구 밀도가 낮다.
ㄹ. 2·3차 산업에 종사하는 인구 비율이 높아 주민의 직업 구성이 다양하다.

① ㄱ, ㄴ   ② ㄱ, ㄷ   ③ ㄴ, ㄷ
④ ㄴ, ㄹ   ⑤ ㄷ, ㄹ

2 세계의 주요 도시에 대한 설명으로 옳지 않은 것은?

① 키토는 국제 물류의 중심지로 항만이 발달한 도시이다.
② 파리는 매력적인 경관이 많아 관광 산업이 발달한 도시이다.
③ 도쿄는 금융 시장을 기반으로 국제 자본의 연결망을 가진 도시이다.
④ 로마는 오랜 시간에 걸쳐 형성된 역사 유적이 많고 문화가 발달한 도시이다.
⑤ 쿠리치바는 인간과 자연이 조화를 이룰 수 있도록 생태 환경이 잘 가꿔진 도시이다.

3 ㉠에 들어갈 용어를 쓰시오.

미국에서 인구가 가장 많은 도시인 뉴욕은 대표적인 (㉠)(이)다. 이곳은 국제 연합(UN)의 본부와 세계 최대 금융가인 월스트리트가 있어 세계 경제, 문화, 정치의 중심지 역할을 한다. 뉴욕뿐만 아니라 영국의 런던, 일본의 도쿄도 이러한 (㉠)에 해당한다.

02 도시 내부의 경관

4 밑줄 친 ㉠~㉤에 대한 설명으로 옳지 않은 것은?

도시가 성장하면 비슷한 기능끼리 모이고, 다른 기능끼리 서로 밀어내는 현상인 ㉠ 지역 분화가 나타난다. 지역 분화는 도시 내부 지역별 ㉡ 접근성과 ㉢ 지가의 차이로 인해 발생한다. 중심 업무 기능, 상업 기능, ㉣ 주거 기능 등은 집심 현상과 ㉤ 이심 현상을 통해 도시의 중심과 주변 지역 중 더 적합한 지역을 찾아 입지하게 된다.

① ㉠은 규모가 작은 도시보다 큰 도시에서 뚜렷하게 나타난다.
② ㉡은 일반적으로 도시 중심부에서 주변 지역으로 갈수록 낮아진다.
③ ㉢이 높을수록 토지 이용이 집약적으로 이루어진다.
④ ㉣은 비싼 땅값을 지불할 수 없어 주변 지역으로 빠져나간다.
⑤ ㉤에 의해 대기업 본사와 같은 중심 업무 기능이 도심에 남게 된다.

5 지도는 서울의 지역별 지가를 나타낸 것이다. (가), (나)에 해당하는 지역을 지도의 A~C에서 찾아 옳게 연결한 것은?

(가) 대규모 아파트 단지를 많이 볼 수 있다.
(나) 도심과 주변 지역을 연결하는 교통의 요지에 있으며, 상업·업무 기능 등을 분담한다.

(서울시청, 2016)

   (가) (나)   (가) (나)
① A   B   ② A   C
③ B   A   ④ B   C
⑤ C   A

[6~7] 그림은 도시 내부 구조를 나타낸 것이다. 이를 보고 물음에 답하시오.

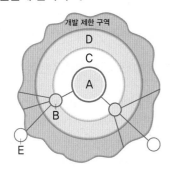

6 위 그림의 A~E 지역에 대한 설명으로 옳은 것은?

① A – 도시의 무질서한 팽창을 막기 위해 지정된 지역이다.

② B – 대도시의 주거 기능, 공업 기능을 분담하는 도시이다.

③ C – 오래된 주택, 학교, 공장 등이 혼재되어 있다.

④ D – 중심 업무 지구가 형성되어 있다.

⑤ E – 땅값이 저렴하여 금융 기관과 대기업의 본사가 모여 있다.

7 위 그림의 A에 비해 상대적으로 D에서 낮게 나타나는 지표로 적절한 것만을 [보기]에서 있는 대로 고른 것은?

> • 보기 •
> ㄱ. 지가　　　　　ㄴ. 접근성
> ㄷ. 건물의 높이　　ㄹ. 야간 인구 밀도

① ㄱ, ㄴ　　　② ㄱ, ㄹ　　　③ ㄷ, ㄹ
④ ㄱ, ㄴ, ㄷ　　⑤ ㄴ, ㄷ, ㄹ

8 다음 사례를 읽고 학생들이 나눈 대화 내용으로 적절하지 않은 것은?

> 서울의 도심 지역에서는 종로 1, 2, 3, 4가 동의 주민 센터처럼 인근의 주민 센터를 하나로 통합하여 운영하는 통합 주민 센터가 생겨나고 있다.

① 가영: 도심의 상주인구가 감소하고 있기 때문이야.

② 나영: 도심의 주거 기능이 강화되고 있기 때문이야.

③ 다영: 인구 공동화 현상에 따른 결과로 볼 수 있어.

④ 라영: 종로구는 밤보다 낮의 인구 밀도가 높을 거야.

⑤ 마영: 도심의 지가가 상승할수록 이러한 사례가 증가할거야.

03 도시화와 도시 문제

9 그래프는 도시화 과정을 나타낸 것이다. A~C 단계에 대한 옳은 설명을 [보기]에서 고른 것은?

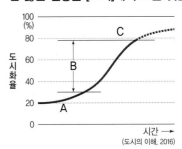

(도시의 이해, 2016)

> • 보기 •
> ㄱ. A 단계는 B 단계에 비해 도시 거주 인구 비율이 낮다.
> ㄴ. B 단계는 C 단계에 비해 도시화 진행 속도가 빠르다.
> ㄷ. C 단계에서는 본격적으로 산업화가 진행되면서 도시에 공업이 발달한다.
> ㄹ. 대부분의 선진국은 B 단계, 개발 도상국은 C 단계에 해당한다.

① ㄱ, ㄴ　　　② ㄱ, ㄷ　　　③ ㄴ, ㄷ
④ ㄴ, ㄹ　　　⑤ ㄷ, ㄹ

10 그래프는 A, B 국가의 도시화율 변화를 나타낸 것이다. 이에 대한 설명으로 옳지 않은 것은?

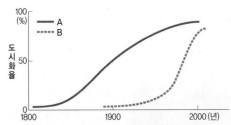

① A는 B보다 산업화의 역사가 길다.

② A는 B보다 도시화가 서서히 진행되었다.

③ B는 A보다 역도시화 현상이 뚜렷하게 나타난다.

④ B는 A보다 서비스업 종사자 비율이 낮다.

⑤ A는 선진국, B는 개발 도상국에 해당한다.

11 선진국에서 나타나는 도시 문제를 [보기]에서 고른 것은?

> • 보기 •
> ㄱ. 시설 노후화로 인한 도시 활력 감소
> ㄴ. 도시 기반 시설 및 공공 서비스 부족
> ㄷ. 높은 지가와 임대료로 인한 주거 비용 상승
> ㄹ. 급속한 산업화로 인한 도시 내 빈부 격차 심화

① ㄱ, ㄴ　　② ㄱ, ㄷ　　③ ㄴ, ㄷ
④ ㄴ, ㄹ　　⑤ ㄷ, ㄹ

12 다음에 나타난 도시 문제에 대한 해결 방안으로 가장 적절한 것은?

 개발 도상국은 도시로 인구가 몰려드는데, 주택 보급률은 이에 미치지 못해 불량 주거 지역이 형성되고 있다.

① 공공 주택 건설　　② 쓰레기 분리수거
③ 글로벌 기업 유치　　④ 혼잡 통행료 인상
⑤ 대중교통 이용 장려

04　살기 좋은 도시

13 (개)~(다)에 해당하는 도시를 옳게 연결한 것은?

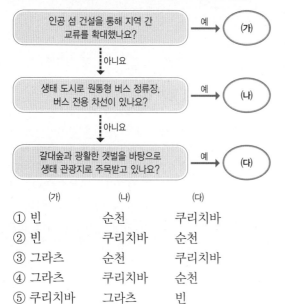

	(개)	(나)	(다)
①	빈	순천	쿠리치바
②	빈	쿠리치바	순천
③	그라츠	순천	쿠리치바
④	그라츠	쿠리치바	순천
⑤	쿠리치바	그라츠	빈

14 다음 글과 관련된 학습 주제로 가장 적절한 것은?

> 한때 스웨덴의 주요 공업 도시였던 함마르뷔는 제조업의 쇠퇴와 함께 도시가 쇠락하면서 항만 처리 시설과 폐기물 매립장만 남아 환경 오염이 심각해졌다. 이에 시 정부와 주민들은 환경 개선 사업을 통해 함마르뷔를 세계적인 생태 도시로 변화시켰다.

① 도시 내 빈부 격차 해소 방안
② 성공적인 지역 균형 발전 사례
③ 산업 구조 개편을 통한 일자리 창출
④ 살기 좋은 도시를 만들기 위한 노력
⑤ 도시화 과정에서 발생하는 역도시화 현상

15 살기 좋은 도시에 대한 옳은 설명만을 [보기]에서 있는 대로 고른 것은?

> • 보기 •
> ㄱ. 경제적 조건이 우수한 곳만이 살기 좋은 도시이다.
> ㄴ. 풍부한 교육·의료 시설은 살기 좋은 도시의 조건이다.
> ㄷ. 오늘날 살기 좋은 도시의 조건으로 삶의 질이 중요시되고 있다.
> ㄹ. 살기 좋은 도시를 만들기 위해서는 지방 자치 단체뿐만 아니라 지역 시민의 노력도 필요하다.

① ㄱ, ㄴ　　② ㄱ, ㄷ　　③ ㄷ, ㄹ
④ ㄱ, ㄴ, ㄹ　　⑤ ㄴ, ㄷ, ㄹ

16 (개), (나)에 나타난 살기 좋은 도시의 조건을 옳게 연결한 것은?

> (개) 싱가포르의 강력한 법 제도는 사회 전반의 범죄율을 줄이는 데 기여하여 청렴한 싱가포르를 만드는 원천이 되었다.
> (나) 오스트레일리아의 멜버른은 도시 내에 푸르른 잔디와 형형색색의 꽃으로 가꾸어진 공원이 가득하며 높은 녹지율을 자랑한다.

	(개)	(나)
①	사회적 안정성	쾌적한 자연환경
②	사회적 안정성	풍부한 문화 시설
③	쾌적한 자연환경	사회적 안정성
④	쾌적한 자연환경	풍부한 문화 시설
⑤	풍부한 문화 시설	사회적 안정성

01 농업 생산의 기업화와 세계화

1 세계화에 따른 농업 생산의 변화에 대한 설명으로 옳지 않은 것은?

① 농업 생산의 다각화가 이루어지고 있다.
② 농산물의 국제적 이동이 활발하게 이루어지고 있다.
③ 자본과 기술력을 갖춘 기업적 농업이 확대되고 있다.
④ 낙농업, 원예 농업 등의 상업적 농업이 늘어나고 있다.
⑤ 농작물을 소규모로 재배하여 직접 소비하는 형태가 확산되고 있다.

2 지도는 세계의 기업적 농업 지역을 나타낸 것이다. A, B 지역에 대한 옳은 설명을 [보기]에서 고른 것은?

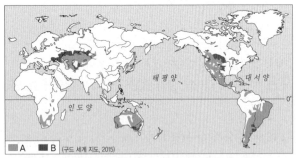

■A ■B (구드 세계 지도, 2015)

• 보기 •
ㄱ. A 지역은 전 세계적인 육류 소비 증가 추세에 따라 축소되고 있다.
ㄴ. B 지역은 주로 농기계와 화학 비료를 이용하여 농지를 관리한다.
ㄷ. A, B 지역에서 주로 생산되는 농작물은 소량 생산되어 가격 경쟁력이 낮은 편이다.
ㄹ. A 지역에서는 기업적 목축, B 지역에서는 기업적 곡물 농업이 주로 이루어지고 있다.

① ㄱ, ㄴ   ② ㄱ, ㄷ   ③ ㄴ, ㄷ
④ ㄴ, ㄹ   ⑤ ㄷ, ㄹ

3 밑줄 친 ㈀의 원인으로 가장 적절한 것은?

> 베트남은 열대 기후 지역에 있는 대표적인 쌀 수출국이었다. 하지만 최근에는 ㈀ 쌀보다 커피 생산에 집중하기 시작하였고 2007년 커피 수출액이 쌀 수출액을 앞지르게 되었다. 그 결과 베트남은 현재 브라질에 이어 세계 2위의 커피 생산국이 되었다.

① 식량 자급률이 낮아졌기 때문이다.
② 육류 소비가 증가하였기 때문이다.
③ 기호 작물의 수요가 증가하였기 때문이다.
④ 곡물 가격의 변동성이 작아졌기 때문이다.
⑤ 다국적 농업 기업의 영향력이 감소하였기 때문이다.

4 ㈎에 들어갈 내용으로 적절하지 않은 것은?

> • 교사: 농업 생산의 기업화와 세계화로 농산물의 교역이 늘어나면서 농산물의 생산 구조와 소비 특성에도 많은 변화가 생겼어요. 어떤 변화가 있는지 이야기해 볼까요?
> • 학생: _____ ㈎

① 채소와 과일의 소비량이 감소하고 있어요.
② 식량 작물인 쌀의 소비량이 감소하고 있어요.
③ 상품 작물을 재배하는 토지 면적이 증가했어요.
④ 외국산 농산물을 쉽게 구매할 수 있게 되었어요.
⑤ 열대 기후 지역에서는 플랜테이션 농업이 확대되고 있어요.

5 밑줄 친 ㈀~㈁ 중 옳지 않은 것은?

> 농업의 세계화가 이루어지면서 ㈀ 세계 각지에서 생산된 농산물 수입이 증가하고, 이에 따라 ㈁ 우리 식탁의 먹거리가 다양해지고 있다. 그러나 ㈂ 농산물 이동 과정에서 부패를 막기 위해 사용하는 방부제의 안전성 문제가 제기되기도 한다. 한편 ㈃ 국내산 농산물의 판매 증가로 인해 농산물 수입업체가 피해를 입는 경우가 발생함에 따라 이러한 피해를 줄이기 위해 ㈁ 로컬 푸드 운동이 등장하였다.

① ㈀   ② ㈁   ③ ㈂   ④ ㈃   ⑤ ㈁

6 다음 글에 나타난 다국적 농업 기업에 대한 옳은 설명을 [보기]에서 고른 것은?

다국적 농업 기업인 A 사는 필리핀, 타이 등 열대 기후 지역에서 플랜테이션 방식을 이용하여 파인애플을 대량 생산한다. 이렇게 생산된 파인애플은 세계 90여 개의 국가에 진출해 있는 A 사의 유통 센터를 통해 전 세계로 판매된다.

• 보기 •
ㄱ. 수요가 적은 곡물과 축산물의 생산에 집중한다.
ㄴ. 세계 농산물 시장에 미치는 영향력이 점차 확대되고 있다.
ㄷ. A 사와 같은 기업이 증가할수록 자급적 농업 비중은 감소한다.
ㄹ. 기계화된 시스템을 기반으로 농작물의 생산만을 집중적으로 담당한다.

① ㄱ, ㄴ   ② ㄱ, ㄷ   ③ ㄴ, ㄷ
④ ㄴ, ㄹ   ⑤ ㄷ, ㄹ

02 다국적 기업과 생산 공간 변화

7 ㉠에 대한 설명으로 옳지 <u>않은</u> 것은?

(㉠)은/는 본사가 있는 국가를 포함하여 해외의 여러 국가에 판매 지사, 생산 공장 등을 운영하면서 전 세계를 대상으로 생산과 판매 활동을 하는 기업을 말한다.

① 세계 여러 지역 간 경제적 의존도를 심화시킨다.
② 공산품 생산과 판매로 그 활동 범위가 한정되어 있다.
③ 교통과 통신 기술의 발달로 그 수가 빠르게 증가하고 있다.
④ 단일 기업, 국내 확장, 해외 진출 단계를 거쳐 성장한다.
⑤ 경영의 효율성을 높이기 위해 여러 기능을 서로 다른 지역에 입지시켜 업무를 분담한다.

8 표는 다국적 기업의 기능별 입지 특성에 대해 정리한 것이다. ㉠~㉢에 들어갈 내용을 옳게 연결한 것은?

구분	위치	입지 요인
㉠	선진국의 대도시	다양한 정보 수집 및 자본 확보에 유리함
㉡	선진국	우수한 교육 시설, 전문 기술 인력이 풍부함
㉢	개발 도상국	낮은 지가, 저렴한 임금으로 생산 비용이 절약됨

	㉠	㉡	㉢
①	본사	연구소	생산 공장
②	본사	생산 공장	연구소
③	연구소	생산 공장	본사
④	생산 공장	본사	연구소
⑤	생산 공장	연구소	본사

9 다음 기사에 대한 옳은 분석을 [보기]에서 고른 것은?

중국의 대표적인 공업 지역인 광둥성의 공장들이 문을 닫고 있다. 타이완의 신발 제조업체는 광둥성에 있는 공장을 베트남으로 이전하였고, 일본의 시계 기업과 미국의 휴대 전화 기업은 공장 가동을 중단하여 근로자 수천 명이 일자리를 잃었다. 이러한 현상은 동남아시아 지역이 중국에 비해 _____ ㉠ _____ 등의 강점이 있기 때문이다.

• 보기 •
ㄱ. ㉠에는 '고급 인력이 풍부하고 자본 확보가 유리하다는 점'이 들어갈 수 있다.
ㄴ. 다국적 기업들이 생산비를 절감할 수 있는 조건을 찾아 생산 공장을 이전하고 있다.
ㄷ. 베트남에서 신발 제조업을 하는 소규모 기업은 경쟁력이 생겨 더욱 성장하게 될 것이다.
ㄹ. 공장이 빠져 나가는 중국 지역은 산업 공동화 현상이 발생하여 지역 경제가 침체될 수 있다.

① ㄱ, ㄴ   ② ㄱ, ㄷ   ③ ㄴ, ㄷ
④ ㄴ, ㄹ   ⑤ ㄷ, ㄹ

10 지도는 어느 다국적 기업의 공간적 분업을 나타낸 것이다. 이러한 분업이 나타나는 이유로 가장 적절한 것은?

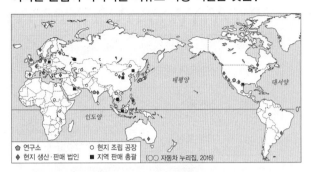

● 연구소 　　　　○ 현지 조립 공장
◆ 현지 생산·판매 법인 　■ 지역 판매 총괄

(○○ 자동차 누리집, 2016)

① 이윤을 극대화할 수 있기 때문이다.
② 물리적 거리의 중요성이 증가하였기 때문이다.
③ 지역의 특성에 맞는 제품을 생산해야 하기 때문이다.
④ 세계 각국이 관세를 인상하여 무역 장벽이 높아졌기 때문이다.
⑤ 상품, 서비스, 자본, 기술 등의 국제 이동이 어려워졌기 때문이다.

---

03 세계화에 따른 서비스업의 변화

11 서비스업의 범위가 전 세계로 확대된 배경으로 옳은 것을 [보기]에서 고른 것은?

● 보기 ●
ㄱ. 교통과 통신의 발달
ㄴ. 다국적 기업의 활동 감소
ㄷ. 경제 활동의 시간적 제약 완화
ㄹ. 산업 구조에서 서비스업의 비중 감소

① ㄱ, ㄴ 　　② ㄱ, ㄷ 　　③ ㄴ, ㄷ
④ ㄴ, ㄹ 　　⑤ ㄷ, ㄹ

12 전자 상거래에 대한 설명으로 옳지 <u>않은</u> 것은?

① 소비 활동의 범위가 넓다.
② 시간과 공간의 제약을 거의 받지 않는다.
③ 택배업과 운송업 등 유통 산업을 발달시킨다.
④ 소규모 오프라인 매장의 확산에 영향을 미친다.
⑤ 기존 상거래 방식에 비해 유통 비용과 건물 임대료 등을 절감할 수 있다.

---

13 다음 글을 읽고 파악한 내용으로 옳은 것은?

> 과거에 사탕수수 재배가 경제 활동의 대부분을 차지하던 필리핀 탄자이 지역은 최근 다국적 기업의 콜센터를 유치하며 눈부시게 성장하고 있다. 콜센터는 주로 전화와 온라인으로 고객 상담을 하기 때문에, 저렴한 인건비와 영어 회화 능력을 갖춘 필리핀이 다국적 기업들의 콜센터로 주목받고 있다.

① 다국적 기업의 활동 범위가 축소되고 있다.
② 오늘날 업무 수행의 공간적 제약은 강화되고 있다.
③ 필리핀의 콜센터는 서비스업의 공간적 분산 사례이다.
④ 고객 및 본사와 근접한 거리에 있는 곳이 콜센터 입지 지역으로 선호된다.
⑤ 콜센터 근로자의 증가로 탄자이의 3차 산업 종사자 비율은 감소했을 것이다.

14 관광 산업의 발달에 따른 영향으로 옳은 것만을 [보기]에서 있는 대로 고른 것은?

● 보기 ●
ㄱ. 지역 경제가 침체될 수 있다.
ㄴ. 지역의 이미지가 개선될 수 있다.
ㄷ. 지역 주민의 일자리가 늘어날 수 있다.
ㄹ. 무분별한 관광지 개발로 환경 문제가 발생할 수 있다.

① ㄱ, ㄴ 　　② ㄱ, ㄹ 　　③ ㄷ, ㄹ
④ ㄱ, ㄴ, ㄷ 　　⑤ ㄴ, ㄷ, ㄹ

15 (가), (나)에 들어갈 내용으로 적절하지 <u>않은</u> 것은?

> **관광의 세계화**
> 1. 배경: _____(가)_____
> 2. 최근 변화 모습: _____(나)_____

① (가) – 교통의 발달로 관광 산업의 규모가 커지고 있다.
② (가) – 통신의 발달로 관광과 관련된 정보의 획득이 용이해졌다.
③ (가) – 여가 시간의 증대로 관광에 대한 수요가 감소하고 있다.
④ (나) – 스크린 투어리즘과 같은 체험 관광이 발달하고 있다.
⑤ (나) – 해당 지역에서만 경험할 수 있는 공정 여행에 대한 관심이 증가하고 있다.

01 전 지구적 차원의 기후 변화

1 기후 변화에 대한 설명으로 옳지 않은 것은?

① 기후 변화는 산업 혁명 이후 나타나기 시작하였다.

② 무분별한 토지 개발은 기후를 변화시키는 요인이 될 수 있다.

③ 홍수나 가뭄, 폭염 등과 같은 기상 이변이 빈번하게 발생하고 있다.

④ 기후 변화의 요인은 크게 자연적 요인과 인위적 요인으로 구분할 수 있다.

⑤ 일정한 지역에서 장기간에 걸쳐서 나타나는 기후의 평균적인 상태가 변화하는 것이다.

[2~3] 그래프를 보고 물음에 답하시오.

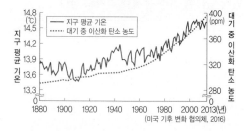

(미국 기후 변화 협의체, 2016)

2 위 그래프와 같이 이산화 탄소 농도가 변화하게 된 원인으로 옳은 것은?

① 제조업의 쇠퇴   ② 세계 인구의 감소

③ 자동차 사용 증가   ④ 삼림 분포 면적 증가

⑤ 화석 연료 사용량 감소

3 위 그래프와 같은 상황이 지속될 경우 나타날 수 있는 현상을 [보기]에서 고른 것은?

• 보기 •
ㄱ. 물의 증발량이 감소하여 건조한 땅이 줄어든다.

ㄴ. 폭염과 열대야 같은 여름철 고온 현상이 감소한다.

ㄷ. 해안 저지대에 있는 나라들의 범람 피해가 증가한다.

ㄹ. 빙하가 줄어들어 북극 항로의 항해 가능 일수가 늘어난다.

① ㄱ, ㄴ   ② ㄱ, ㄷ   ③ ㄴ, ㄷ
④ ㄴ, ㄹ   ⑤ ㄷ, ㄹ

4 ㉠에 들어갈 내용으로 가장 적절한 것은?

경상남도 창원시가 벚꽃이 빨리 핀다는 예보에 따라 전국 최대 봄꽃 축제인 진해 군항제 사전 대책 마련에 들어갔다. _____㉠_____ 의 영향으로 매년 벚꽃 피는 시기가 조금씩 앞당겨져 창원시가 애를 태우는 일이 잦아졌다. 최근 몇 년간은 군항제 시작 전 벚꽃이 만개하고 군항제 중반 이후로는 벚꽃이 지기 시작해 축제 분위기가 반감되는 일이 매년 되풀이되고 있다.

① 대기 중 오존 농도의 증가

② 대기 중 이산화 탄소의 농도 감소

③ 기후 변화에 따른 지표면의 온도 하강

④ 화석 연료 사용 증가에 따른 지구 온난화 현상

⑤ 온실 효과 약화에 따른 지구 에너지 균형의 파괴

5 다음은 기후 변화의 심각성을 알리기 위한 홍보물이다. 밑줄 친 ㉠~㉤ 중 옳지 않은 것은?

지구가 뜨거워지고 있어요!

지구의 온도가 올라가면서 우리 생태계는 많은 변화를 겪고 있어요. ㉠ 바닷물의 온도가 올라가서 수온 변화에 적응이 어려운 물고기들이 죽고 있어요. 또한 ㉡ 고산 식물들의 분포 범위가 줄어들고 있고, 멸종 위기에 처하기도 해요. 또 기온이 올라가면 우리가 싫어하는 ㉢ 모기, 파리 등의 해충이 증가하여 전염병이 확산될 수 있어요. 뿐만 아니라 맛있는 과일을 먹기 힘들어질 수도 있어요. ㉣ 바나나, 레드향과 같은 아열대 과일을 재배할 수 있는 지역이 점차 축소되고 있거든요. ㉤ 농작물의 재배 환경에도 영향을 미쳐 심각한 혼란을 초래할 수도 있어요.

모두가 함께 노력해요. 지구가 더 이상 뜨거워지지 않도록!

① ㉠   ② ㉡   ③ ㉢   ④ ㉣   ⑤ ㉤

6 ⊙의 영향으로 옳은 것은?

> 최근 몇 년 동안 대기 중 온실가스 농도 증가로 지구의 기온이 상승하는 심각한 (⊙)의 영향으로 빙하가 감소하고 있다. 남극의 거대 빙하에 뉴욕 맨해튼의 3분의 2 크기의 큰 구멍이 생겨 빙하가 급속히 붕괴할 것으로 예상된다.

① 산호초의 번식이 활성화되었다.
② 북극해를 운항할 수 있는 항로가 줄어들었다.
③ 폭우, 가뭄, 폭설과 같은 기상 이변이 줄어들었다.
④ 바닷물의 염분 농도가 높아져 해류의 순환이 변화하였다.
⑤ 해수면이 상승하여 많은 섬나라들이 침수 위기에 놓였다.

7 기후 변화를 해결하기 위한 국제적 노력에 대한 설명으로 옳지 <u>않은</u> 것은?

① 특정 지역에 한정되지 않은 전 지구적 차원의 노력이 필요하다.
② 파리 협정은 교토 의정서에 비해 온실가스 감축 대상 국가가 적다.
③ 기후 변화 협약은 1992년 리우 환경 개발 회의에서 최초로 채택되었다.
④ 1997년 기후 변화 협약의 구체적 이행 방안인 교토 의정서가 채택되었다.
⑤ 2015년에는 2020년 이후의 기후 변화 대응을 담은 협정이 파리에서 채택되었다.

02 환경 문제 유발 산업의 이동

8 ⊙에 들어갈 용어를 쓰시오.

> 과학 기술의 발달로 휴대 전화, 컴퓨터를 비롯한 전자 제품의 성능이 나날이 발전하고 새로운 제품이 출시되기까지 걸리는 시간도 줄어들고 있다. 이렇게 첨단 기능을 갖춘 전자 제품이 새롭게 등장하면서 버려지는 기존 전자 제품들을 (⊙)(이)라고 한다.

9 다음 글에 대한 옳은 설명만을 [보기]에서 있는 대로 고른 것은?

> 유해 폐기물의 교역을 규제하는 바젤 협약이 발효된 이후 각 국가는 유해 폐기물인 전자 쓰레기를 다른 나라에 버릴 수 없게 되었다. 하지만 재활용이나 기부는 허용하고 있어서, 전자 쓰레기는 기부라는 이름을 달고 버려지고 있다. 가나의 아그보그블로시는 아프리카에서 가장 큰 전자 쓰레기 처리장이 있는 곳이다. 이곳 주민들은 전자 쓰레기를 소각하여 생긴 구리를 팔아 돈을 버는데, 소각 과정에서 나온 독성 물질은 암, 신경계 손상 등의 질병을 일으킨다.

> • 보기 •
> ㄱ. 전자 쓰레기의 국제적 이동은 국제 협약에 의해 보장된다.
> ㄴ. 개발 도상국은 경제적 이익을 얻기 위해 전자 쓰레기를 수입한다.
> ㄷ. 일부 국가들은 불법적인 방법으로 개발 도상국에 전자 쓰레기를 수출한다.
> ㄹ. 전자 쓰레기를 수입하는 국가의 주민은 유해 물질로 인해 심각한 건강 문제를 겪기도 한다.

① ㄱ, ㄴ   ② ㄱ, ㄹ   ③ ㄷ, ㄹ
④ ㄱ, ㄴ, ㄷ   ⑤ ㄴ, ㄷ, ㄹ

10 지도는 석면 산업체의 국제적 이동을 나타낸 것이다. 이러한 이동이 발생하는 이유로 옳은 것은?

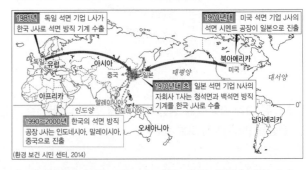

① 석면을 생산하는 데 드는 비용이 증가했기 때문이다.
② 전 세계적으로 석면에 대한 수요가 감소했기 때문이다.
③ 선진국의 환경에 대한 인식이 개발 도상국에 비해 낮기 때문이다.
④ 환경 문제에 대한 개발 도상국 주민들의 저항이 강해졌기 때문이다.
⑤ 개발 도상국의 환경 규제가 선진국에 비해 상대적으로 느슨하기 때문이다.

11 공해 유발 산업의 국제적 이동에 대한 설명으로 옳지 <u>않은</u> 것은?

① 주로 선진국에서 개발 도상국으로 이동한다.
② 공해 유발 산업의 이동을 통해 선진국은 자국의 환경 문제를 해결하고자 한다.
③ 개발 도상국에서는 공해 유발 산업의 이동으로 심각한 환경 문제가 발생하기도 한다.
④ 공해 유발 산업을 유치하는 지역은 유출하는 지역에 비해 산업화가 일찍 시작되었다.
⑤ 개발 도상국은 환경 보호보다 경제 성장을 우선하기 때문에 공해 유발 산업을 유치하고자 한다.

12 밑줄 친 ㉠~㉤ 중 옳지 <u>않은</u> 것은?

교통이 발달하면서 ㉠ 선진국의 농장이 임금과 땅값이 저렴한 개발 도상국으로 이전하고, 이를 바탕으로 ㉡ 개발 도상국에서 플랜테이션 농업이 이루어지는 경우가 증가하고 있다. 대표적인 사례로 네덜란드의 화훼 농업이 케냐로 이전한 것을 들 수 있다. 이러한 농장과 농업 기술의 이전은 ㉢ 고용 창출을 통해 지역 경제를 활성화하고, ㉣ 식량 문제 해결에 도움을 주기도 한다. 그러나 한편으로는 ㉤ 화학 비료와 농약 사용에 따른 식수·토양 오염 문제를 유발하기도 한다.

① ㉠ ② ㉡ ③ ㉢ ④ ㉣ ⑤ ㉤

03 **생활 속의 환경 이슈**

13 ㉠에 대한 옳은 설명을 [보기]에서 고른 것은?

(㉠)은/는 우리 눈에 보이지 않을 정도로 가늘고 작은 먼지 입자로 지름 10㎛ 이하의 먼지를 일컫는다. 최근 (㉠) 농도가 높은 날이 잦아지면서 뉴스에서 예보를 전해주고 있는데, 농도에 따라 '좋음, 보통, 나쁨, 매우 나쁨' 수준으로 예보한다.

• 보기 •
ㄱ. 공업 지역에서 농도가 높게 나타난다.
ㄴ. 오늘날 우리나라의 주요 환경 이슈 중 하나이다.
ㄷ. 대기가 안정된 날은 확산이 잘 일어나지 않아 농도가 낮아진다.
ㄹ. 대부분 호흡기에서 걸러지기 때문에 흡입해도 큰 위험이 되지 않는다.

① ㄱ, ㄴ ② ㄱ, ㄷ ③ ㄴ, ㄷ
④ ㄴ, ㄹ ⑤ ㄷ, ㄹ

14 ㈎, ㈏에 들어갈 적절한 내용만을 [보기]에서 있는 대로 고른 것은?

• 교사: 우리는 일상생활 속에서 알게 모르게 이미 많은 유전자 변형 식품을 접하고 있어요. 유전자 변형 식품 확대에 대한 자신의 의견을 이야기해 볼까요?
• 가영: 유전자 변형 식품이 확대되어도 좋다고 생각합니다. 왜냐하면 ___㈎___
• 나영: 유전자 변형 식품 확대는 아직 이르다고 생각합니다. 왜냐하면 ___㈏___

• 보기 •
ㄱ. ㈎ – 농작물의 특정 영양소를 강화할 수 있기 때문입니다.
ㄴ. ㈎ – 세계 식량 부족 문제 해결에 도움이 될 수 있기 때문입니다.
ㄷ. ㈏ – 기존의 농작물보다 해충과 잡초에 약해 재배 조건이 까다롭기 때문입니다.
ㄹ. ㈏ – 인간에게 미치는 안전성에 대한 검증이 충분히 이루어지지 않았기 때문입니다.

① ㄱ, ㄴ ② ㄴ, ㄷ ③ ㄷ, ㄹ
④ ㄱ, ㄴ, ㄹ ⑤ ㄱ, ㄷ, ㄹ

15 ㉠에 대한 설명으로 옳지 <u>않은</u> 것은?

(㉠)은/는 장거리 운송을 거치지 않은 지역 농산물로서 대략 반경 50㎞ 이내의 지역에서 생산된 농산물을 말한다.

① ㉠을 통해 소비자는 신선한 먹을거리를 이용할 수 있다.
② ㉠을 구매하는 것은 환경 보전 활동에 참여하는 것이라 볼 수 있다.
③ ㉠의 푸드 마일리지는 해외에서 수입한 농산물에 비해 높은 편이다.
④ ㉠의 생산과 소비가 증가할수록 지역 농민에게 더 많은 소득이 돌아갈 수 있다.
⑤ 장거리 운송을 거친 수입 먹을거리에 대한 안전성 우려로 최근 ㉠에 대한 관심이 높아졌다.

01 우리나라의 영역과 독도

1 영역에 대한 옳은 설명을 [보기]에서 고른 것은?

• 보기 •
ㄱ. 영토는 국토 면적과 일치한다.
ㄴ. 영공은 영해의 수직 상공이다.
ㄷ. 우리나라는 해안에 따라 영해의 설정 기준이 다르다.
ㄹ. 우리나라의 영역은 한반도와 부속 도서로 이루어져 있다.

① ㄱ, ㄴ   ② ㄱ, ㄷ   ③ ㄴ, ㄷ
④ ㄴ, ㄹ   ⑤ ㄷ, ㄹ

2 ⊙~⑩에 들어갈 내용으로 옳지 않은 것은?

영해는 일반적으로 기선으로부터 (⊙)까지를 포함하는데, 우리나라의 경우 해안선이 단조롭고 섬이 적은 동해안, 제주도, 울릉도, 독도 등에는 (ⓒ)을 적용하고, 해안선이 복잡하고 섬이 많은 서해안과 남해안 등에는 (ⓒ)을 적용하여 영해의 범위를 정하고 있다. 한편, 일본과 거리가 가까운 대한 해협은 (②)으로부터 (⑩)까지를 영해로 설정하였다.

① ⊙ − 12해리   ② ⓒ − 통상 기선
③ ⓒ − 직선 기선   ④ ② − 통상 기선
⑤ ⑩ − 3해리

3 배타적 경제 수역에 대한 설명으로 옳은 것은?

① 연안국의 영해로 설정된다.
② 타국 선박의 항해가 전면 금지된다.
③ 연안국에게 경제적 권리가 귀속된다.
④ 우리나라는 모든 해안에서 200해리를 적용하고 있다.
⑤ 오늘날 항공 교통의 발달로 그 중요성이 커지고 있다.

4 지도를 통해 알 수 있는 독도에 대한 옳은 설명을 [보기]에서 고른 것은?

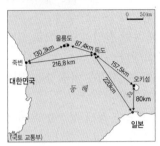

• 보기 •
ㄱ. 우리나라 영토 중 가장 동쪽에 있다.
ㄴ. 울릉도보다 오키섬에 더 인접해 있다.
ㄷ. 울릉도에서 서쪽으로 87.4㎞ 떨어져 있다.
ㄹ. 우리나라에서 해가 가장 먼저 뜨는 곳이다.

① ㄱ, ㄴ   ② ㄱ, ㄹ   ③ ㄴ, ㄷ
④ ㄴ, ㄹ   ⑤ ㄷ, ㄹ

5 밑줄 친 ⊙~⑩ 중 옳지 않은 것은?

독도는 ⊙ 해저에서 화산 활동으로 분출한 용암이 굳어 형성된 화산섬으로 동도와 서도 2개의 큰 섬과 89개의 부속 도서로 이루어져 있으며, ⓒ 형성 시기는 제주도나 울릉도보다 빠르다. 독도는 ⓒ 행정 구역상 경상북도 울릉군에 속하나 ② 우리나라 국민이 거주하지는 않는다. 독도는 환경적·생태적 가치를 인정받아 ⑩ 섬 전체가 천연 보호 구역으로 지정되었다.

① ⊙   ② ⓒ   ③ ⓒ   ④ ②   ⑤ ⑩

6 독도의 영역적 가치와 관련 있는 내용을 [보기]에서 고른 것은?

• 보기 •
ㄱ. 배타적 경제 수역 설정의 기준점이 될 수 있다.
ㄴ. 조류, 식물, 곤충 등 290여 종의 다양한 동식물이 서식한다.
ㄷ. 독도 주변 바다는 조경 수역이 형성되어 수산 자원이 풍부하다.
ㄹ. 동해 한가운데에 있어 군사적, 안보적 측면에서 중요한 가치와 의미를 지닌다.

① ㄱ, ㄴ   ② ㄱ, ㄹ   ③ ㄴ, ㄷ
④ ㄴ, ㄹ   ⑤ ㄷ, ㄹ

02 우리나라 여러 지역의 경쟁력

7 지역화 전략에 대한 설명으로 옳지 <u>않은</u> 것은?

① 전통 문화유산은 활용 대상이 아니다.
② 지역의 경쟁력을 높이는 것이 목적이다.
③ 지역의 긍정적인 이미지를 강화하고자 한다.
④ 지역 브랜드, 장소 마케팅, 지리적 표시제 등이 대표적이다.
⑤ 세계화에 따른 지역 간 경쟁의 심화로 그 필요성이 커지고 있다.

8 지역 브랜드 개발 전략에 대한 설명으로 옳지 <u>않은</u> 것은?

① 지역 주민과 협력하여 개발한다.
② 지역이 지닌 매력이 잘 드러날 수 있도록 한다.
③ 다른 지역과 차별화되는 해당 지역의 특성을 파악한다.
④ 어느 지역에서나 나타나는 보편적인 문화를 반영한다.
⑤ 지역을 표현할 수 있는 로고나 슬로건, 캐릭터 등을 활용한다.

9 다음에서 설명하는 지역화 전략으로 옳은 것은?

> 특정 장소가 가지고 있는 자연환경이나 역사적·문화적 특성을 드러내어 장소를 매력적인 상품으로 만들어 이를 판매하려는 활동이다.

① 지역성　　　　② 장소 마케팅
③ 지역 브랜드　　④ 세계 문화유산
⑤ 지리적 표시제

10 다음 사례의 지역화 전략에 대한 옳은 설명을 [보기]에서 고른 것은?

> 농가 인구의 감소와 고령화로 침체된 인구 4만여 명의 농촌이었던 함평군은 나비 축제를 기획하고 개최하였다. 세계에서 처음으로 아름답고 깨끗한 자연의 상징인 나비와 꽃을 축제의 소재로 삼아 생명력 넘치는 지역으로 변화를 꾀하였다.

• 보기 •
ㄱ. 장소 마케팅 전략의 하나이다.
ㄴ. 지역 경제의 활성화에 기여한다.
ㄷ. 생산자가 안정적인 생산 활동을 할 수 있게 한다.
ㄹ. 지역 그 자체를 특별한 브랜드로 인식시키는 전략이다.

① ㄱ, ㄴ　　② ㄱ, ㄷ　　③ ㄴ, ㄷ
④ ㄴ, ㄹ　　⑤ ㄷ, ㄹ

11 지리적 표시제 인증을 받기 위한 조건을 [보기]에서 고른 것은?

• 보기 •
ㄱ. 농산물이어야 한다.
ㄴ. 상품의 품질이 우수해야 한다.
ㄷ. 해당 지역에서만 생산되는 상품이어야 한다.
ㄹ. 상품의 품질이나 특성이 생산지의 지리적 특성에서 비롯되어야 한다.

① ㄱ, ㄴ　　② ㄱ, ㄷ　　③ ㄴ, ㄷ
④ ㄴ, ㄹ　　⑤ ㄷ, ㄹ

12 지역과 지리적 표시제 등록 상품을 옳게 연결한 것은?

	지역	지리적 표시제 등록 상품
①	고창	고추장
②	단양	깻잎
③	성주	사과
④	충주	마늘
⑤	횡성	한우

03 국토 통일과 통일 한국의 미래

13 지도를 통해 알 수 있는 우리나라의 위치 특성을 [보기]에서 고른 것은?

• 보기 •
ㄱ. 유라시아 대륙 동쪽에 있는 반도국이다.
ㄴ. 남북 분단으로 인해 남한은 해양 진출에 제약을 받고 있다.
ㄷ. 유라시아 대륙과 대서양을 연결하는 교통의 요지에 위치한다.
ㄹ. 동아시아 중심에 자리하고 있어 여러 지역과의 교류 측면에서 유리하다.

① ㄱ, ㄴ   ② ㄱ, ㄹ   ③ ㄴ, ㄷ
④ ㄴ, ㄹ   ⑤ ㄷ, ㄹ

14 교사의 질문에 옳지 <u>않은</u> 답변을 한 학생은?

• 교사: 국토 분단으로 어떤 문제점이 나타났을까요?
• 가희: 이산가족과 실향민이 발생했어요.
• 나희: 군사비를 과도하게 지출하고 있어요.
• 다희: 남북 문화의 이질화가 심화되었어요.
• 라희: 국제 사회에서 한반도의 위상을 높이는 데 방해가 되요.
• 마희: 여러 민족과 문화가 공존하는 다문화 사회가 되었어요.

① 가희   ② 나희   ③ 다희   ④ 라희   ⑤ 마희

15 국토 통일의 필요성으로 적절하지 <u>않은</u> 것은?
① 반도국으로서의 이점을 회복할 수 있다.
② 국제 인적·물적 교류가 감소할 수 있다.
③ 이산가족과 실향민의 아픔을 치유할 수 있다.
④ 민족의 이질화를 줄이고 동질성을 회복할 수 있다.
⑤ 분단 비용을 경제와 복지 분야에 투입하면 국민의 삶의 질을 높일 수 있다.

16 다음 글을 통해 예측할 수 있는 통일 한국의 모습으로 가장 적절한 것은?

통일이 되면 우리나라의 인구는 약 8,000만 명에 이를 것으로 예측되는데, 이는 프랑스, 영국, 이탈리아보다 많은 숫자이다. 이러한 변화는 단순히 인구만 늘어나는 데 그치는 것이 아니다. 우리나라의 생산 가능 인구가 증가하는 효과를 얻을 수 있다.
– 통일교육원, 『2016 통일 문제 이해』

① 경제 규모가 확대될 것이다.
② 군사비 지출이 증가할 것이다.
③ 국가 간 교류가 감소할 것이다.
④ 외국인 노동자가 증가할 것이다.
⑤ 국민의 삶의 질이 떨어질 것이다.

17 통일 한국의 모습으로 적절하지 <u>않은</u> 것은?
① 금강산으로 수학여행을 갈 수 있다.
② 중국을 거치지 않고 백두산에 갈 수 있다.
③ 한반도에서 유럽까지 기차를 타고 여행할 수 있다.
④ 군사적 긴장의 고조로 외국인 투자가 감소할 수 있다.
⑤ 남북 문화 통합 전문가와 같은 새로운 직업이 생길 수 있다.

18 다음 글에서 독일의 통일이 주는 교훈으로 가장 적절한 것은?

1990년 서독과 동독으로 분단되어 있던 독일은 통일을 이루었으나, 동독 경제의 회복 및 동서독 주민 간의 경제적 격차 해소 등 많은 어려움이 있었다. 하지만 이를 잘 극복하여 유럽 연합 회원국 중 경제 규모 1위 국가이자 세계에서 네 번째로 큰 경제 대국으로 성장하였다.

① 통일은 국가 주도로 이루어져야 한다.
② 문화의 동질성 회복은 통일의 최우선 과제이다.
③ 섣부른 통일은 국가 발전의 저해 요인이 될 수 있다.
④ 국토 통일은 경제적·정치적 어려움 없이 수월하게 진행될 수 있다.
⑤ 통일은 비용이 많이 들지만 장기적으로는 통일을 통해 얻게 되는 이익이 더 크다.

01 지구상의 지리적 문제

1 밑줄 친 ㉠~㉤ 중 옳지 <u>않은</u> 것은?

> 70억 인구가 살아가는 지구상에는 ㉠ 다양한 지리적 문제가 발생하고 있다. 인류의 발전을 가로막는 지리적 문제로는 ㉡ 기아 문제, 생물 다양성 감소, 영역 분쟁 등이 있다. 최근에는 ㉢ 세계화로 여러 지역 간 상호 작용이 활발해지면서 지리적 문제들이 ㉣ 어느 한 지역만이 아닌 지구 공통의 문제가 되는 경우가 많아졌다. 따라서 ㉤ 한 국가나 지역의 노력만으로도 이를 해결할 수 있게 되었다.

① ㉠　　② ㉡　　③ ㉢　　④ ㉣　　⑤ ㉤

2 지도의 제목으로 가장 적절한 것은?

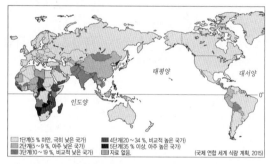

① 세계 각국의 평균 수명
② 세계 각국의 기아 비율
③ 세계 각국의 인간 개발 지수
④ 세계 각국의 1인당 국내 총생산
⑤ 세계 각국의 연평균 경제 성장률

3 ㉠에 들어갈 지리적 문제로 인해 나타나는 현상을 [보기]에서 고른 것은?

> (㉠)은/는 기후 변화, 환경 오염, 무분별한 남획, 외래종의 침입 등으로 발생한다. 특히, 열대 우림의 파괴는 (㉠)의 주요 원인이 된다.

• 보기 •
ㄱ. 해수면이 상승한다.
ㄴ. 먹이 사슬이 끊겨 생태계가 파괴된다.
ㄷ. 인간이 이용 가능한 생물 자원의 수가 감소한다.
ㄹ. 오존층이 파괴되어 피부 및 안구 질환을 유발한다.

① ㄱ, ㄴ　　② ㄱ, ㄹ　　③ ㄴ, ㄷ
④ ㄴ, ㄹ　　⑤ ㄷ, ㄹ

4 지도에 표시된 지역에서 발생하는 분쟁에 대한 설명으로 옳은 것은?

① 파키스탄은 분쟁 당사국이 아니다.
② 당사국 간 협상을 통해 분쟁이 해결되었다.
③ 주변 바다에 매장된 천연자원을 둘러싼 갈등이다.
④ 인도와 파키스탄의 종교 차이에 의해 발생하였다.
⑤ 과거 유럽 강대국이 설정한 국경선이 주요 원인이다.

5 다음에서 설명하는 영역 분쟁 지역으로 옳은 것은?

> 1895년 청일 전쟁 이후 일본 영토로 편입되면서 현재까지 일본이 실효 지배하고 있으나 중국과 타이완이 영유권을 주장하고 있다. 1970년대 섬 주변에 석유 매장이 확인된 후 국가 간 갈등이 더욱 심해졌다.

① 카슈미르　　② 카스피해　　③ 쿠릴 열도
④ 팔레스타인　　⑤ 센카쿠 열도

6 지도에 표시된 분쟁 지역에 대한 옳은 설명을 [보기]에서 고른 것은?

• 보기 •
ㄱ. 러시아가 실효 지배하고 있다.
ㄴ. 종교의 차이가 분쟁의 주요 원인이다.
ㄷ. 일본과 중국 간의 영유권 분쟁 지역이다.
ㄹ. 어족 자원이 풍부하고 천연가스가 매장되어 있다.

① ㄱ, ㄴ　　② ㄱ, ㄹ　　③ ㄴ, ㄷ
④ ㄴ, ㄹ　　⑤ ㄷ, ㄹ

02 저개발 지역의 발전을 위한 노력

7 그래프는 선진국과 개발 도상국의 1인당 국내 총생산 변화를 나타낸 것이다. 이에 대한 옳은 설명을 [보기]에서 고른 것은?

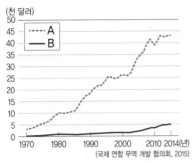

(천 달러)
(국제 연합 무역 개발 협의회, 2015)

• 보기 •

ㄱ. A는 개발 도상국, B는 선진국이다.

ㄴ. A는 주로 적도 주변 및 남반구에, B는 주로 북반구에 위치한다.

ㄷ. 개발 도상국의 경제 발전 속도는 선진국에 비해 느리다.

ㄹ. 선진국과 개발 도상국 간의 발전 격차가 점차 커지고 있다.

① ㄱ, ㄴ   ② ㄱ, ㄷ   ③ ㄴ, ㄷ
④ ㄴ, ㄹ   ⑤ ㄷ, ㄹ

8 그래프는 국가별 인터넷 이용 인구 비율을 나타낸 것이다. A 국가군에 비해 B 국가군에서 높게 나타날 것으로 예상되는 지표로 적절한 것은?

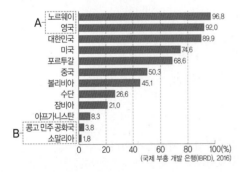

(국제 부흥 개발 은행(IBRD), 2016)

① 기대 수명
② 행복 지수
③ 합계 출산율
④ 인간 개발 지수
⑤ 1인당 국내 총생산

9 표는 인간 개발 지수와 1인당 국민 총소득 순위를 나타낸 것이다. 이에 대한 옳은 분석 및 추론을 [보기]에서 고른 것은?

국가	인간 개발 지수 순위	1인당 국민 총소득 순위
노르웨이	1	6
오스트레일리아	2	19
스위스	3	9
덴마크	4	15
네덜란드	5	14
⋮	⋮	⋮
부룬디	184	184
차드	185	163
에리트레아	186	180
중앙아프리카 공화국	187	187
니제르	188	189

(국제 연합 개발 계획, 2014)

• 보기 •

ㄱ. 인간 개발 지수와 1인당 국민 총소득은 발전 수준의 지역 차를 보여 준다.

ㄴ. 1인당 국민 총소득이 높은 국가는 대체로 성인 문자 해독률이 낮을 것이다.

ㄷ. 인간 개발 지수가 낮은 국가는 대체로 1인당 국민 총소득도 낮게 나타난다.

ㄹ. 인간 개발 지수가 높은 상위 5개국은 유럽에 위치하고, 하위 5개국은 아프리카에 위치한다.

① ㄱ, ㄴ   ② ㄱ, ㄷ   ③ ㄴ, ㄷ
④ ㄴ, ㄹ   ⑤ ㄷ, ㄹ

10 저개발 지역의 빈곤 해결을 위한 노력으로 적절하지 <u>않은</u> 것은?

① 국제 사회의 지원에만 의존해야 한다.

② 사회 기반 시설 구축에 국가의 공공 지출을 늘려야 한다.

③ 선진 기술을 도입하여 국내 산업의 생산성을 높여야 한다.

④ 관개 시설을 확충하고 수확량이 많은 품종을 개발해야 한다.

⑤ 선진국의 지원을 받는 한편 저개발 지역 스스로도 성장할 수 있는 기반을 갖추어야 한다.

03 지역 간 불평등 완화를 위한 노력

11 밑줄 친 '전문 기구들'에 해당하는 국제기구를 [보기]에서 고른 것은?

> 국제 차원의 평화와 국가 간 협력을 꾀하기 위해 가장 활발하게 활동하는 국제기구는 국제 연합(UN)이다. 국제 연합 안에는 지구상의 여러 문제를 해결하기 위한 전문 기구들이 활동하고 있다.

• 보기 •
ㄱ. 세계 보건 기구   ㄴ. 세계 식량 계획
ㄷ. 국경 없는 의사회   ㄹ. 경제 협력 개발 기구

① ㄱ, ㄴ   ② ㄱ, ㄷ   ③ ㄴ, ㄷ
④ ㄴ, ㄹ   ⑤ ㄷ, ㄹ

12 경제 협력 개발 기구(OECD)의 개발 원조 위원회(DAC)가 추구하는 목표로 옳은 것은?

① 미세 먼지 감축
② 온실 가스 감축
③ 생물 다양성 유지
④ 지역 간 불평등 완화
⑤ 유해 폐기물의 국제적 이동 제한

13 국제 원조에 대한 설명으로 옳은 것은?

① 주로 선진국이 원조를 받는다.
② 국제 연합의 산하 기구가 공적 개발 원조를 담당한다.
③ 우리나라는 원조를 주던 나라에서 원조를 받는 나라가 되었다.
④ 국제 원조는 원조를 받는 지역의 상황을 고려하여 신중하게 이루어져야 한다.
⑤ 민간 개발 원조는 정부나 국제기구가 공식적으로 개발 도상국을 지원하는 것이다.

14 제시된 두 단체의 공통적인 특징을 [보기]에서 고른 것은?

> • 그린피스   • 국경 없는 의사회

• 보기 •
ㄱ. 정부 간 국제기구에 해당한다.
ㄴ. 주로 환경 문제의 해결을 위해 노력한다.
ㄷ. 인도주의적 차원에서 구호 활동을 한다.
ㄹ. 민간단체가 중심이 되어 만들어진 조직이다.

① ㄱ, ㄴ   ② ㄱ, ㄷ   ③ ㄴ, ㄷ
④ ㄴ, ㄹ   ⑤ ㄷ, ㄹ

15 ㉠에 들어갈 용어를 쓰시오.

> 최근 국제적으로 지역 간 경제적 불평등을 해결하려는 방안 중 하나로 (㉠)이/가 활발해지고 있다. 이는 저개발 국가의 가난한 생산자가 만든 상품을 직거래를 통해 공정한 가격으로 사고파는 방식의 무역으로, 노동에 대한 공정한 대가를 주는 것을 목적으로 한다.

16 (가)~(라)에 들어갈 내용으로 적절하지 <u>않은</u> 것은?

구분	공적 개발 원조	공정 무역
성과	(가)	(나)
한계	(다)	(라)

① (가) - 저개발 국가의 빈곤 감소와 삶의 질 향상에 기여한다.
② (나) - 이익금의 일부가 사회 발전을 위해 쓰여 저개발국의 빈곤 완화를 도와준다.
③ (다) - 일부 국가에서 원조를 부패한 정부의 운영 자금으로 사용하기도 한다.
④ (라) - 선진국 소비자의 선심과 경제적 여력에 의존할 수밖에 없다.
⑤ (라) - 다수의 중간 유통 상인을 거치기 때문에 유통 비용이 높다.

01 인구 분포

1 지도는 세계의 인구 분포(2015년)를 나타낸 것이다. 이를 보고 위도별 인구 분포의 특징을 서술하시오.

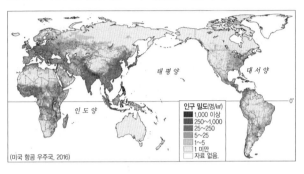

_____

_____

_____

2 동아시아에서 남아시아에 이르는 지역의 인구 밀도가 높은 이유를 자연적 요인 측면에서 서술하시오.

_____

_____

_____

3 다음 사진을 보고, 몽골의 인구 밀도가 낮은 이유를 서술하시오.

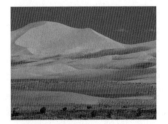

▲ 몽골의 자연환경

_____

_____

_____

4 인구 분포에 영향을 미치는 인문·사회적 요인을 세 가지 서술하시오.

_____

_____

5 지도는 우리나라의 인구 분포를 나타낸 것이다. 이를 보고 인구 밀집 지역의 변화에 대해 서술하시오.

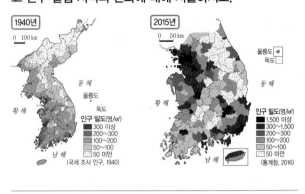

_____

_____

_____

02 인구 이동

6 인구 이동의 흡인 요인을 두 가지 이상 서술하시오.

_____

_____

_____

7 지도에 표시된 인구 이동의 유형을 이동 동기에 따라 구분하여 쓰고, 이러한 인구 이동이 발생한 이유를 서술하시오.

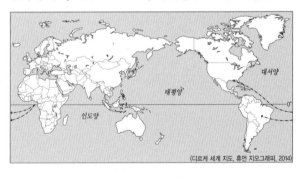

_____

_____

_____

8 역도시화 현상에 대해 서술하시오.

_____

_____

9 지도를 보고 인구가 유입되는 지역과 인구가 유출되는 지역의 경제 발달 수준을 비교하여 서술하시오.

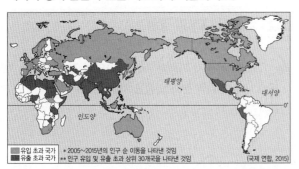

태평양

대서양

인도양

0°

■ 유입 초과 국가
■ 유출 초과 국가

* 2005~2015년의 인구 순 이동을 나타낸 것임
** 인구 유입 및 유출 초과 상위 30개국을 나타낸 것임

(국제 연합, 2015)

_____
_____
_____

10 우리나라에서 지도와 같은 인구 이동이 나타난 시기를 쓰고, 이러한 인구 이동이 발생한 요인을 서술하시오.

_____
_____
_____

03 인구 문제

11 세계 인구가 급증한 시기를 쓰고, 그 이유를 서술하시오.

_____
_____
_____

12 개발 도상국에서 주로 나타나는 인구 문제를 **두 가지** 서술하시오.

_____
_____

13 다음과 같은 인구 구조를 보이는 지역에서 주로 나타나는 인구 문제를 쓰고, 이를 해결하기 위한 대책을 **두 가지** 서술하시오.

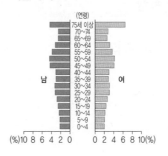

(연령)
75세 이상
70~74
65~69
60~64
55~59
50~54
45~49
40~44
35~39
30~34
25~29
20~24
15~19
10~14
5~9
0~4

남   여

(%)10 8 6 4 2 0   0 2 4 6 8 10(%)

_____
_____
_____

14 그래프는 우리나라의 인구 구성 비율 변화를 나타낸 것이다. 이와 같은 현상이 지속될 경우 나타날 수 있는 문제를 **두 가지** 서술하시오.

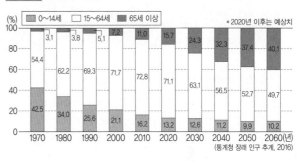

(%)
■ 0~14세 □ 15~64세 ■ 65세 이상   * 2020년 이후는 예상치

	1970	1980	1990	2000	2010	2020	2030	2040	2050	2060(년)
65세 이상	3.1	3.8	5.1	7.2	11.0	15.7	24.3	32.3	37.4	40.1
15~64세	54.4	62.2	69.3	71.7	72.8	71.1	63.1	56.5	52.7	49.7
0~14세	42.5	34.0	25.6	21.1	16.2	13.2	12.6	11.2	9.9	10.2

(통계청 장래 인구 추계, 2016)

_____
_____
_____

15 우리나라에서 그림과 같은 현상이 나타나게 된 원인을 **두 가지** 서술하시오.

* 2015년 기준

1.24 명

세계 최저 수준의 합계 출산율

1970년 😊😊😊😊😊 4.53명
1980년 😊😊😊 2.82명
1990년 😊😊 1.57명

_____
_____
_____

01 도시의 위치와 특징

1 도시의 의미와 역할을 서술하시오.

_____

_____

_____

2 지도에 표시된 도시들을 일컫는 용어를 쓰고, 그 특징을 서술하시오.

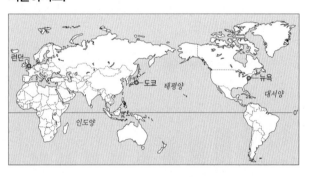

_____

_____

_____

3 다음 사례에 나타난 도시들의 공통점을 서술하시오.

> • 독일의 프라이부르크는 시민들이 자전거를 탈 것을 장려하며, 태양광 에너지 활용을 극대화하고 있다.
> • 브라질의 쿠리치바에서 운행 중인 굴절 버스는 한 번에 많은 인원을 태울 수 있으며 친환경 연료를 사용하고 있다.

_____

_____

_____

02 도시 내부의 경관

4 그래프는 토지 이용별 지가를 나타낸 것이다. 이를 보고 도시 내부의 지역 분화 과정을 서술하시오.

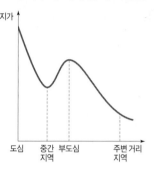

_____

_____

_____

5 그림은 도시 내부 구조를 나타낸 것이다. 이를 보고 물음에 답하시오.

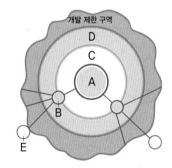

(1) A~E 지역의 명칭을 각각 쓰시오.

_____

(2) A 지역의 주간 인구 밀도와 야간 인구 밀도를 비교하여 서술하시오.

_____

_____

_____

6 위성 도시의 위치와 역할을 서술하시오.

_____

_____

_____

7 다음은 서울의 도시 경관을 나타낸 것이다. ㈎, ㈏에 해당하는 도시 내부 구조를 각각 쓰고, 두 지역의 위치를 서술하시오.

㈎

▲ 중구

㈏

▲ 노원구

_____

_____

_____

03 도시화와 도시 문제

8 표는 도시화 과정을 나타낸 것이다. 이를 보고 물음에 답하시오.

(㉠) 단계	• 대부분의 인구가 촌락에 거주하며 1차 산업에 종사함 • 도시화율이 매우 낮고 완만하게 상승함
가속화 단계	㈎
(㉡) 단계	• 도시화율이 80%를 넘으며, 도시의 성장 속도가 느려짐 • 역도시화 현상이 나타나기도 함

(1) ㉠, ㉡에 들어갈 용어를 쓰시오.

_____

(2) ㈎에 들어갈 내용을 <u>두 가지</u> 이상 서술하시오.

_____

_____

_____

9 선진국과 개발 도상국의 도시화를 비교하여 서술하시오.

_____

_____

10 그래프는 우리나라의 도시화율 변화를 나타낸 것이다. 이를 보고 우리나라의 도시화 과정을 서술하시오.

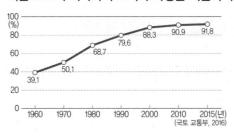

_____

_____

_____

04 살기 좋은 도시

11 사진과 관련 있는 도시 문제를 쓰고, 그에 대한 해결 방안을 <u>두 가지</u> 이상 서술하시오.

_____

_____

_____

12 살기 좋은 도시의 조건을 <u>세 가지</u> 이상 서술하시오.

_____

_____

_____

01 농업 생산의 기업화와 세계화

1 농업의 세계화가 진행될 수 있었던 배경을 서술하시오.

_____

_____

_____

2 지도는 세계의 기업적 농업 지역을 나타낸 것이다. 이를 보고 물음에 답하시오.

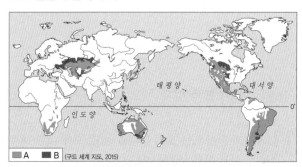

■A ■B (구드 세계 지도, 2015)

(1) A, B 지역에서 주로 이루어지는 기업적 농업의 형태를 각각 쓰시오.

_____

(2) (1)과 같은 농업의 특징을 <u>두 가지</u> 이상 서술하시오.

_____

_____

_____

3 밑줄 친 부분에 해당하는 내용을 서술하시오.

> 베트남과 필리핀은 대표적인 쌀 수출국이었다. 하지만 농산물 시장이 개방되고 곡물 가격 변동성이 커지면서 베트남과 필리핀의 농업 생산 구조에 변화가 나타났다.

_____

_____

_____

4 지도를 보고 상품 작물을 주로 생산하는 지역과 소비하는 지역의 특징을 비교하여 서술하시오.

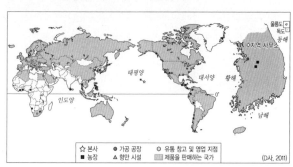

▲ ○○ 농업 회사의 글로벌 네트워크와 제품 판매

_____

_____

_____

5 다음 글과 같은 상황이 우리나라의 농민과 소비자에게 미치는 영향을 각각 <u>한 가지</u> 이상 서술하시오.

> 요즘 대부분의 가정에서 볼 수 있는 밥상은 사실 '무늬만 한식'이다. 한 신문사가 한국인 밥상에 자주 오르는 16개 요리를 만드는 데 들어간 식재료의 원산지 국가를 따져보니 한국을 제외하고 25개 나라에 달했다. 한국인의 '밥상 국적'은 세계 지도를 펼쳐 놓은 모습이었으며, 소비자들이 자주 활용하는 대형 마트의 식재료 코너는 다양한 국가에서 온 수입 농산물이 가득하다.

_____

_____

_____

02 다국적 기업과 생산 공간 변화

6 경제 활동의 세계화의 의미를 서술하시오.

_____

_____

7 다음 글을 읽고 물음에 답하시오.

> 세계적인 휴대 전화 제조 기업 A 사의 본사는 미국에 있다. 그러나 플래시 메모리와 카메라는 일본에서, 휴대 전화의 프로그램은 대한민국에서, 평형 조절 장치는 프랑스에서 각각 생산한다. 그리고 이러한 부품들의 최종 조립은 중국에 있는 생산 공장에서 이루어진다. 이렇게 전 세계를 대상으로 생산과 판매 활동을 하는 기업을 (㉠)(이)라고 한다.

(1) ㉠에 들어갈 용어를 쓰시오.

_____

(2) (1)이 성장한 배경을 서술하시오.

_____

_____

_____

8 다국적 기업의 본사와 연구소, 생산 공장의 기능별 입지 조건을 서술하시오.

_____

_____

_____

9 다음 글을 읽고 물음에 답하시오.

> 미국의 디트로이트시는 1950년대 자동차를 생산하는 세계적 규모의 다국적 기업 공장들이 들어서면서 크게 번창하였다. 하지만 20세기 후반부터 멕시코 등 개발 도상국으로 자동차 생산 공장이 이전하면서 디트로이트시는 산업 기반을 잃고 산업 구조에 공백이 생기는 (㉠)을/를 겪었다.

(1) ㉠에 들어갈 용어를 쓰시오.

_____

(2) 다국적 기업의 생산 공장이 유입된 지역에 나타날 수 있는 변화를 긍정적·부정적 측면에서 한 가지씩 서술하시오.

_____

_____

_____

03 **세계화에 따른 서비스업의 변화**

10 ⑺에 들어갈 내용을 **두 가지** 서술하시오.

> 과거 농어업에 의존하던 필리핀은 최근 몇 년간 BPO 산업으로 대표되는 서비스 산업으로 눈을 돌렸다. '콜센터'로 대표되는 BPO 산업은 주로 고객 상담을 하는 등 전화와 온라인으로 업무를 처리하기 때문에 고객과 근접한 거리에 있을 필요가 없다는 특징이 있다. 특히 필리핀은 _____ ⑺ _____ 등의 이유로 다국적 기업들의 콜센터 업무 지역으로 주목받고 있다.
> *BPO(업무 처리 아웃소싱): 경영 효율 극대화를 위해 기업 업무의 일부를 제삼자에게 위탁해 처리하는 것

_____

_____

11 다음 대화를 읽고 물음에 답하시오.

> • 가현: 노트북이 고장 나서 매장에 가서 똑같은 제품으로 새로 구입해 왔어.
> • 나현: 매장에 직접 갔어? 나는 지난주에 인터넷으로 찾아보고 구매했어!
> • 가현: 그래? 그런데 물건을 받기까지 오래 걸리지 않아?
> • 나현: 아니야. 요즘 배송이 얼마나 빠른데. 나는 주문하고 바로 다음날 받았어.

(1) 나현이의 상거래 방식이 무엇인지 쓰시오.

_____

(2) 가현이의 상거래 방식과 비교하여 나현이의 상거래 방식이 가지는 특징을 **세 가지** 이상 서술하시오.

_____

_____

_____

12 관광의 세계화로 나타나게 되는 변화를 긍정적·부정적 측면에서 한 가지씩 서술하시오.

_____

_____

_____

01 전 지구적 차원의 기후 변화

1 밑줄 친 ㉠, ㉡의 사례를 각각 **두 가지** 이상 서술하시오.

> 기후 변화는 일정한 지역에서 장기간에 걸쳐서 나타나는 기후의 평균적인 상태가 변화하는 것으로, 지구의 역사가 시작된 이래 끊임없이 나타나고 있다. 이러한 기후 변화를 일으키는 요인은 크게 ㉠ 자연적 요인과 ㉡ 인위적 요인으로 구분할 수 있다.

2 지구 온난화의 의미를 서술하시오.

3 사진을 통해 알 수 있는 기후 변화의 영향을 **두 가지** 이상 서술하시오.

▲ 볼리비아 차칼타야 스키장

▲ 투발루

4 기후 변화로 인해 나타나는 생태계의 변화를 **두 가지** 이상 서술하시오.

5 다음 글을 읽고 물음에 답하시오.

> 삼림 개발과 에너지 사용 등의 활동으로 대기 중 온실가스 배출량은 점차 증가하고, 이에 따른 온실 효과도 강화되고 있다. 대표적인 온실가스는 (㉠), 메탄, 아산화 질소 등이 있는데, 이 중 (㉠)이/가 가장 많은 비중을 차지하고 있다.

(1) ㉠에 들어갈 온실가스를 쓰시오.

(2) (1)이 일으키는 온실 효과에 대해 서술하시오.

02 환경 문제 유발 산업의 이동

6 다음 글을 읽고 물음에 답하시오.

> 1989년 체결된 (㉠)은/는 유해 폐기물의 국가 간 이동을 금지하고 있다. 하지만 ㉡ 일부 유해 폐가전 제품들은 '중고'나 '구호품'이라는 꼬리표를 달고 선진국에서 가나와 나이지리아 등 서아프리카로 불법 수출된 것으로 알려졌다.

(1) ㉠에 들어갈 국제 협약을 쓰시오.

(2) ㉡과 같은 상황이 발생하는 이유를 선진국과 개발 도상국의 입장에서 각각 서술하시오.

7 공해 유발 산업의 국제적 이동 경향과 그 이유를 서술하시오.

_____

_____

_____

8 지도는 석면 산업체의 국제적 이동을 나타낸 것이다. 석면 산업체의 이동이 ㉠, ㉡에 미친 영향을 비교하여 서술하시오.

> **1991년** 독일 석면 기업 L사가 한국 J사로 석면 방직 기계 수출
>
> **1970년대** 미국 석면 기업 J사의 석면 시멘트 공장이 일본으로 진출
>
> **1970년대 초** 일본 석면 기업 N사의 자회사 T사는 청석면과 백석면 방직 기계를 한국 J사로 수출
>
> **1990~2000년** 한국의 석면 방직 공장 J사는 인도네시아, 말레이시아, 중국으로 진출
>
> (환경 보건 시민 센터, 2014)

석면의 유해성이 알려지면서 주요 ㉠ 선진국들은 석면의 사용을 금지하였고, 석면 생산 공장들은 석면의 사용이 허락된 ㉡ 개발 도상국으로 이동하였다.

_____

_____

_____

03 생활 속의 환경 이슈

9 환경 이슈의 의미와 특징을 서술하시오.

_____

_____

_____

10 미세 먼지가 우리 생활에 미치는 영향을 건강, 산업, 교통 측면에서 서술하시오.

_____

_____

_____

11 다음 글을 읽고 물음에 답하시오.

> 특정 작물에 없는 유전자를 인위적으로 결합시켜 새로운 특성의 품종으로 개발된 농산물을 (㉠)(이)라고 한다. 대표적으로 잡초에 강한 옥수수, 잘 무르지 않는 토마토, 카페인이 제거된 커피 등이 이에 해당한다.

(1) ㉠에 들어갈 용어를 쓰시오.

_____

(2) (1)을 생산하는 것에 대한 자신의 찬반 의견을 밝히고, 그 이유를 두 가지 이상 서술하시오.

_____

_____

12 환경을 고려했을 때 가훈이가 어느 지역의 과일을 사는 것이 좋을지 쓰고, 그 이유를 서술하시오.

> 서울에 사는 가훈이는 포도를 사기 위해 시장에 갔다. 칠레산이라 적힌 포도는 4,000원(1kg)이었고, 국내산이라 적힌 포도는 5,800원(1kg)이었다. 서울에서 칠레의 수도 산티아고까지의 직선거리는 18,359km이고, 포도 주산지인 경상북도 김천까지의 직선거리는 190km이다.

_____

_____

_____

13 일상생활에서 실천할 수 있는 환경 보전 활동을 세 가지 이상 서술하시오.

_____

_____

_____

01 우리나라의 영역과 독도

1 밑줄 친 ㉠의 원인을 **두 가지** 서술하시오.

> 영공은 영토와 영해의 수직 상공을 의미한다. 영공의 범위는 일반적으로 지표면에서 대기권까지로 본다. 그런데 최근 ㉠ 영공의 중요성이 커지고 있다.

_____

_____

_____

2 지도는 우리나라 영해의 범위를 나타낸 것이다. A, B 수역의 영해 설정 기준이 **다른** 이유를 서술하시오.

_____

_____

_____

3 지도를 보고 알 수 있는 독도의 위치 특성을 **세 가지** 서술하시오.

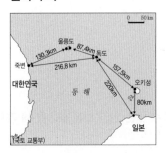

_____

_____

_____

4 독도 주변 바다에 수산 자원이 풍부한 이유를 서술하시오.

_____

_____

_____

02 우리나라 여러 지역의 경쟁력

5 세계화 시대에 지역화 전략이 필요한 이유를 서술하시오.

_____

_____

_____

6 효과적인 지역 브랜드 개발을 위한 방안을 **두 가지** 서술하시오.

_____

_____

_____

7 그림이 나타내는 지역화 전략을 쓰고, 이를 통해 기대할 수 있는 효과를 **두 가지** 서술하시오.

_____

_____

_____

8 지도가 나타내는 지역화 전략을 쓰고, 이를 통해 기대할 수 있는 효과를 두 가지 서술하시오.

_____

_____

_____

9 지리적 표시제의 효과를 생산자와 소비자 입장에서 각각 한 가지씩 서술하시오.

_____

_____

_____

03 국토 통일과 통일 한국의 미래

10 우리나라 위치의 중요성을 두 가지 서술하시오.

_____

_____

_____

11 국토 분단으로 발생하는 문제를 두 가지 이상 서술하시오.

_____

_____

_____

12 지도를 통해 알 수 있는 국토 통일의 기대 효과를 우리나라의 위치와 관련지어 서술하시오.

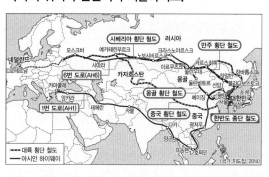

_____

_____

13 국토 통일 후 A 지역의 활용 방안을 서술하시오.

_____

_____

_____

14 그래프는 남북한의 자원 보유량을 나타낸 것이다. 이를 통해 알 수 있는 국토 통일의 기대 효과를 서술하시오.

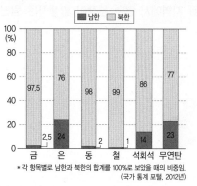

_____

_____

_____

01 지구상의 지리적 문제

1 밑줄 친 부분에 해당하는 사례를 <u>두 가지 이상</u> 서술하시오.

> 세계가 하나의 지구촌으로 변화해 가면서 인류의 삶은 더욱 풍요롭게 되었지만, 국가 및 지역 간 경제 격차의 심화, 서로 다른 종교 또는 민족 간의 대립, 영토 및 자원을 둘러싼 국가 간의 이해관계 대립, 환경 오염 물질의 장거리 이동 등에 의해 우리가 사는 지구상에는 다양한 <u>지리적 문제</u>가 발생하고 있다.

_____

_____

_____

2 지도를 통해 알 수 있는 지리적 문제의 발생 원인을 <u>세 가지</u> 서술하시오.

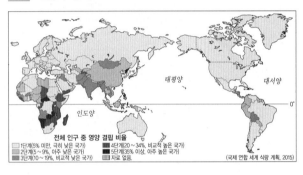

전체 인구 중 영양 결핍 비율
- 1단계(5% 미만, 극히 낮은 국가)
- 2단계(5~9%, 아주 낮은 국가)
- 3단계(10~19%, 비교적 낮은 국가)
- 4단계(20~34%, 비교적 높은 국가)
- 5단계(35% 이상, 아주 높은 국가)
- 자료 없음.

(국제 연합 세계 식량 계획, 2015)

_____

_____

_____

3 지도에 표시된 지역에서 영역 분쟁이 발생하는 원인을 서술하시오.

_____

_____

_____

4 지도에 표시된 A 지역에서 발생한 분쟁의 당사국을 쓰고, 그 원인을 서술하시오.

_____

_____

_____

02 저개발 지역의 발전을 위한 노력

5 ㉠에 해당하는 사례를 세 가지 이상 서술하시오.

> 세계는 지역별로 발전 수준의 차이가 발생하는데, (㉠) 등과 같은 다양한 지표를 활용하여 발전 수준의 지역 차를 살펴볼 수 있다.

_____

_____

_____

6 그래프는 1인당 국내 총생산 상·하위 3개 국가(2015년)를 나타낸 것이다. A 국가군보다 B 국가군에서 더 높게 나타날 것으로 예상되는 지표를 <u>두 가지 이상</u> 서술하시오.

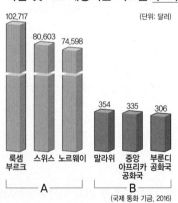

_____

_____

_____

7 선진국과 개발 도상국 중 인간 개발 지수(HDI)가 낮게 나타나는 지역을 쓰고, 그 이유를 서술하시오.

_____

_____

_____

8 빈곤 문제 해결을 위한 저개발 국가의 노력을 <u>두 가지</u> <u>이상</u> 서술하시오.

_____

_____

_____

9 빈곤 문제 해결을 위한 국제 연합(UN)의 노력에 대해 서술하시오.

_____

_____

_____

---

03 **지역 간 불평등 완화를 위한 노력**

10 ㉠을 담당하는 국제기구의 명칭을 쓰고, ㉠의 성과에 대해 서술하시오.

> (㉠)은/는 선진국의 정부 또는 국제기구가 개발 도상국의 경제 발전과 복지 증진을 목적으로 재정 및 기술과 물자 등을 지원하는 제도를 말한다.

_____

_____

_____

11 다음 글을 읽고 물음에 답하시오.

> 세계의 다양한 지리적 문제를 해결하기 위해 인도주의적 차원에서 구호 활동을 하는 단체를 (㉠)(이)라고 한다. 이들은 자체 활동을 하면서 국제기구를 보조하기도 하는데, 최근 이들의 기여도가 높아지고 있다.

(1) ㉠에 들어갈 단체를 쓰시오.

_____

(2) (1)의 대표적인 사례를 쓰고, 주요 활동 내용을 서술하시오.

_____

_____

12 ㉠에 들어갈 무역 형태를 쓰고, 이 무역의 의미에 대해 서술하시오.

> **(㉠)의 원칙**
> • 생산자 단체(협동조합)로부터 직접 구매한다.
> • 투명하고 장기적으로 거래한다.
> • 합의된 최저 보장 가격을 제공한다.
> • 지역 공동체 발전 기금을 지원한다.
> • 인권을 보장하는 생산 방식을 유지한다.

_____

_____

13 그림은 서로 다른 무역 형태를 나타낸 것이다. ㈎와 비교하여 ㈏ 무역이 저개발 지역의 불평등 완화에 미치는 영향을 서술하시오.

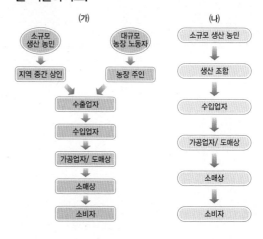

_____

_____

MEMO

15개정 교육과정

핵심만 빠르게~ 단기간에
내신 공부의 힘을 키운다

중등 **사회**
2·2

정답과
해설

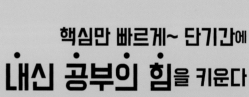

책 속의 가접 별책 (특허 제 0557442호)

'정답과 해설'은 본책에서 쉽게 분리할 수 있도록 제작되었으므로
유통 과정에서 분리될 수 있으나 파본이 아닌 정상제품입니다.

ABOVE IMAGINATION

우리는 남다른 상상과 혁신으로
교육 문화의 새로운 전형을 만들어
모든 이의 행복한 경험과 성장에 기여한다

정답과 해설

VII 인구 변화와 인구 문제

01 인구 분포

개념 확인하기   p. 9

1 (1) ✕ (2) ○ (3) ○   **2** (1) ㄱ, ㄹ, ㅂ (2) ㄴ, ㄷ, ㅁ   **3** (1) − ㉠, ㉢ (2) − ㉡, ㉢   **4** ㉠ 자연적 ㉡ 인문·사회적   **5** (1) 수도권 (2) 이촌 향도 (3) 남서부

족집게 문제   p. 9~11

1 ②   **2** ⑤   **3** 인구 밀도   **4** ⑤   **5** ④   **6** ①   **7** ②   **8** ①   **9** ⑤   **10** ②   [서술형 문제 11~12] 해설 참조

1 ㄱ, ㄹ. 세계의 인구는 특정 지역에 집중하여 분포하는데, 북위 20°~40° 사이의 온대 기후 지역에 가장 많은 인구가 밀집해 있다.
| 바로알기 | ㄴ. 세계 인구의 90% 이상은 북반구에 살고 있다. ㄷ. 적도 부근은 기온이 매우 높아 인간 거주에 불리하여 인구 밀도가 낮다.

2 세계에서 인구가 가장 적은 A 대륙은 오세아니아이다. 오세아니아는 건조 기후가 넓게 나타나기 때문에 농업 활동에 불리하여 인구 밀도가 낮다. 반면 세계에서 인구가 가장 많은 B 대륙은 아시아이다. 아시아는 벼농사와 인간 생활에 유리한 자연조건을 갖추고 있어 인구 밀도가 높다.

4 ㉠은 기후, 지형, 식생 등의 자연적 요인이고, ㉡은 경제, 산업, 교통 등의 인문·사회적 요인이다. ② 동남아시아는 자연적 요인이 유리한 곳으로, 인구 밀도가 높다. ③ 예로부터 자연적 요인은 인구 분포에 큰 영향을 주었다.
| 바로알기 | ⑤ 미국 북동부 대서양 연안 지역은 인문·사회적 요인이 유리한 지역으로, 인구 밀도가 높다.

5 중국 동남부 지역(C)은 계절풍의 영향으로 벼농사가 발달하여 인구가 밀집해 있다. 아마존강 유역(E)은 연중 고온 다습하고 밀림이 우거져 있어 인간 거주에 불리하여 인구가 희박하다.
| 바로알기 | 서부 유럽(A)은 인구 밀집 지역, 사하라 사막(B)은 인구 희박 지역, 캐나다 북부(D)는 인구 희박 지역이다.

6 캐나다 북부 지역은 한대 기후가 주로 나타나고, 오스트레일리아 내륙 지역은 건조 기후가 주로 나타나 인구가 희박하다.

7 과거 우리나라는 벼농사 중심의 농업 사회였기 때문에 인구 분포가 자연적 요인의 영향을 크게 받았다. 따라서 기후가 온화하고 평야가 발달한 남서부 지역은 인구가 밀집한 반면 기온이 낮고 산지가 많은 북동부 지역은 인구가 희박하였다.
| 바로알기 | ③ 1960년대 이후 산업화가 본격적으로 이루어지면서 우리나라의 인구 분포가 급격히 변화하기 시작하였다. ④, ⑤ 산업화 이후 이촌 향도로 인구가 빠져나간 산지 지역과 농어촌 지역은 인구가 감소하여 인구 밀도가 낮아졌다.

8 ㄱ, ㄴ. 산업화가 이루어지기 전인 1940년 우리나라의 인구 분포는 자연적 요인의 영향을 크게 받았다. 따라서 기후가 온화하고 평야가 발달한 남서부 지역은 인구가 밀집한 반면 춥고 산지가 많은 북동부 지역은 인구가 희박하였다.
| 바로알기 | ㄹ. 촌락의 인구가 일자리를 찾아 도시로 이동하는 이촌 향도 현상은 1960년대 산업화가 본격적으로 이루어지면서 나타나기 시작하였다.

9 A는 서울을 중심으로 한 수도권, B는 강원도, C는 전라남도, D는 남동 임해 공업 지역이다. ① 서울을 중심으로 한 수도권에 우리나라 인구의 절반 정도가 분포한다. ② 강원도 지역은 기온이 낮고 산지가 많아 농업 활동에 불리해 과거부터 인구 밀도가 낮았다. ③ 전라남도 지역은 농업 활동에 유리하여 과거에 인구가 밀집하였으나, 산업화가 진행됨에 따라 인구가 도시로 이동하며 인구 밀도가 낮아졌다. ④ 남동 임해 공업 지역은 공업이 발달함에 따라 일자리가 증가하여 인구가 밀집하였다.
| 바로알기 | ⑤ 수도권과 남동 임해 공업 지역은 모두 경제, 산업, 교통 등과 같은 인문·사회적 요인이 유리하여 인구가 밀집하였다.

10 ㄱ, ㄹ. 우리나라는 1960년대 이후 산업화가 진행되면서 인문·사회적 요인이 인구 분포에 미치는 영향이 커졌다. 그 결과 산업이 발달하고 일자리가 풍부한 수도권, 대도시, 공업 도시를 중심으로 인구가 밀집하게 되었다.
| 바로알기 | ㄴ. 시도별로 인구가 불균등하게 분포하고 있다. ㄷ. 인구가 가장 많은 곳은 경기도, 가장 적은 곳은 제주특별자치도이다.

서술형 문제

11 (1) A, C, E
(2) | 예시답안 | 건조 기후 지역인 사하라 사막은 물이 부족하여 농업 활동에 불리하기 때문에 인구가 희박하다.

구분	채점 기준
상	물이 부족하여 농업 활동에 불리하기 때문에 인구가 희박하다고 정확히 서술한 경우
하	물이 부족하여 인구가 희박하다고만 서술한 경우

12 | 예시답안 | 강원도 일대는 산지가 발달하여 교통이 불편하고 농업 활동에도 불리하기 때문에 인구가 희박하다.

구분	채점 기준
상	산지가 발달하여 교통 및 농업 활동에 불리하기 때문에 인구가 희박하다고 정확히 서술한 경우
하	산지가 발달하여 인구가 희박하다고만 서술한 경우

02 인구 이동

개념 확인하기　　　　　　　　　　　p. 13

1 ㉠ 배출 요인 ㉡ 흡인 요인　**2** (1) – ㉢ (2) – ㉡ (3) – ㉠　**3**
(1) 경제적 (2) 역도시화 (3) 인구 유입 (4) 인구 유출　**4** (1) ○ (2)
○ (3) × (4) ×

족집게 문제　　　　　　　　　　　p. 14~17

1 ③　　**2** ④　　**3** ②　　**4** ④　　**5** ①　　**6** ②　　**7** ②　　**8** ④
9 ④　**10** ③　**11** 역도시화 현상　**12** ④　**13** ①　**14** ⑤
15 ②　**16** 다문화　**17** ③　**18** ④　**19** ②
[서술형 문제 20~21] 해설 참조

1 풍부한 일자리, 다양한 문화 시설 등은 인구 이동의 흡인 요인
이고, 자연재해, 열악한 주거 환경 등은 인구 이동의 배출 요
인이다.

2 ㄴ, ㄹ. 남수단에서 국경을 넘어 다른 국가로 이동하였으므로
국제 이동에 해당하며, 내전과 분쟁 등에 의해 이동하였으므
로 정치적 이동에 해당한다.

3 제시된 두 사례에는 일자리를 찾아 다른 나라로 이동하는 경
제적 이동이 나타나 있다.

4 제시된 지도를 보면 인구가 아프리카와 서남아시아 등지에서
인접 국가로 이동하고 있다. 이는 내전과 분쟁 등에 따른 정치
적 불안정을 피하기 위한 난민의 이동으로, 정치적 이동에 해
당한다.
| 바로알기 | ①은 국내 이동, ②는 일시적 이동, ③은 환경적 이동,
⑤는 경제적 이동에 대한 설명이다.

5 서울에서 동남아시아로 여행을 간 사례는 이동 범위에 따라서
는 국제 이동, 이동 기간에 따라서는 일시적 이동, 이동 동기
에 따라서는 자발적 이동에 해당한다.

6 ㄱ. 최근 지구 온난화와 같은 기후 변화로 인해 어쩔 수 없이
거주지를 떠나는 환경 난민이 증가하고 있다. ㄷ. 오늘날 세계
인구의 국제 이동 대부분은 경제적 목적에 의한 것으로, 개발
도상국에서 선진국으로 이동한다.
| 바로알기 | ㄹ. 오늘날 세계화와 교통·통신 등의 발달로 인구의 국
제 이동이 더욱 활발해지고 있다.

7 A는 식민지 개척을 위한 유럽인들의 아메리카로의 이동, B는
오늘날 경제적 목적에 의한 이동, C는 일자리를 찾기 위한 중
국인들의 동남아시아로의 이동, D는 유럽인들에 의한 아프리
카인들의 강제적 이동을 나타낸다. ④ 아메리카에 정착한 유
럽인들은 부족한 노동력을 보충하기 위해 아프리카 흑인들을
강제로 이주시켰다. ⑤ A, B, C는 경제적 목적을 위한 자발적
이동, D는 강제적 이동에 해당한다.
| 바로알기 | ② B는 개발 도상국에서 선진국으로 일자리를 찾아 이

동하는 경제적 이동을 나타낸다.

8 ㈎는 경제적 이동, ㈏는 정치적 이동에 해당한다. ① 경제적
이동은 대부분 개발 도상국에서 선진국으로 향한다. 이는 선
진국의 높은 임금, 풍부한 일자리, 쾌적한 환경 등이 인구 흡
인 요인으로 작용하기 때문이다. ② 산업이 발달하여 임금이
높고, 일자리가 풍부한 서부 유럽은 대표적인 인구 유입 지역
이다. ③ 일자리를 찾기 위한 중국인들의 동남아시아로의 이
주는 경제적 이동의 사례이다. ⑤ 오늘날 인구의 국제 이동은
경제적 이동이 대부분이다.
| 바로알기 | ④ 지구 온난화, 사막화 등으로 인해 발생한 환경 난민
의 이동은 환경적 이동의 사례에 해당한다.

9 ㄱ, ㄷ. 유럽, 북아메리카 등의 선진국은 인구 유입이 많고,
라틴 아메리카와 아프리카, 아시아의 일부 개발 도상국은 인
구 유출이 많다. 이를 통해 경제적 요인이 인구 이동에 많은
영향을 미쳤음을 알 수 있다. ㄹ. 아프리카의 남수단과 남아프
리카 공화국 등 일부 국가는 인구의 유출보다 유입이 더 많다.
| 바로알기 | ㄴ. 서부 유럽은 인구 유입이 유출보다 많다. 이는 인
구를 끌어들여 머무르게 하는 흡인 요인이 많기 때문이다.

10 (1) 인구의 국내 이동도 국제 이동처럼 경제적 목적의 이동이
큰 비중을 차지하므로, 답은 '○'이다. (2) 교통·통신의 발달로
인구의 국제 이동과 국내 이동 모두 활발해지고 있으므로, 답
은 '×'이다. (3) 일부 선진국에서는 쾌적한 환경을 찾아 도시의
인구가 도시 주변 지역이나 촌락으로 이동하는 역도시화 현상
이 나타나므로, 답은 '○'이다. (4) 개발 도상국에서는 촌락의 인
구가 일자리가 풍부하고 높은 임금을 받을 수 있는 도시로 이
동하는 이촌 향도 현상이 활발하게 나타나므로, 답은 '○'이다.

12 ㄴ. 모로코에서 독일로 이동하는 인구보다 프랑스로 이동하는
인구가 더 많다. ㄹ. 인구 유입 지역인 프랑스에서는 현지인과
이주민 간의 문화적 차이로 인해 갈등이 발생할 수 있다.
| 바로알기 | ㄱ. 모로코 출신 이주자들이 프랑스의 부족한 노동력
을 메워 줄 것이다. ㄷ. 모로코에서 프랑스 및 에스파냐 등으로 인구
가 이동하는 이유는 일자리를 찾기 위한 경제적 이동이 대부분이다.

13 제시된 글을 통해 인구 유출이 많은 지역은 이주자들이 본국
으로 송금하는 외화가 늘어나면서 경제가 활성화되는 긍정적
인 효과가 나타나기도 함을 알 수 있다.

14 | 바로알기 | ⑤ 인구 유출 지역인 라틴 아메리카에서 나타날 수 있
는 문제이다. 인구 유출 지역에서는 청장년층 인구가 해외로 빠져나
가면서 노동력 부족 문제가 나타나고 이로 인해 사회의 활력이 떨
어질 수 있다.

15 ㄱ. 광복 직후 해외 동포들의 귀국으로 대규모의 인구 이동이
발생하였다. ㄷ. 6·25 전쟁 때에는 월남한 동포들과 주민들이
전쟁을 피해 남부 지방으로 이동하였다.
| 바로알기 | ㄴ. 1960년대 이후 이촌 향도 현상이 활발하게 나타났
다. ㄹ. 일제 강점기에는 일자리를 찾아 광공업이 발달한 북부 지방
으로 많은 인구가 이동하였다.

17 ㈎는 광복 직후, ㈏는 6·25 전쟁, ㈐는 일제 강점기, ㈑는
1960년대 이후, ㈒는 1990년대 이후의 인구 이동 모습이다.

이를 시기 순으로 나열하면 '㈐ – ㈎ – ㈏ – ㈑ – ㈒'이다.

18 소설『괭이부리말 아이들』에는 1960년대 이후 도시 지역을 중심으로 산업화가 진행되면서 촌락의 주민들이 일자리를 찾아 도시로 이동하는 이촌 향도 현상이 나타나 있다.

19 1960년대 당시 우리나라는 실업률이 약 30%에 이르렀는데, 독일로 많은 인구가 취업을 하면서 실업률이 낮아졌다.

20 ⑴ | 예시답안 | 고도 숙련 근로자가 유출되는 지역은 주로 개발 도상국으로 경제 발달 수준이 낮다. 고도 숙련 근로자가 유입되는 지역은 주로 선진국으로 경제 발달 수준이 높다.

구분	채점 기준
상	고도 숙련 근로자가 유출되는 지역은 개발 도상국, 유입되는 지역은 선진국이라고 쓰고, 두 곳의 경제 발달 수준을 비교하여 서술한 경우
하	고도 숙련 근로자가 유출되는 지역은 개발 도상국, 유입되는 지역은 선진국이라고만 쓴 경우

⑵ | 예시답안 | 고도 숙련 근로자를 끌어들이는 인구 흡인 요인으로는 높은 임금, 풍부한 일자리, 쾌적한 주거 환경 등이 있다.

구분	채점 기준
상	인구 흡인 요인 세 가지를 모두 정확히 서술한 경우
중	인구 흡인 요인을 두 가지만 서술한 경우
하	인구 흡인 요인을 한 가지만 서술한 경우

21 | 예시답안 | 일제 강점기. 일제 강점기에는 많은 사람이 일자리를 찾아 광공업이 발달한 북부 지방으로 이동하였다.

구분	채점 기준
상	일제 강점기라고 쓰고, 인구 이동이 나타나게 된 이유를 정확히 서술한 경우
하	일제 강점기라고만 쓴 경우

03 인구 문제

 확인하기   p. 19

1 ⑴ ○ ⑵ ○ ⑶ ×   **2** 인구 부양력   **3** ⑴ – ㉠ ⑵ – ㉢ ⑶ – ㉡   **4** ⑴ 출생률 ⑵ 노년층 ⑶ 선진국   **5** ⑴ ㄴ, ㄹ ⑵ ㄱ, ㄷ

 족집게 문제   p. 20~21

1 ②   **2** ⑤   **3** ③   **4** ①   **5** ③   **6** ②   **7** ①   **8** ②
[서술형 문제 9~11] 해설 참조

1 A는 개발 도상국, B는 선진국이다. ㄱ. 개발 도상국은 제2차 세계 대전 이후 인구가 빠르게 증가하며 오늘날 세계의 인구 성장을 주도하고 있다.
| 바로알기 | ㄷ. 선진국은 산업 혁명 이후 완만한 속도로 인구가 증가하였다.

2 고령화 현상으로 전체 인구에서 노년층 인구가 차지하는 비중이 높아지면 노년층을 부양해야 하는 청장년층의 부담이 증가한다.
| 바로알기 | ① 세계의 빠른 인구 증가는 개발 도상국의 급격한 인구 증가가 원인이다. ② 저출산 현상은 여성의 사회 참여 증가, 결혼 및 출산에 대한 가치관 변화 등이 원인이다. ③ 저출산 현상은 주로 선진국에서 나타나는데, 남아 선호 사상은 주로 개발 도상국에서 나타난다. ④ 고령화 현상은 주로 선진국에서 나타난다.

3 ㄷ. 개발 도상국은 인구 부양력이 인구 증가 속도를 따라가지 못해 기아, 빈곤, 실업 등의 문제를 겪고 있다. ㄹ. 중국과 인도 등 아시아 일부 국가에서는 남아 선호 사상으로 출생 성비의 불균형이 나타나고 있다.
| 바로알기 | ㄱ, ㄴ. 저출산과 노동력 부족은 주로 선진국에서 발생하는 인구 문제이다.

4 합계 출산율이 세계 평균보다 높은 개발 도상국은 인구 부양력이 인구 증가 속도를 따라가지 못해 기아와 빈곤 등의 인구 문제가 발생할 수 있다. ㄱ, ㄴ. 개발 도상국은 출산 억제 정책을 통해 인구의 증가 속도를 완화함과 동시에 경제 개발 정책을 통해 인구 부양력을 높이기 위해 노력해야 한다.
| 바로알기 | ㄷ, ㄹ. 주로 선진국에서 발생하는 저출산·고령화에 대한 대책이다.

5 제시된 그래프를 통해 중국은 고령화 사회, 우리나라와 미국, 프랑스는 고령 사회, 일본은 초고령 사회에 접어들었음을 알 수 있다. ③ 고령화가 진행되면 노인 부양을 위한 사회 보장비 지출이 증가하는 문제가 발생할 것이다.
| 바로알기 | ①, ②, ④, ⑤ 개발 도상국에서 주로 나타나는 인구 문제이다.

6 선진국은 개발 도상국에 비해 유소년층 인구 비율은 매우 낮고, 노년층 인구 비율은 매우 높게 나타난다. 따라서 ㈎는 선진국, ㈏는 개발 도상국의 인구 피라미드에 해당한다. ㄱ, ㄹ. 영아 사망률은 선진국에서, 경제 발달 수준은 개발 도상국에

서 낮게 나타난다.

| 바로알기 | ㄴ, ㄷ. 인구 증가율과 합계 출산율은 개발 도상국이 선진국보다 높게 나타난다.

7 | 바로알기 | ① 의료 기술의 발달은 고령화 현상의 원인이다.

8 ㄱ. 우리나라는 고령화 사회에서 초고령 사회로의 진입까지 26년이 소요될 것으로 예상된다. 이를 통해 다른 국가들에 비해 고령화가 급속하게 진행되고 있음을 알 수 있다. ㄹ. 우리나라는 다른 국가들보다 매우 늦은 2000년에 고령화 사회에 진입하였다.

 **서술형 문제**

9 | 예시답안 | 인도는 인구가 빠르게 증가하고 있다. 이러한 현상이 지속될 경우 인구 부양력이 인구 증가 속도를 따라가지 못해 기아, 빈곤, 실업 등의 인구 문제가 발생할 수 있다.

구분	채점 기준
상	인구 급증에 따른 인구 문제 두 가지를 모두 정확히 서술한 경우
하	인구 급증에 따른 인구 문제를 한 가지만 서술한 경우

10 | 예시답안 | 65세 이상 인구 비율이 높은 선진국에서는 여성의 사회 활동이 늘면서 출산율이 낮아짐에 따라 저출산 현상이 나타나고 있다. 또한 생활 수준의 향상과 의료 기술의 발달에 따른 평균 수명의 연장으로 노인 인구가 증가하며 고령화 현상도 나타나고 있다.

구분	채점 기준
상	선진국에서 주로 나타나는 인구 문제 두 가지를 모두 정확히 서술한 경우
하	선진국에서 주로 나타나는 인구 문제를 한 가지만 서술한 경우

11 | 예시답안 | 저출산·고령화 현상. 출산율을 높이기 위해 출산 장려 정책을 시행하고, 보육 시설을 확충해야 한다. 그리고 고령화 사회에 대비하기 위해 연금과 사회 보장 제도를 정비하는 등의 대책이 필요하다.

구분	채점 기준
상	저출산·고령화 현상이라고 쓰고, 저출산·고령화 현상에 대한 대책 두 가지를 모두 정확히 서술한 경우
중	저출산·고령화 현상이라고 썼으나, 저출산·고령화 현상에 대한 대책을 한 가지만 서술한 경우
하	저출산·고령화 현상이라고만 쓴 경우

Ⅷ 사람이 만든 삶터, 도시
01 도시의 위치와 특징 ~
02 도시 내부의 경관

개념 확인하기
p. 23

1 (1) × (2) ○ (3) ○ **2** (1) ㄱ (2) ㄷ (3) ㄴ **3** (1) 세계 도시 (2) 접근성 **4** 인구 공동화 현상 **5** (1) – ㉡ (2) – ㉠ (3) – ㉢ **6** (1) 중간 지역 (2) 중심, 주변 (3) 녹지

족집게 문제
p. 24~27

1 ④	2 ③	3 ⑤	4 ③	5 ①	6 ②	7 ③	8 지대
9 ⑤	10 ③	11 ②	12 ④	13 ④	14 ②	15 ④	
16 ②	17 ①	18 ⑤	19 ⑤	[서술형 문제 20~22] 해설 참조			

1 | 바로알기 | ㄹ. 도시는 생활 편의 시설과 각종 기능이 집중되어 있어 주변 지역에 다양한 상품과 서비스를 제공하는 중심지 역할을 한다.

2 역사상 최초의 도시는 농업에 유리한 조건을 갖춘 문명의 발상지에서 발달하였다. 중세에는 상업이 발달하면서 교역과 교환이 활발한 시장을 중심으로 상업 도시가 발달하였고, 근대에는 18세기 후반 산업 혁명이 전개되면서 석탄 산지를 중심으로 공업 도시가 발달하였다. 20세기 이후에는 공업 기능과 함께 첨단 산업, 서비스업, 교육, 문화 등의 다양한 기능을 수행하는 도시가 발달하였다. 따라서 도시의 발달 과정은 '㈎ – ㈐ – ㈏ – ㈑' 순이다.

3 독일의 프라이부르크는 세계적인 환경·생태 도시로 인간과 자연이 공생할 수 있도록 시민들이 자전거를 탈 것을 장려하며, 태양광 에너지 활용을 극대화하고 있다.

4 로마와 아테네는 대표적인 역사·문화 도시이다. 역사·문화 도시는 오랜 시간에 걸쳐 형성되어 역사 유적이 많고 문화가 발달한 도시를 말한다.

5 ㈎는 국제 연합(UN)의 본부가 위치한 미국의 뉴욕이다. ㈏는 저위도의 산지 지역에 위치하여 연중 봄과 같은 기후가 나타나는 고산 도시인 에콰도르의 키토이다. ㈐는 세계 1위 규모의 항만 기능을 담당하는 중국의 상하이이다.

6 제시된 뉴욕, 런던, 도쿄는 대표적인 세계 도시이다. ㄱ, ㄹ. 세계 도시는 세계 정치, 경제, 문화의 중심지로서 제조업과 서비스업 등이 발달해 있으며, 세계적 영향력을 가진 금융 기관, 다국적 기업의 본사가 위치하고, 각종 국제기구의 활동이 활발하게 이루어지는 도시이다.

7 ㄴ. 접근성과 지가는 도시 내부의 지역이 분화되는 가장 큰 원인이다. ㄷ. 도시 내부의 지역 분화는 규모가 큰 도시일수록 뚜렷하게 나타난다.

| **바로알기** | ㄱ. 지역 분화는 상업 기능, 주거 기능 등 다양한 기능들의 입지 조건이 다르기 때문에 발생한다. ㄹ. 지역 분화는 같은 종류의 기능은 모이고, 다른 종류의 기능은 분리되면서 나타난다.

9 어느 한 장소에서 다른 장소까지 도달하기 쉬운 정도를 접근성이라고 한다. 접근성이 높은 도심에는 비싼 땅값을 지급하고도 이익을 낼 수 있는 중심 업무 및 상업 기능이 집중되고, 비싼 땅값을 지급하기 어려운 주거 및 공업 기능은 주변 지역으로 빠져나가게 된다.

10 A는 도심, B는 부도심, C는 주변 지역, D는 개발 제한 구역, E는 위성 도시이다.
| **바로알기** | ③ 주간에는 업무나 쇼핑 때문에 도심이나 부도심에서 활동하던 사람들이 야간에는 주거 기능이 있는 주변 지역으로 귀가한다. 따라서 주변 지역은 주간보다 야간에 인구 밀도가 더 높다.

11 ㈎는 도심(A), ㈏는 위성 도시(E)에서 나타나는 모습에 해당한다. 도심에는 행정·금융 기관, 백화점 등이 밀집해 있으며, 위성 도시는 대도시 주변에 위치해 대도시의 주거, 공업, 행정 기능을 분담한다.

12 대도시의 무질서한 팽창을 막고 녹지 공간을 확보하기 위해 설정한 곳은 개발 제한 구역(D)이다.

13 ㈎는 도심, ㈏는 주변 지역이다. A는 도심에서 높게 나타나지만 주변 지역에서는 낮게 나타나는 지표로 백화점 수, 대기업 본사 수가 이에 해당한다. B는 주변 지역에서 높게 나타나지만 도심에서 낮게 나타나는 지표로 공업 용지 면적 비율이 이에 해당한다.

14 | **바로알기** | ㄴ, ㄷ. ㉡은 주거, ㉢은 주변 지역이다. 제시된 글은 도심의 높은 땅값을 지급하기 어려운 주거 기능이 주변 지역으로 이동하면서 초등학교 학생 수가 줄어든다는 내용이다. 이러한 주거 기능의 약화로 도심 지역에는 낮과 밤의 인구 밀도 차이가 큰 인구 공동화 현상이 나타난다.

15 A는 도심, B는 주변 지역이다.
| **바로알기** | ④ 백화점과 대기업의 본사는 접근성과 지가가 높은 도심에 밀집해 있다.

16 제시된 지도에서 ㈎는 도심인 중구, ㈏는 부도심인 영등포구, ㈐는 주변 지역인 구로구이다.
| **바로알기** | ㄴ. 대규모 아파트 단지는 도심에 비해 상대적으로 땅값이 저렴한 주변 지역에 많다. ㄷ. 주간과 야간의 인구 밀도 차이는 부도심보다 도심에서 크게 나타난다.

17 ㈎는 도심, ㈏는 주변 지역이다. ㄱ. 도심은 접근성이 높아 행정·금융 기관, 백화점, 대기업의 본사 등이 모여 중심 업무 지구를 형성한다. ㄴ. 주변 지역에는 대규모 주거 단지나 다양한 규모의 공장, 상가 등이 혼재되어 있다.
| **바로알기** | ㄷ. 도심은 접근성이 높아 지가가 비싸기 때문에 집약적 토지 이용을 위해 고층 건물이 밀집해 있다. ㄹ. 주변 지역은 도심에 비해 접근성이 낮다.

18 위성 도시는 교통이 편리한 대도시 주변에 위치하여 대도시의 주거, 공업, 행정 기능을 분담한다.

19 | **바로알기** | ㉤ 교통이 편리할수록 접근성이 높으며, 접근성이 높

을수록 지대와 지가가 높기 때문에 단위 면적당 지가가 가장 높은 곳은 도심이다.

20 | **예시답안** | 도시는 좁은 지역에 많은 사람이 모여 있어 인구 밀도가 높고, 제조업과 서비스업에 종사하는 인구가 많아 2·3차 산업이 발달해 있으며, 주변 지역에 다양한 상품과 서비스를 제공하는 중심지 역할을 한다.

구분	채점 기준
상	제시된 용어 세 가지를 모두 포함하여 도시의 특징을 정확히 서술한 경우
중	제시된 용어 중 두 가지만 포함하여 도시의 특징을 서술한 경우
하	제시된 용어 중 한 가지만 포함하여 도시의 특징을 서술한 경우

21 | **예시답안** | 공업 기능은 비싼 땅값을 지급하기 어렵거나 넓은 건물 터가 필요하기 때문에 비교적으로 땅값이 저렴한 도시 외곽에 입지하게 된다.

구분	채점 기준
상	공업 기능은 비싼 땅값을 지불하기 어렵거나 넓은 건물 터가 필요하기 때문이라고 정확히 서술한 경우
하	공업 기능은 비싼 땅값을 지급하기 어렵다고만 서술한 경우

22 (1) ㈎ – 도심, ㈏ – 주변 지역
　(2) | **예시답안** | 도심은 주변 지역보다 교통이 편리하여 접근성과 지가가 높다. 또한 도심은 행정·금융 기관, 백화점 등이 입지하여 상업 기능이 주로 형성되는 반면, 주변 지역은 주거 및 공업 기능이 주로 형성된다.

구분	채점 기준
상	도심과 주변 지역의 특징 두 가지를 비교하여 정확히 서술한 경우
하	도심과 주변 지역의 특징을 한 가지만 비교하여 서술한 경우

03 도시화와 도시 문제 ~
04 살기 좋은 도시

개념 확인하기   p. 29

1 도시화   2 (1) 초기 단계 (2) 가속화 단계 (3) 종착 단계   3
(1) ○ (2) × (3) ○   4 (1) ㄱ, ㄷ (2) ㄴ, ㄹ   5 (1) – ⊙ (2) – ⓒ
(3) – ⓛ   6 삶의 질

족집게 문제   p. 30~33

01 ④   02 ①   03 ⑤   04 ①   05 ⑤   06 ③   07 과
도시화   08 ②   09 ③   10 ②   11 ④   12 ⑤   13 ⑤
14 ③   15 ⑤   16 ④   17 ③   18 ③   19 ②   20 ①
[서술형 문제 21~23] 해설 참조

1 | 바로알기 | ④ 도시화가 진행되면 제조업과 서비스업 등 2·3차 산업에 종사하는 인구 비율이 증가한다.

2 A는 초기 단계, B는 가속화 단계, C는 종착 단계에 해당한다.
| 바로알기 | ㄷ. 도시에 인구의 절반 이상이 거주하기 시작하는 단계는 가속화 단계(B)이다. ㄹ. 가속화 단계(B)는 종착 단계(C)보다 도시화 진행 속도가 빠르다.

3 | 바로알기 | ⑤ 이촌 향도 현상은 산업화와 도시화로 인해 촌락의 인구가 도시로 이동하는 현상이다. 가속화 단계 말기에 도시 인구가 주변 지역으로 이동하는 교외화 현상이 나타나기도 한다.

4 영국과 프랑스 등의 선진국은 산업 혁명 이후 공업의 발달과 함께 도시화가 진행되었다. 선진국의 도시화는 오랜 시간 서서히 진행되어 현재 종착 단계에 이르렀다.

5 | 바로알기 | ⑤ 개발 도상국의 도시화 과정에서 청장년층 중심의 이동이 이루어지면서 출산율이 높아져 인구의 자연 증가도 함께 나타났다.

6 A는 선진국(스위스), B는 개발 도상국(코스타리카)의 도시화를 나타낸 것이다.
| 바로알기 | ㄴ. 선진국의 도시화는 18세기 산업 혁명 이후 200여 년간 서서히 진행된 반면, 개발 도상국의 도시화는 20세기 중반 이후 단기간에 매우 급격하게 진행되었다. ㄷ. 역도시화 현상은 도시화의 종착 단계에서 주로 나타나므로, 오늘날 선진국에서 주로 나타난다.

8 ㈎는 선진국(영국), ㈏는 개발 도상국(중국)의 도시화율이다. 가현. 선진국의 경제 발전 수준이 개발 도상국에 비해 높다. 다현. 농업과 같은 1차 산업 종사자 비율은 선진국보다 개발 도상국에서 높게 나타난다.
| 바로알기 | 나현. 선진국의 도시화는 개발 도상국에 비해 오랜 시간 동안 점진적으로 진행되었다. 라현. 선진국의 도시화는 현재 종착 단계에 접어든 반면, 개발 도상국의 도시화는 현재 가속화 단계로 선진국보다 활발하게 이루어지고 있다.

9 ③ 각종 시설의 노후화는 개발 도상국보다 도시화의 시기가 앞선 선진국의 대도시에서 주로 나타나는 도시 문제이다.
| 바로알기 | ①, ②, ④, ⑤ 개발 도상국에서 주로 나타나는 도시 문제이다.

10 ㈎는 영국(A), ㈏는 중국(C), ㈐는 니제르(B)의 도시화율이다. 영국(A)은 선진국으로서 1950년대에 이미 도시화가 많이 진행되었으며, 현재는 도시화의 종착 단계에 해당한다. 중국(C)은 1990년 이후 급격한 도시화가 진행되고 있으며, 현재는 도시화의 가속화 단계에 해당한다. 니제르(B)는 아직 도시화 수준이 낮은 상태이며, 도시화 속도가 느리다.

11 ㄴ. 1970년에는 우리나라의 도시화율이 50%를 넘었으므로, 우리나라 인구의 절반 이상이 도시에 거주하고 있음을 알 수 있다. ㄹ. 2015년 기준 우리나라의 도시화율은 약 90% 정도로 종착 단계에 해당한다.
| 바로알기 | ㄱ. 1960년의 도시화율은 39.1%이므로 도시보다 촌락에 거주하는 인구가 더 많았다. ㄷ. 1990년대 이후 도시화의 속도가 느려지기 시작했으며 도시화의 종착 단계에 접어들었다.

12 ㄷ, ㄹ. 도시화의 시기가 앞선 선진국의 도시는 각종 시설이 노후화된 경우가 많다. 또한 세계화에 따른 경제 환경의 변화로 일부 도시 내의 제조업이 쇠퇴하면서 빈 창고가 많아지고 실업률이 상승하는 문제를 겪기도 한다.
| 바로알기 | ㄱ, ㄴ. 개발 도상국에서는 급속한 산업화와 도시화로 특정 도시에 인구가 지나치게 집중하면서 도시 기반 시설 및 공공 서비스 부족, 빈민촌 및 무허가 불량 주택이 밀집한 슬럼 형성 등의 문제를 겪고 있다.

13 개발 도상국은 도시화가 단기간에 급격하게 진행되어 도시 기반 시설 부족, 슬럼 형성과 같은 각종 도시 문제를 겪고 있다.

14 ㈎는 일자리 부족 문제, ㈏는 교통 혼잡 문제이다.
| 바로알기 | ③ 교통 혼잡 문제를 해결하기 위해서는 혼잡 통행료 부과, 도로 환경 개선, 대중교통 이용 장려 등의 노력이 필요하다.

15 | 바로알기 | ⑤ 일자리 부족 문제를 해결하기 위해서는 글로벌 기업 유치, 새로운 산업 육성과 같은 정책을 통해 일자리를 늘려야 한다.

16 브라질의 쿠리치바는 인구가 급격히 증가하면서 교통 혼잡이 심각해졌다. 이에 많은 시민이 이용할 수 있는 원통형 버스 정류장, 굴절 버스, 버스 전용 차선 등을 도입하여 시민들의 대중교통 이용률을 높임으로써 교통 문제를 해소하였다.

17 울산은 하천 복원 사업을 통해 오염되었던 태화강을 맑은 하천으로 복원하고 강 주변에 생태 공원을 조성하여 태화강을 시민들의 휴식 공간으로 변화시켰다.

18 ⓒ 삶의 질은 경제적 조건뿐만 아니라 개인의 행복감과 정치·경제·사회적 조건에 따라 결정되는 주관적 개념이다.

19 헬싱키와 멜버른의 공통점은 자연환경이 쾌적하고 녹지 공간이 풍부한 인간과 자연이 조화를 이룬 도시라는 점이다.

20 살기 좋은 도시의 조건 중 ⊙은 풍부한 문화 시설에 해당하며, ⓒ은 쾌적한 자연환경에 해당한다.

서술형 문제

21 | 예시답안 | A – 초기 단계, B – 가속화 단계, C – 종착 단계. 도시화가 진행되면 도시에 거주하는 인구가 증가한다. 또한 산업화가 진행되면서 주민들의 경제 활동이 제조업과 서비스업 등의 2·3차 산업 위주로 변화한다.

구분	채점 기준
상	도시화 과정의 각 단계를 모두 쓰고, 도시화가 진행되면서 나타나는 변화를 두 가지 이상 정확히 서술한 경우
중	도시화 과정의 각 단계를 모두 쓰고, 도시화가 진행되면서 나타나는 변화를 한 가지만 서술한 경우
하	도시화 과정의 각 단계를 모두 쓴 경우

22 (1) A – 선진국, B – 개발 도상국
(2) | 예시답안 | 선진국은 18세기 산업 혁명 이후 도시화가 서서히 진행된 반면, 개발 도상국은 20세기 중반 이후 단기간에 도시화가 매우 급격하게 진행되었다.

구분	채점 기준
상	선진국과 개발 도상국의 도시화 시기와 속도를 모두 비교하여 정확히 서술한 경우
하	선진국과 개발 도상국의 도시화 시기와 속도 중 한 가지만 비교하여 서술한 경우

23 | 예시답안 | 개발 도상국은 도시화가 짧은 시간에 급격하게 진행되면서 주택과 각종 시설 및 일자리 부족, 열악한 위생, 환경 오염 등의 문제가 나타나고 있다.

구분	채점 기준
상	개발 도상국에서 나타나는 도시 문제를 두 가지 이상 정확히 서술한 경우
하	개발 도상국에서 나타나는 도시 문제를 한 가지만 서술한 경우

IX 글로벌 경제 활동과 지역 변화

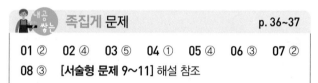

01 농업 생산의 기업화와 세계화

개념 확인하기   p. 35

1 (1) – ⓒ (2) – ㉠   **2** ㉠ 세계화 ⓒ 기업적   **3** ㄴ, ㄷ, ㄹ
4 (1) ○ (2) × (3) ○   **5** (1) 감소 (2) 증가 (3) 낮은

족집게 문제   p. 36~37

01 ②   **02** ④   **03** ⑤   **04** ①   **05** ④   **06** ③   **07** ②
08 ③   [서술형 문제 9~11] 해설 참조

1 | 바로알기 | 나영, 라영. 교통·통신의 발달로 지역 간 교류가 증가하고, 생활 수준의 향상으로 다양한 농산물에 대한 수요가 증가하면서 농업의 세계화가 진행되고 있다.

2 | 바로알기 | ④ 오늘날 농업은 인간의 노동력에 의존하여 소규모로 이루어지던 농업에서 농기계와 화학 비료를 사용하는 대규모 기업적 농업으로 변화하고 있다.

3 | 바로알기 | ⑤ 다국적 농업 기업은 농작물의 생산·유통·가공에 이르는 전 과정에서 세계적 차원의 시스템을 형성하고 있어 세계 농산물 시장의 가격과 생산 구조, 소비에 많은 영향을 미치고 있다.

4 제시된 사진은 기업적 목축과 기업적 밀 재배 모습으로 기업적 농업을 나타낸다.
| 바로알기 | ㄷ. 기업적 농업은 농작물을 대량으로 생산하여 가격 경쟁력이 높은 편이다. ㄹ. 과거에는 곡물을 재배하여 직접 소비하는 자급적 농업이 주를 이루었지만, 오늘날 이루어지는 기업적 농업은 시장에 판매할 목적으로 작물을 재배하는 상업적 성격이 강하다.

5 기업적 농업으로 농작물이 대량 생산되어 싼값에 판매되면서 소규모로 농작물을 생산하는 국가는 큰 타격을 입기도 한다. ㄱ, ㄴ, ㄹ. 이에 따라 플랜테이션 방식을 이용한 상품 작물 재배가 증가하고 있다. 또한 육류 소비가 증가하면서 가축의 사료 작물을 재배하기 위한 목초지가 증가하고 있다.
| 바로알기 | ㄷ. 농업 경쟁력을 높이기 위해 한 종류의 곡물 생산에서 벗어나 원예 작물, 기호 작물을 재배하는 경우가 늘고 있다.

6 전 세계적으로 육류 소비가 늘어나면서 밀 재배 면적이 감소하고 사료 작물인 옥수수의 재배 면적이 증가하고 있다.

7 ㄱ. 생활 수준이 향상되면서 채소, 과일의 소비량은 꾸준히 증가하고 있다. ㄷ. 농업의 세계화에 따라 우리는 해외에서 생산된 다양한 농산물을 쉽게 소비할 수 있게 되었다.
| 바로알기 | ㄴ. 생활 수준의 향상으로 농작물 소비에서 기호 작물이 차지하는 비중이 증가하고 있다. ㄹ. 패스트푸드를 비롯한 식생활의 보편화로 식량 작물인 쌀의 소비량이 감소하고 있다.

8 | 바로알기 | ⓒ 저렴한 외국산 농산물 수입으로 인해 국내산 농산물의 판매가 감소하여 국내 농가의 소득이 감소할 수 있다.

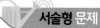

서술형 문제

9 | 예시답안 | 자급적 농업은 곡물을 소규모로 재배하여 농가에서 직접 소비하는 과거의 전통적 농업 방식인 반면, 상업적 농업은 시장에 판매할 목적으로 작물을 재배하거나 가축을 기르는 농업 방식으로 낙농업, 원예 농업 등이 이에 해당한다.

구분	채점 기준
상	자급적 농업과 상업적 농업의 특징을 비교하여 정확히 서술한 경우
하	자급적 농업과 상업적 농업의 특징 중 한 가지만 서술한 경우

10 | 예시답안 | 농기계와 화학 비료를 사용하여 농작물을 대량 생산하기 때문에 가격 경쟁력을 가지고 있으며, 농작물의 생산에서부터 유통, 식품 가공에 이르는 전과정을 담당하여 세계 농산물의 가격과 생산 구조, 소비에 많은 영향을 끼친다.

구분	채점 기준
상	기업적 농업의 특징을 두 가지 이상 정확히 서술한 경우
하	기업적 농업의 특징을 한 가지만 서술한 경우

11 (1) 쌀

(2) **| 예시답안 |** 식량 자급률이 지속적으로 낮아지면 국제 농산물 가격이 급등할 경우 식량 부족 문제를 겪게 될 수 있다.

구분	채점 기준
상	국제 농산물 가격이 급등할 경우 식량 부족 문제를 겪을 수 있다고 정확히 서술한 경우
하	식량 부족 문제를 겪을 수 있다고만 서술한 경우

02 다국적 기업과 생산 공간 변화 ~
03 세계화에 따른 서비스업의 변화

개념 확인하기
p. 39

1 (1) ○ (2) × (3) ×　**2** 다국적 기업　**3** (1) – ㉡ (2) – ㉢ (3) – ㉠　**4** (1) ㄷ, ㄹ (2) ㄱ, ㄴ　**5** (1) 확대 (2) 증가 (3) 성장, 쇠퇴

족집게 문제
p. 40~43

01 ④	02 ②	03 ⑤	04 ②	05 ①	06 ③	07 ④

08 산업 공동화 현상　**09** ①　**10** ⑤　**11** ③　**12** ④

13 ③　**14** ⑤　**15** ①　**16** 공정 여행　**17** ②

[서술형 문제 18~20] 해설 참조

1 | 바로알기 | ④ 교통과 통신의 발달로 국가 간 교류가 활발해지면서 생산, 소비와 같은 경제 활동이 이루어지는 범위가 전 세계로 확대되었다.

2 | 바로알기 | ㄴ, ㄹ. 세계 무역 기구(WTO)의 출범과 자유 무역 협정(FTA)의 체결 증가로 국가 간 무역 장벽이 낮아짐에 따라 다국적 기업이 더욱 발달하게 되었다.

3 | 바로알기 | ⑤ 다국적 기업의 활동이 증가 할수록 세계적 차원에서 경제적 상호 의존도는 점차 강화된다.

4 다국적 기업은 초기에는 단일 공장이 위치한 지역에서 성장하다가 기업의 규모가 커지면 다른 지역에 공장을 건설하여 생산 공간을 분리한다. 이후 해외에 판매 지점을 개설하여 해외 시장을 개척하고, 제품의 수요가 늘어나면 해외에 생산 공장을 건설하여 제품을 직접 공급함으로써 다국적 기업으로 성장한다.

5 A는 연구소, B는 현지 생산 공장에 해당한다.
| 바로알기 | ㄷ. 다국적 기업은 경영의 효율성을 높이고 이윤을 극대화하기 위해 연구소와 생산 공장을 비롯한 기업의 여러 기능을 각각 적합한 지역에 분리하여 배치한다. ㄹ. 연구소는 주로 선진국에 입지하므로 생산 공장이 입지한 개발 도상국에 비해 근로자 1인당 평균 임금이 높을 것이다.

6 | 바로알기 | ③ 다양한 정보와 자본을 확보하기에 유리한 지역에 입지하는 것은 다국적 기업의 본사이다. 생산 공장은 지가가 낮고 저렴한 노동력이 풍부한 개발 도상국에 입지한다.

7 | 바로알기 | ㄷ. 이윤의 대부분이 다국적 기업의 본사가 있는 곳으로 유출될 경우 지역의 경제 발전을 기대하기 어렵다.

9 | 바로알기 | 다현. 디트로이트시의 경제 침체는 생산 공장이 빠져나가면서 발생한 산업 공동화 현상으로 인한 것이다. 라현. 자동차 기업은 생산 비용을 절감하기 위해 지가와 임금이 낮은 멕시코 등의 개발 도상국으로 생산 공장을 이전하였다.

10 | 바로알기 | ⑤ 오늘날 대부분의 선진국에서는 제조업보다 서비스업이 경제 성장을 이끄는 탈공업화 현상이 나타나고 있다.

11 | 바로알기 | ③ 중국의 2차 산업 생산액 비중은 42.7%, 우리나라의 2차 산업 생산액 비중은 38%이므로, 중국이 우리나라보다 2차 산업 생산액 비중이 높다.

12 | 바로알기 | ㄴ. 선진국의 다국적 기업들은 비용을 절감하고 업무의 효율성을 높이기 위해 업무의 일부를 개발 도상국으로 분산하여 운영하는 등 선진국과 개발 도상국 간의 분업이 이루어지고 있다.

13 ㈎는 기존 상거래 방식, ㈏는 전자 상거래 방식이다.
| 바로알기 | ㄱ. 전자 상거래는 유통 단계가 단순하여 유통 비용이 상대적으로 적게 든다. ㄹ. 전자 상거래는 소비자가 언제 어디서나 원하는 물건을 구매할 수 있으므로 상품 구매의 공간적 제약이 작다.

14 | 바로알기 | ⑤ 해외 직접 구매가 활성화되면서 국내 수입 업체 쇼핑몰의 수익은 감소할 것이다.

15 | 바로알기 | ① 관광 산업의 발달로 교통, 숙박 등 관련 산업도 성장하고 있다.

17 | 바로알기 | ㉡ 소득 수준의 향상과 여가 시간의 증대로 관광에 대한 관심이 늘며 전 세계적으로 관광객 수는 꾸준히 증가하고 있다.

서술형 문제

18 | 예시답안 | 생산 공장이 있던 중국 지역은 산업 공동화 현상이 발생하여 실업자가 증가하고 지역 경제가 침체될 수 있다.

구분	채점 기준
상	생산 공장이 빠져나간 지역에서 나타날 수 있는 변화를 두 가지 이상 정확히 서술한 경우
하	생산 공장이 빠져나간 지역에서 나타날 수 있는 변화를 한 가지만 서술한 경우

19 (1) 전자 상거래
(2) | 예시답안 | 전자 상거래의 발달로 소비자에게 물건을 배송해주는 택배업 등의 유통 산업이 발달하게 되고, 이로 인해 운송이 유리한 지역에는 대규모 물류 창고가 발달하게 된다. 또한 오프라인 매장 대신 배달 위주의 매장이 발달한다.

구분	채점 기준
상	전자 상거래의 발달로 나타나는 변화를 두 가지 이상 정확히 서술한 경우
하	전자 상거래의 발달로 나타나는 변화를 한 가지만 서술한 경우

20 | 예시답안 | 교통·통신의 발달로 경제 활동의 시간적·공간적 제약이 완화되고, 다국적 기업이 활동을 확대하면서 서비스업의 세계화가 진행되고 있다. 또한 제조업보다 서비스업이 경제 성장을 이끄는 탈공업화 현상은 이러한 서비스업의 세계화를 더욱 촉진시키고 있다.

구분	채점 기준
상	제시된 단어를 모두 포함하여 서비스업의 세계화 배경을 정확히 서술한 경우
중	제시된 단어 중 두 가지만 포함하여 서비스업의 세계화 배경을 서술한 경우
하	제시된 단어 중 한 가지만 포함하여 서비스업의 세계화 배경을 서술한 경우

X 환경 문제와 지속 가능한 환경

01 전 지구적 차원의 기후 변화

개념 확인하기 p. 45

1 (1) × (2) ○ **2** 지구 온난화 **3** ㄱ, ㄷ **4** (1) 열대야 (2) 해수면 **5** (1) ㄷ (2) ㄱ (3) ㄴ **6** (1) ○ (2) ×

족집게 문제 p. 46~47

1 ④ **2** ③ **3** ⑤ **4** ② **5** ② **6** ③ **7** ④ **8** ②
[서술형 문제 9~10] 해설 참조

1 ㄱ, ㄴ, ㄹ. 기후 변화란 자연적·인위적 요인에 의해 기후의 평균적인 상태가 장기간에 걸쳐 변화하는 현상이다. 기후 변화를 유발하는 자연적 요인으로는 태양의 활동 변화, 화산 활동에 따른 화산재 분출 등이 있으며, 인위적 요인으로는 화석 연료 사용에 따른 온실가스 배출량 증가, 도시화 등이 있다.
| 바로알기 | ㄷ. 산업 혁명 이후, 화석 연료 사용이 증가함에 따라 온실가스 배출량이 늘면서 오늘날에는 자연적 요인보다 인위적 요인이 기후 변화에 더 많은 영향을 미치고 있다.

2 ㈎는 적정한 온실 효과, ㈏는 과도한 온실 효과를 나타낸다. ③ 적정한 온실 효과 상태에서는 온실가스가 지구가 방출하는 에너지 중 일부를 지구 밖으로 나가지 못하도록 하여 지구의 온도를 유지해주는 역할을 한다.

3 온실 효과를 일으키는 온실가스 중 지구 온난화에 가장 큰 영향을 미치는 것은 이산화 탄소이다.

4 제시된 그래프를 통해 대기 중 이산화 탄소 농도가 증가함에 따라 지구 평균 기온도 상승하고 있음을 알 수 있다.
| 바로알기 | ㄴ. 대기 중 이산화 탄소 농도가 증가하는 것은 이산화 탄소 배출량이 꾸준히 증가하고 있기 때문이다. ㄷ. 지구 온난화에 가장 큰 영향을 미치는 것은 이산화 탄소이므로 지구 평균 기온과 대기 중 이산화 탄소 농도는 비례 관계이다.

5 ㉠은 지구 온난화이다. 제시된 글은 지구 온난화의 영향으로 우리나라에 발생한 주요 변화에 대한 내용이다.
| 바로알기 | ② 지구 온난화의 영향으로 아열대 작물의 재배 면적은 확대되고 있다.

6 | 바로알기 | (2) 투발루와 같은 섬나라는 침수 피해가 증가하여 국토 전체가 물에 잠길 위기에 놓여 있으므로, 답은 '×'이다. (4) 빙하가 녹은 물이 바닷물의 염분 농도를 낮게 만들어 해류의 순환을 방해하므로, 답은 '×'이다.

7 | 바로알기 | ④ 개발 도상국은 산업화를 통한 경제 성장이 시급하므로 온실가스 배출량 감축에 대해 회의적인 입장이다.

8 파리 협정은 2015년 프랑스 파리에서 열린 제21차 국제 연합 기후 변화 협약 당사국 총회에서 채택된 것으로, 2020년 이후의 기후 변화 대응 방안에 대한 내용을 담고 있다.

9 (1) 지구 온난화

(2) **| 예시답안 |** 석탄, 석유 등 화석 연료의 사용이 증가함에 따라 이산화 탄소를 비롯한 온실가스 배출량이 늘어났고, 이는 과도한 온실 효과를 일으켜 지구 온난화 현상이 심화되었다.

구분	채점 기준
상	화석 연료 사용의 증가에 따른 온실 효과 강화로 지구 온난화 현상이 심화되었다고 정확히 서술한 경우
하	화석 연료 사용이 증가했다고만 서술한 경우

10 (1) ㉠ 교토 의정서, ㉡ 파리 협정

(2) **| 예시답안 |** 교토 의정서는 주요 선진국들만을 대상으로 온실가스 감축 의무를 규정한 반면, 파리 협정은 선진국과 개발 도상국 구분 없이 모든 국가를 대상으로 온실가스 감축 의무를 규정하였다.

구분	채점 기준
상	온실가스 감축 의무 부담 국가를 중심으로 교토 의정서와 파리 협정의 내용을 비교하여 정확히 서술한 경우
하	온실가스 감축 의무 부담 국가를 중심으로 교토 의정서 또는 파리 협정의 내용 중 한 가지만 서술한 경우

02 환경 문제 유발 산업의 이동 ~
03 생활 속의 환경 이슈

개념 확인하기
p. 49

1 (1) × (2) ○ (3) ○ **2** 선진국, 개발 도상국 **3** 환경 이슈
4 (1) × (2) ○ **5** ㄱ, ㄷ **6** ㉠ 로컬 푸드 ㉡ 푸드 마일리지

족집게 문제
p. 50~53

1 ② **2** ② **3** ④ **4** 바젤 협약 **5** ⑤ **6** ③ **7** ①
8 ③ **9** ① **10** 미세 먼지 **11** ⑤ **12** ④ **13** ⑤ **14** ④
15 ① **16** ① **17** ② **18** ②
[서술형 문제 19~21] 해설 참조

1 **| 바로알기 |** ㉡ 산업화와 기술 혁신으로 인간이 자연의 제약을 극복하면서 인구가 폭발적으로 증가하였고, 이에 따라 자원 소비와 폐기물의 양이 증가하면서 환경 문제가 심화되었다.

2 ㄱ, ㄹ. 선진국은 환경 및 경제적 부담을 줄이기 위해 환경 규제가 느슨한 개발 도상국으로 전자 쓰레기를 이전하여 해당 국가의 환경 오염을 심화하고 있다.
| 바로알기 | ㄴ. 유럽에서 발생한 전자 쓰레기는 주로 아프리카로 이동하고 있으며, 앵글로아메리카에서 발생한 전자 쓰레기가 주로 중국으로 이동하고 있다. ㄷ. 개발 도상국이 경제적 이익을 얻기 위해 선진국의 전자 쓰레기를 수입하고 있다.

3 **| 바로알기 |** ④ 과학 기술의 발달과 생활 수준의 향상으로 전자 제품을 사용하는 주기가 짧아지면서 전자 쓰레기의 양은 점차 늘어나고 있다.

5 **| 바로알기 |** ⑤ 선진국은 일찍이 산업이 발달해 경제 성장을 이루었기 때문에 개발보다 환경 보전을 중시하여 공해 유발 산업을 개발 도상국으로 이전하고 있다. 반면 개발 도상국은 빠른 산업화를 통한 경제 성장을 우선하기 때문에 선진국의 공해 유발 산업을 유치하고 있다.

6 **| 바로알기 |** ㄱ. 1990년대 이후 석면 공장의 이전으로 우리나라의 환경 문제는 완화될 것이다. ㄹ. 석면 공장은 환경 보호를 우선시하는 선진국에서 빠른 산업화를 통한 경제 성장을 우선시하는 개발 도상국으로 이전하고 있다.

7 제시된 사례의 유독 가스 누출 사고는 미국의 농약 제조 회사가 상대적으로 환경 규제가 느슨한 인도에서 공장을 운영하면서 발생한 사건이다. 이를 통해 환경 문제에 있어서 선진국과 개발 도상국 간에 지역적 불평등이 존재함을 알 수 있다.

8 **| 바로알기 |** ㄱ. 기존 식량 생산지를 플랜테이션 농업에 이용함으로써 식량 생산량이 줄어들기 때문에 식량 문제가 발생할 수 있다. ㄴ. 네덜란드는 생산비 절감을 위해 화훼 생산지를 이전한 것이다.

9 환경 이슈는 환경 문제 중 원인과 해결 방안이 입장에 따라 서

로 다른 것이다.

| 바로알기 | ① 환경 이슈는 시대와 장소에 따라 다양하게 나타난다.

11 | 바로알기 | ⑤ 미세 먼지는 자연적 요인뿐만 아니라 석탄, 석유 등의 화석 연료를 태울 때 생기는 매연, 자동차 배기가스, 건설 현장의 날림 먼지, 소각장 연기 등의 인위적 요인에 의해서도 발생한다.

12 | 바로알기 | 가현. 미세 먼지를 줄이기 위해서는 경유 차량에서 배출되는 매연을 줄여야하므로 경유차 보급을 확대하는 것은 적절하지 않다. 다현. 우리나라의 미세 먼지 발생 요인은 중국의 영향 등 국내외 여러 요인들이 복합적으로 작용하기 때문에 국가 간 합동 대응이 필요하다.

13 ㉠은 유전자 변형 식품이다.

14 | 바로알기 | ㄱ. 유전자 변형 식품은 적은 노동력과 비용으로 많은 양을 수확할 수 있다. ㄷ. 유전자 변형 식품은 미국, 브라질, 아르헨티나 등지에서 대규모로 재배되고 있으며, 그 생산량도 증가하고 있다.

15 | 바로알기 | ① 유전자 변형 식품은 수확량을 증가시켜 농가의 소득을 높여 준다.

16 ② 푸드 마일리지가 높을수록 이동 거리가 길어 온실가스 배출량이 많으므로, 푸드 마일리지와 온실가스 배출량은 비례 관계이다. ④ 푸드 마일리지를 통해 온실가스 배출량을 파악할 수 있으므로 식품이 환경에 부담을 미치는 정도를 파악할 수 있다. ⑤ 같은 무게의 국내산 키위와 뉴질랜드 키위를 비교할 경우 이동 거리가 짧은 국내산 키위의 푸드 마일리지가 적다.

| 바로알기 | ① 푸드 마일리지는 식품의 수송량(t)과 생산지에서 소비지까지의 수송거리(km)를 곱하여 계산한 것이다. 푸드 마일리지가 높은 식품은 장거리 운송 과정에서 신선도를 유지하기 위해 살충제나 방부제를 사용하는 경우가 많으므로 식품의 안전성이 낮은 편이다.

17 | 바로알기 | ㄴ, ㄷ. 로컬 푸드 운동은 지역에서 생산된 농산물을 지역에서 소비하자는 운동이다. 따라서 로컬 푸드는 장거리 운송을 거치지 않으므로 화석 연료의 사용을 줄여 온실가스 배출을 감소시킨다.

18 | 바로알기 | ② 저탄소 제품은 저탄소 기술을 적용해 온실가스 배출을 줄일 수 있는 제품이므로 저탄소 인증을 받은 제품을 사용하는 것은 환경을 지키는 습관이다.

서술형 문제

19 | 예시답안 | 석면 산업체는 선진국에서 개발 도상국으로 이동하고 있다. 이러한 이동은 선진국은 환경 규제가 엄격한 반면, 개발 도상국은 상대적으로 환경 규제가 느슨하기 때문에 발생한다.

구분	채점 기준
상	석면 산업체가 선진국에서 개발 도상국으로 이동하며, 그 이유를 선진국과 개발 도상국 모두의 입장을 들어 정확히 서술한 경우
중	석면 산업체가 선진국에서 개발 도상국으로 이동하며, 그 이유를 선진국과 개발 도상국 중 한 쪽의 입장만을 들어 서술한 경우
하	석면 산업체가 선진국에서 개발 도상국으로 이동한다고만 서술한 경우

20 | 예시답안 | 미세먼지는 흙먼지나 식물 꽃자루 등 자연적 요인과 석탄, 석유 등의 화석 연료를 태울 때 생기는 매연, 자동차 배기가스, 건설 현장의 날림 먼지 등의 인위적 요인에 의해 발생한다.

구분	채점 기준
상	미세먼지가 발생하는 자연적 요인, 인위적 요인을 모두 정확히 서술한 경우
하	미세먼지가 발생하는 자연적 요인, 인위적 요인 중 한 가지만 서술한 경우

21 (1) 로컬 푸드
(2) | 예시답안 | 수입 농산물은 장거리 운송을 거치기 때문에 방부제를 사용하는 경우가 많아 식품의 안전성을 보장하기 어렵다. 또한 많은 운송 수단을 거쳐 소비자에게 도달하는 과정에서 화석 연료가 많이 사용되기 때문에 지구 온난화를 가속화한다.

구분	채점 기준
상	수입 농산물의 이동 과정에서 발생할 수 있는 문제점을 두 가지 이상 정확히 서술한 경우
하	수입 농산물의 이동 과정에서 발생할 수 있는 문제점을 한 가지만 서술한 경우

XI 세계 속의 우리나라

01 우리나라의 영역과 독도

개념 확인하기
p. 55

1 영역 2 ㉠ 영공 ㉡ 영토 ㉢ 영해 ㉣ 배타적 경제 수역 3
(1) × (2) ○ (3) ○ 4 (1) - ㉡ (2) - ㉢ (3) - ㉠ 5 200해리
6 (1) 동쪽 (2) 이전 (3) 해양성 7 (1) × (2) ○ (3) ○

쪽집게 문제
p. 56~57

1 ⑤ 2 ② 3 ④ 4 ④ 5 ③ 6 ④ 7 ⑤ 8 ③
[서술형 문제 9~11] 해설 참조

1 | 바로알기 | ⑤ 타국의 선박 및 항공기는 경제적 목적이 없더라도 해당 국가의 허가 없이는 영역을 통행할 수 없다.

2 A는 영공, B는 영토, C는 기선, D는 영해, E는 배타적 경제 수역이다. ② 영토(B)를 기준으로 영공(A)과 영해(D)가 정해진다.
| 바로알기 | ① 영공(A)은 영토(B)와 영해(D)의 수직 상공이다. ③ 기선(C)에서부터 200해리에 이르는 수역 중 영해(D)를 제외한 바다를 배타적 경제 수역이라고 한다. ④ 간척 사업이 이루어지면 영토(B)가 넓어진다. ⑤ 배타적 경제 수역(E)은 영역에 포함되지 않아 다른 국가의 선박과 항공기가 자유롭게 통행할 수 있다.

3 ①, ③ 우리나라는 남북으로 형태가 길며, 삼면이 바다로 둘러싸인 반도국이다. ② 우리나라 영토의 총 면적은 약 22.3만 ㎢이며, 그중 남한의 면적은 약 10만 ㎢이다. ⑤ 우리나라 영토는 서해안과 남해안의 갯벌을 메우는 간척 사업을 통해 확대되어 왔다.
| 바로알기 | ④ 우리나라의 영토는 한반도와 부속 도서로 이루어져 있다.

4 A는 배타적 경제 수역의 한 지점, B는 직선 기선과 영해선 사이의 한 지점(영해), C는 직선 기선과 육지 사이의 한 지점(내수), D는 직선 기선이다. ㄴ. 우리나라 주권이 미치는 영해(B)에서는 다른 국가의 선박이 자유롭게 통행할 수 없다. ㄹ. 직선 기선(D)은 가장 바깥쪽에 위치한 섬들을 직선으로 연결한 선으로, 해안선이 복잡하고 섬이 많은 서해안과 남해안 등은 직선 기선을 기준으로 영해의 범위를 정한다.
| 바로알기 | ㄱ. 배타적 경제 수역(A)의 수직 상공은 우리나라의 영공에 해당하지 않는다. ㄷ. 우리나라는 중국과 거리가 가까워 200해리의 배타적 경제 수역을 설정할 경우 중복되는 수역이 발생하기 때문에 어업 협정을 체결하여 겹치는 수역을 잠정 조치 수역으로 규정했는데, 이곳은 영해선 바깥에 위치한다.

5 A는 우리나라의 배타적 경제 수역, B는 한·일 중간 수역, C는 한·중 잠정 조치 수역이다. ③ 한·일 중간 수역에서는 우리나라와 일본의 어선이 어업 활동을 할 수 있다.
| 바로알기 | ② 배타적 경제 수역은 영해에 속하지 않기 때문에 타국의 선박이나 항공기가 자유롭게 통행할 수 있다. ④ 한·중 잠정 조치 수역에서 중국의 어선은 어업 활동을 할 수 있다. ⑤ 한·일 중간 수역은 우리나라와 일본이, 한·중 잠정 조치 수역은 우리나라와 중국이 공동으로 관리한다.

6 ④ 독도는 난류의 영향으로 기후가 온화한 편이며 일 년 내내 강수가 고르다.
| 바로알기 | ① 독도는 제주도와 울릉도보다 먼저 만들어졌다. ② 독도는 우리나라의 영토 중 가장 동쪽에 위치한다. ③ 독도는 난류의 영향을 받아 기온의 연교차가 작은 해양성 기후가 나타난다. ⑤ 독도는 우리나라의 영해에 위치한 화산섬이다.

7 독도 주변 바다는 북쪽에서 내려오는 한류와 남쪽에서 올라오는 난류가 만나 조경 수역이 형성되어 어족 자원이 풍부하기 때문에 경제적 가치가 높다.
| 바로알기 | ①, ② 독도의 영역적 가치에 해당한다. ③, ④ 독도의 환경 및 생태적 가치에 해당한다.

8 ㄷ. 「팔도총도」를 통해 선조들이 예부터 독도를 우리의 영토로 인식하고 있었음을 알 수 있다. ㄹ. 「삼국접양지도」를 통해 일본이 독도를 조선의 영토로 인식하고 있었음을 알 수 있다.

서술형 문제

9 (1) 배타적 경제 수역
(2) | 예시답안 | 배타적 경제 수역에서 연안국은 어업 활동과 해양 자원의 탐사 및 개발 등에 관한 경제적 권리가 보장되며, 인공 섬을 만들거나 바다에 시설물을 설치하고 활용할 수 있다.

구분	채점 기준
상	배타적 경제 수역의 특징 두 가지를 모두 정확히 서술한 경우
하	배타적 경제 수역의 특징을 한 가지만 서술한 경우

10 (1) A – 직선 기선, B – 통상 기선, C – 직선 기선
(2) | 예시답안 | 대한 해협은 일본과의 거리가 가까워 12해리를 확보할 수 없기 때문에 직선 기선에서부터 3해리까지의 수역을 영해로 설정한다.

구분	채점 기준
상	일본과의 거리가 가까워 12해리를 확보할 수 없기 때문에 직선 기선에서부터 3해리까지의 수역을 영해로 설정한다고 정확히 서술한 경우
중	일본과의 거리가 가까워 12해리를 확보할 수 없기 때문이라고만 서술한 경우
하	일본과의 거리가 가깝다고만 서술한 경우

11 | 예시답안 | 독도는 우리나라 영해의 동쪽 끝을 확정 짓고, 배타적 경제 수역 설정의 기준점이 될 수 있다. 또한 독도는 동해 한가운데에 있어 군사적·안보적 측면에서 중요한 가치와 의미를 지닌다.

구분	채점 기준
상	독도의 영역적 가치 두 가지를 모두 정확히 서술한 경우
하	독도의 영역적 가치를 한 가지만 서술한 경우

02 우리나라 여러 지역의 경쟁력 ~
03 국토 통일과 통일 한국의 미래

개념 확인하기   p. 59

1 지역성   **2** (1) ○ (2) × (3) ○   **3** (1) ㄱ, ㅂ (2) ㄹ, ㅁ (3) ㄴ, ㄷ
4 (1) 교통 (2) 반도국   **5** (1) 약화 (2) 가능할 (3) 높아 (4) 향상

족집게 문제   p. 60~63

1 ⑤   **2** ③   **3** ④   **4** ②   **5** ⑤   **6** ①   **7** 장소 마케팅
8 ④   **9** ②   **10** ③   **11** ①   **12** ④   **13** ⑤   **14** ⑤
15 ⑤   **16** ③   **17** ②   **18** ①   **19** ③   **20** ②   **21** ⑤
[서술형 문제 22~24] 해설 참조

1 지역의 경쟁력을 높이기 위해 경제적·문화적 관점에서 다른 지역과 차별화할 수 있는 계획을 마련하는 것을 지역화 전략이라고 한다. 지역화 전략으로는 지역 브랜드 구축, 장소 마케팅 시행, 지리적 표시제 등록 등이 대표적이다.

2 세계화 시대에 교통과 통신의 발달에 따라 물자와 사람의 지역 간 교류가 확대되고, 이 과정에서 지역 간 경쟁이 치열해지면서 지역화 전략의 중요성이 커지고 있다.

3 | 바로알기 | ④ 지역화 전략은 지역의 독특한 인문 환경, 자연환경 등을 활용하여 지역의 가치를 높이는 것이다.

4 'HAPPY 700'은 강원도 평창군의 지역 브랜드이다. ①, ④ 지역 브랜드는 지역의 상품과 서비스에 지역성이 잘 드러나는 슬로건, 로고, 캐릭터 등을 결합하여 이를 소비자가 특별한 브랜드로 인식하게 만드는 전략이다. ③ 지역 브랜드의 가치가 높아지면 지역의 긍정적인 이미지를 강화할 수 있다. ⑤ 충청남도 보령시의 캐릭터 '머돌이'와 '머순이', 미국 뉴욕의 'I♥NY' 등은 지역 브랜드의 대표적인 사례이다.
| 바로알기 | ② 장소 마케팅에 대한 설명이다.

5 ㄴ, ㄷ, ㄹ. 효과적인 지역 브랜드 개발을 위해서는 지역의 자연환경과 역사, 문화, 산업, 인물 등을 활용하여 그 지역만의 고유한 특성과 가치를 정확히 파악해야 하고, 지역 주민의 참여와 협조가 필요하다.
| 바로알기 | ㄱ. 지역 브랜드에는 지역 고유의 특징이 반영되어야 하므로, 중앙 정부가 아닌 지방 정부와 지역 주민이 지역 브랜드 개발을 주도해야 한다.

6 ㄱ, ㄴ. 지역 브랜드는 소비자에게 지역을 특별한 브랜드로 인식시켜 지역의 이미지를 높이고, 지역 경제를 활성화하는 데 큰 도움이 된다.
| 바로알기 | ㄷ. 지리적 표시제의 효과이다. ㄹ. 지역 브랜드 개발을 통해 다른 지역과의 차별성을 강화할 수 있다.

8 ㈎는 상표 개념을 지역에 적용한 지역 브랜드이고, ㈏는 장소를 매력적인 상품으로 만들어 이를 판매하려는 장소 마케팅이

다. ①, ② 상표 개념을 지역에 적용한 지역 브랜드는 지역 그 자체 또는 지역의 상품과 서비스를 소비자에게 특별한 브랜드로 인식시킨다. ③ 장소 마케팅에 많이 활용되는 지역 축제는 지역의 독특한 이미지를 창출함으로써 관광객을 유치하여 지역 경제를 활성화한다.
| 바로알기 | ④ 지리적 표시제의 효과이다.

9 장소 마케팅을 구현하는 대표적인 전략 중 하나인 지역 축제는 지역의 자연환경이나 역사적·문화적 특성을 활용하는 경우가 많은데, 함평 나비 대축제는 지역의 자연환경을 지역화 전략으로 활용하고 있다.

10 우리나라는 2002년에 보성 녹차가 최초로 지리적 표시 상품으로 등록되었다.

11 지도와 관련 있는 지역화 전략은 지리적 표시제이다. 지리적 표시제는 상품의 품질, 명성, 특성 등이 근본적으로 해당 지역에서 비롯한 경우 지역 생산품임을 증명하고 표시하는 제도이다. 지리적 표시제에 등록되면 다른 곳에서 임의로 상표권을 이용하지 못하도록 하는 법적 권리가 생긴다. 이를 통해 생산자는 안정적인 생산 활동을 할 수 있으며, 소비자는 믿을 수 있는 제품을 살 수 있다.
| 바로알기 | ① 지리적 표시제는 우수한 지리적 특성을 지닌 농산물과 가공품을 보호한다.

12 ㄴ, ㄹ. 우리나라는 삼면이 바다로 둘러싸인 반도국으로 북쪽으로는 유라시아 대륙에 진출할 수 있고, 남쪽으로는 태평양에 진출할 수 있는 지리적 요충지에 위치한다.
| 바로알기 | ㄱ. 우리나라는 유라시아 대륙의 동쪽에 위치한다. ㄷ. 우리나라는 육로를 통해 유라시아 대륙과 연결된다.

13 우리나라는 유라시아 대륙의 동쪽에서 태평양을 향해 뻗어 있는 반도국으로, 대륙과 해양 양방향으로 진출할 수 있는 지리적 이점이 있다.
| 바로알기 | ① 우리나라는 동아시아 교통의 요지에 위치한다. ② 우리나라는 북쪽으로는 대륙과 교류할 수 있고, 남쪽으로는 바다를 통해 세계 여러 나라와 교류하기에 유리한 위치에 있다. ⑤ 최근 중국의 경제 성장과 함께 동아시아가 세계의 정치, 경제, 문화 등에 미치는 영향이 커지면서 우리나라의 위치적 중요성이 더욱 커지고 있다.

14 | 바로알기 | ⑤ 남북 분단으로 인한 군사적 긴장 상태는 국제 사회에서 전쟁에 대한 불안감을 조성하여 우리나라의 위상을 높이는 데 방해가 된다.

15 제시된 자료를 보면 남북 문화의 이질화가 나타나고 있다. 이와 같은 문제를 해결하기 위해서는 하루빨리 통일을 이루어 분단으로 심화된 문화의 이질성을 완화해야 한다.

16 | 바로알기 | ③ 남북이 통일을 이루면 분단 때문에 소요되었던 막대한 분단 비용이 경제 개발과 복지 분야에 쓰여 국민의 삶의 질이 향상될 것이다.

17 A 지역은 비무장 지대이다. 비무장 지대는 군사적 대립을 방지하기 위해 군사 분계선을 기준으로 남북으로 각각 2km 범위에 설정한 완충 지대를 말한다. 이곳은 지난 60여 년 동안 일반인의 출입이 통제되어 자연 생태계가 잘 보존되어 있어 통

일 후 관광 자원으로 활용할 수 있다.

| 바로알기 | ② 비무장 지대는 무력 충돌을 방지하기 위해 설치한 지역이다.

18 남북이 통일을 이루면 부산에서부터 북한과 러시아를 거쳐 유럽 대륙까지 철도 노선을 연결할 수 있다. 우리나라가 이 노선을 이용하여 물자를 수송하면 시간 및 비용을 절감할 수 있으므로 아시아와 유럽 등지로의 진출이 확대될 것이고, 대륙과 해양을 연결함으로써 국제 물류의 중심지로 성장할 수 있을 것이다.

| 바로알기 | ① 통일을 이루면 아시아와 유럽을 연결하는 철도 노선을 이용하여 대륙으로 활발하게 진출할 수 있기 때문에 무역 규모가 확대될 것이다.

19 남북이 통일을 이루면 남한의 풍부한 자본, 발달된 기술이 북한의 풍부한 지하자원, 저렴한 노동력과 결합하여 경제적으로 크게 발전할 수 있을 것이다.

20 제시된 그래프는 남북이 통일을 이루면 경제 규모가 크게 성장할 것임을 보여 준다. 이는 남한의 우수한 기술력과 북한의 풍부한 지하자원이 합쳐져 큰 경제적 효과가 나타날 것으로 전망되기 때문이다.

21 통일 한국의 인구는 남한과 북한의 인구를 합친 것이기 때문에 남한에 비해 더 많다. 따라서 생산 가능 인구(15~64세) 비중이 더 높은 통일 한국이 남한보다 생산 가능 인구가 더 많을 것이다.

| 바로알기 | ② 통일 한국은 남한에 비해 평균 연령이 더 낮을 것이다. ③ 노년층 인구 비중이 더 높을 것으로 예상되는 남한이 통일 한국보다 고령화 현상이 심할 것이다. ④ 유소년층 인구 비중이 더 높을 것으로 예상되는 통일 한국이 남한보다 유소년층 인구가 더 많을 것이다.

서술형 문제

22 (1) 지역성

(2) **| 예시답안 |** 지역화 전략에는 지역 그 자체 또는 지역의 상품과 서비스 등을 소비자에게 특별한 브랜드로 인식시키는 지역 브랜드, 특정 장소가 가지고 있는 특성을 드러내어 장소를 매력적인 상품으로 만들어 이를 판매하려는 장소 마케팅, 상품의 품질이나 특성이 생산지의 지리적 특성에서 비롯되고 품질이 우수할 때 해당 지역의 이름을 상표권으로 인정하는 지리적 표시제 등이 있다.

구분	채점 기준
상	지역화 전략을 두 가지 이상 쓰고, 그 의미를 모두 정확히 서술한 경우
하	지역화 전략을 한 가지만 쓰고, 그 의미를 서술한 경우

23 | 예시답안 | 지리적 표시제. 특산물이 지리적 표시제에 등록되면 다른 곳에서 임의로 상표권을 이용하지 못하도록 하는 법적 권리가 생겨 특산물의 품질 향상과 지역 특화 산업으로의 육

성을 도모할 수 있다. 또한 생산자에게는 안정적인 생산 활동을 할 수 있게 하고, 소비자에게는 믿을 수 있는 제품을 살 기회를 제공한다.

구분	채점 기준
상	지리적 표시제라고 쓰고, 지리적 표시제의 효과 두 가지를 모두 정확히 서술한 경우
중	지리적 표시제라고 썼으나, 지리적 표시제의 효과를 한 가지만 서술한 경우
하	지리적 표시제라고만 쓴 경우

24 | 예시답안 | 아시안 하이웨이가 구축되기 위해서는 국토 통일이 전제되어야 한다. 아시안 하이웨이가 구축된다면 육로를 이용하여 화물을 수송할 수 있게 됨으로써 무역량이 증대되고, 관광객의 유입이 많아짐으로써 경제가 활성화될 것이다.

구분	채점 기준
상	국토 통일이 전제되어야 한다고 쓰고, 아시안 하이웨이의 구축으로 우리나라가 얻게 될 이점을 정확히 서술한 경우
하	국토 통일이 전제되어야 한다고만 쓴 경우

XII 더불어 사는 세계

01 지구상의 지리적 문제

개념 확인하기 p. 65

1 (1) ✕ (2) ◯ (3) ◯ **2** (1) 기아 (2) 자연재해 (3) 인위적
3 ㉠ 생물 다양성 ㉡ 생물 다양성 협약 **4** ㄱ, ㄴ, ㄷ **5** (1)
영역 분쟁 (2) 카슈미르 **6** (1) – ㉢ (2) – ㉠ (3) – ㉡

족집게 문제 p. 66~67

1 ⑤ **2** ① **3** ④ **4** ⑤ **5** ② **6** ⑤ **7** ② **8** ④ **9** ③
[서술형 문제 10~12] 해설 참조

1 기아 문제, 영역 분쟁, 생물 다양성 감소는 사람들이 살아가는 공간에서 발생하는 지리적 문제이다. 지리적 문제는 특정 지역에 국한되어 발생하지 않기 때문에 이를 해결하기 위해서는 여러 국가 간 공조와 협력이 요구된다.
| 바로알기 | ㄱ. 지리적 문제는 여러 요인이 복합적으로 결합하여 나타난다.

2 | 바로알기 | ① 세계화로 여러 지역 간 상호 작용이 활발해지면서 지리적 문제들이 어느 한 지역만이 아닌 공통의 문제가 되는 경우가 많아졌다.

3 지도를 통해 알 수 있는 지리적 문제는 기아 문제이다. 기아 문제는 식량 부족으로 인해 인간이 생존하는 데 필요한 영양소를 충분히 섭취하지 못하여 발생한다.
| 바로알기 | ② 영역 분쟁에 대한 설명이다. ③ 아프리카와 일부 아시아 국가 등지에서 기아 문제가 심각하게 나타나고 있다. ⑤ 국제 연합은 생물 다양성 협약을 채택하여 생물종을 보호하고 생물 다양성을 유지하기 위해 노력하고 있다.

4 제시된 내용은 기아에 따른 영향이다. ①~④는 기아의 인위적 요인, ⑤는 기아의 자연적 요인에 해당한다.

5 식량 작물이 가축 사료 및 바이오 에너지 생산에 이용되면 곡물 가격이 상승하여 기아 문제의 원인이 된다. 기아 문제는 이 외에도 자연 재해와 인구 급증에 따른 곡물 수요 증대, 전쟁 및 분쟁으로 인한 식량 공급의 어려움 등과 같은 요인에 의해서도 발생한다.

6 ㄴ. 전 세계 생물종의 절반 이상이 분포하는 열대 우림의 파괴는 생물종 감소의 주요 원인이 된다. ㄷ, ㄹ. 오늘날 환경 오염, 무분별한 남획 등으로 인해 생물 다양성이 감소하고 있는데, 생물 다양성의 감소는 생태계의 안정성과 자정 능력을 해친다.
| 바로알기 | ㄱ. 생물 다양성은 생물이 가진 종의 다양성뿐만 아니라 그들이 지닌 유전자의 다양성, 그리고 그들이 사는 생태계의 다양성까지 모두 포괄하는 개념이다.

7 제시된 사례에 나타난 지리적 문제는 생물 다양성 감소이다.

국제 연합은 생물 다양성을 유지하기 위해 생물 다양성 협약을 채택하였으며, 이에 가입한 국가들은 생물 다양성의 보전과 지속 가능한 이용을 위한 국가 전략을 수립하여 추진하고 있다.

8 팔레스타인 지역은 민족, 종교 등의 문제가 복합되면서 네 차례의 중동 전쟁이 발발했고, 현재도 유혈 분쟁이 계속되고 있다.

9 지도의 A 지역은 센카쿠 열도(댜오위다오)이다. ③ 센카쿠 열도는 청일 전쟁 이후 일본 영토로 편입되었으나, 중국과 타이완이 이에 대해 반발하며 최근 영유권을 주장하고 있다.
| 바로알기 | ① 센카쿠 열도(댜오위다오)는 일본이 실효 지배하고 있다. ② 난사(스프래틀리, 쯔엉사) 군도에 대한 설명이다. ④ 쿠릴(지시마) 열도에 대한 설명이다. ⑤ 카스피해에 대한 설명이다.

서술형 문제

10 (1) 기아 문제
(2) | 예시답안 | 기아는 자연재해 및 농작물 병충해 등의 자연적 요인과 곡물 수요의 증대, 잦은 전쟁 및 분쟁에 따른 식량 공급의 어려움, 곡물 가격의 상승 등 인위적 요인에 의해 발생한다.

구분	채점 기준
상	기아의 자연적·인위적 발생 요인을 모두 정확히 서술한 경우
하	기아의 자연적·인위적 발생 요인 중 한 가지만 서술한 경우

11 | 예시답안 | 아프리카는 과거 유럽 강대국의 이해관계에 따라 국경선이 설정되어 국경선과 부족 경계선이 일치하지 않아 영역 분쟁이 끊이지 않고 있다.

구분	채점 기준
상	과거 유럽 강대국의 이해관계에 따른 국경선 설정으로 국경선과 부족 경계선이 일치하지 않아 영역 분쟁이 발생하고 있다고 정확히 서술한 경우
하	국경선과 부족 경계선이 일치하지 않아 영역 분쟁이 발생하고 있다고만 서술한 경우

12 | 예시답안 | 난사(스프래틀리, 쯔엉사) 군도. 인도양과 태평양을 잇는 교통상의 요지에 위치하고, 주변 바다에 석유와 천연가스 등의 자원이 매장되어 있어 주변국들이 이 지역의 영유권을 주장하고 있다.

구분	채점 기준
상	난사(스프래틀리, 쯔엉사) 군도라고 쓰고, 분쟁의 발생 원인 두 가지를 모두 정확히 서술한 경우
중	난사(스프래틀리, 쯔엉사) 군도라고 썼으나, 분쟁의 발생 원인을 한 가지만 서술한 경우
하	난사(스프래틀리, 쯔엉사) 군도라고만 쓴 경우

02 저개발 지역의 발전을 위한 노력 ~
03 지역 간 불평등 완화를 위한 노력

개념 확인하기
p. 69

1 (1) × (2) ○ (3) ○　2 (1) 개발 도상국, 선진국 (2) 선진국, 개발
도상국 (3) 남북 문제　3 (1) 지속 가능 발전 (2) 사회 기반 시설
(3) 적정 기술　4 (1) ○ (2) ×　5 (1) ㄴ, ㄷ, ㄹ (2) ㄱ, ㅁ, ㅂ

대공 쌓는 족집게 문제
p. 70~72

1 ③　2 ③　3 ①　4 ②　5 ④　6 ④　7 ②　8 ①　9 ④
10 ③　11 한국 국제 협력단(KOICA)　12 ③　13 ④　14 ②
[서술형 문제 15~17] 해설 참조

1 발전 수준의 지역 차는 자연환경, 자원의 보유량, 기술, 자본,
토지, 인구, 학력 수준 등 경제 환경에 영향을 주는 요소가 지
역마다 다르기 때문에 발생한다.
| 바로알기 | ㄱ, ㄹ. 인종의 차이와 국제 연합 가입 여부는 발전 수
준에 영향을 주는 요소가 아니다.

2 ㄱ, ㄷ. 개발 도상국들은 주로 적도 주변 및 남반구에 위치하
고, 선진국들은 주로 북반구에 위치한다. 이들 간에는 발전 수
준의 격차 때문에 다양한 갈등이 발생하기도 하는데, 이러한
현상을 남북 문제라고 한다. ㄴ. 18세기 후반 산업 혁명을 통
해 일찍이 산업화를 이룬 선진국은 개발 도상국에 비해 경제
가 발전하여 소득과 생활 수준이 높다.
| 바로알기 | ㄹ. 오늘날 세계화의 확산으로 선진국과 개발 도상국
간 발전 수준의 격차가 커지고 있다.

3 | 바로알기 | ① 인구 밀도는 발전 수준의 지역 차를 보여 주는 지표
라고 할 수 없다.

4 지도의 A 국가군은 인간 개발 지수가 높게 나타나는 선진국이
다. 선진국에서는 기대 수명과 1인당 국민 총소득 지표가 높
게 나타난다.
| 바로알기 | ㄴ, ㄹ. 개발 도상국에서 높게 나타나는 지표이다.

5 | 바로알기 | ④ 저개발 국가들은 인구 부양력이 낮기 때문에 빈곤
문제 해결을 위해서는 출산 장려 정책이 아닌 출산 억제 정책을 실
시해야 한다.

6 ⊙은 적정 기술이다. 적정 기술은 오늘날 저개발 지역 주민들
의 삶을 개선하고 소득을 증대할 수 있는 방안으로 폭넓게 사
용되고 있다.

7 단일 국가의 능력으로 선진국과 경쟁하기 어려운 저개발 국가
들이 경제 협력 체제를 구성하면 공동으로 자원을 개발하여 수
출하고, 자국의 이익에 부정적인 영향을 미치는 국가들에 공동
으로 대응할 수 있다. 또한 회원국 간에 수출 시 부과하는 세금
을 낮추거나 없앨 경우 교류가 늘어 경제가 발전할 수 있다.
| 바로알기 | ② 경제 협력 체제는 경제 협력을 도모하기 위한 것으
로, 정치와는 직접적인 관련이 없다.

8 제시된 그림은 지속 가능 발전 목표 17가지를 나타낸다. 국제
연합(UN)은 세계의 빈곤 문제를 해결하기 위해 2016년부터 지
속 가능 발전 목표(SDGs)를 정하여 국제적인 지원과 협력을
확대해 나가고 있다. ㄱ, ㄴ. 지속 가능 발전 목표는 2030년까
지 전 세계의 공동 목표로서, 빈곤 퇴치를 최우선으로 한다.

9 | 바로알기 | ④ 국제 비정부 기구(NGO)에 대한 설명이다.

10 ⊙은 국제 원조이다. ㄱ. 국제 원조에는 정부나 국제기구가 공
식적으로 지원하는 공적 개발 원조와 비정부 기구와 민간 재
단 등이 지원하는 민간 개발 원조가 있다. ㄷ, ㄹ. 국제 원조
는 저개발 국가의 빈곤 감소와 삶의 질 향상에 기여하나, 선
진국이 원조를 자국의 이익을 위한 외교 정책으로 이용하기도
한다는 한계가 있다.
| 바로알기 | ㄴ. 경제 협력 개발 기구(OECD) 산하의 개발 원조 위
원회(DAC)에서 국제 원조 중 공적 개발 원조(ODA)를 담당한다.

12 | 바로알기 | ③ 국제 비정부 기구(NGO)는 국가 간 이해관계를 넘어
인도주의적 차원에서 범세계적인 사회 문제 해결을 위해 활동한다.

13 | 바로알기 | ①은 국제 연합 평화 유지군, ②는 세계 식량 계획, ③
은 세계 보건 기구, ⑤는 그린피스의 역할에 해당한다.

14 ㄱ, ㄷ. 공정 무역은 대체로 중간 상인의 개입을 줄여 유통 비
용을 낮추고, 생산자에게 일정한 이익을 보장함으로써 저개발
국가 주민들이 자립할 수 있도록 도와준다.
| 바로알기 | ㄴ. 공정 무역 제품이 일반 제품에 비해 가격이 비싸
다. ㄹ. 공정 무역 제품의 주요 생산 국가는 저개발국이고, 주요 소
비 국가는 선진국이다.

서술형 문제

15 | 예시답안 | 개발 도상국에서는 영아 사망률, 합계 출산율, 교
사 1인당 학생 수, 성 불평등 지수 등이 높게 나타난다.

구분	채점 기준
상	개발 도상국에서 높게 나타나는 발전 지표를 두 가지 이상 모두 정확히 서술한 경우
하	개발 도상국에서 높게 나타나는 발전 지표를 한 가지만 서술한 경우

16 | 예시답안 | 국제 원조가 원조 대상 지역의 자발적인 성장과 발
전을 저해할 수도 있기 때문이다.

구분	채점 기준
상	원조 대상 지역의 자발적인 성장 및 발전을 저해할 수도 있기 때문이라고 정확히 서술한 경우
하	대외 의존도가 높아진다고만 서술한 경우

17 (1) (나)
(2) | 예시답안 | 공정 무역은 유통 단계를 줄여 유통비를 절감
하고, 생산자에게 일정한 이익을 보장함으로써 경제적으로 자
립할 수 있도록 도와준다.

구분	채점 기준
상	공정 무역의 성과 두 가지를 모두 정확히 서술한 경우
하	공정 무역의 성과를 한 가지만 서술한 경우

대단원별 핵심 문제

VII. 인구 변화와 인구 문제　　　　　　　　　　p. 74~76

1 ④　2 ③　3 ⑤　4 ②　5 ⑤　6 ㉠ 국제 이동 ㉡ 강제적
이동　7 ④　8 ③　9 ④　10 ⑤　11 ③　12 ②　13 ㉠
고령화 ㉡ 고령 ㉢ 초고령　14 ⑤　15 ⑤

1 세계에서 인구가 가장 적게 분포하는 A는 국토의 대부분이 건조 기후가 나타나는 오세아니아이다. 세계에서 인구가 가장 많이 분포하는 B는 중국과 인도가 위치한 아시아이다.

2 ㄱ. A는 서부 유럽으로, 일찍부터 산업이 발달해 일자리가 풍부하여 인구가 밀집하였다. ㄴ. B는 중국 동남부 지역으로, 평야가 발달해 있으며 계절풍 기후가 나타나 벼농사가 발달하여 인구가 밀집하였다. ㄷ. C는 캐나다 북부 지역으로, 한대 기후가 나타나 농업 활동에 불리하여 인구가 희박하다.
| 바로알기 | ㄹ. D는 아마존강 유역으로, 연중 고온 다습하고 밀림이 우거져 있어 인간 거주에 불리하여 인구가 희박하다.

3 캐나다 북부는 한대 기후가, 사하라 사막은 건조 기후가 주로 나타난다. 그리고 태백산맥 부근은 산지 지역으로 평야가 부족하다. ⑤ 세 지역은 기후 및 지형 조건이 농업에 불리하여 인구가 희박하다.

4 A는 서울, B는 태백산맥 일대, C는 전라남도 일대, D는 남동 임해 공업 지역이다. ① 서울은 우리나라의 수도로 정치·문화·경제의 중심지이다. ③ 전라남도 일대는 평야가 넓고 기후가 온화하여 벼농사에 유리하기 때문에 과거 인구가 밀집하였으나, 1960년대 산업화 이후 이촌 향도로 인구 밀도가 낮아졌다. ④ 1960년대 이후 경제 개발 계획에 따라 산업화가 진행되면서 공업이 발달한 남동 임해 공업 지역에 일자리를 찾아 많은 인구가 유입되었다. ⑤ 서울을 중심으로 하는 수도권, 부산·대구·광주 등의 대도시, 남동 임해 공업 지역에 인구가 밀집한 것으로 보아 산업화 이후 우리나라의 인구 분포임을 알 수 있다.
| 바로알기 | ② 태백산맥 일대는 기온이 낮고 산지가 많아 예로부터 인구가 희박하였으며, 현재도 우리나라의 대표적인 인구 희박 지역이다.

5 우리나라는 인구가 지역별로 고르게 분포하지 않아 지역별로 지역구 국회 의원 수에 차이가 난다. ⑤ 지역구 국회 의원 총 253명 중 절반 정도인 122명을 수도권에서 선출한다. 이를 통해 수도권에 우리나라 인구의 절반 가까이가 살고 있음을 알 수 있다.

7 지도는 일자리를 찾아 이동하는 경제적 이동을 나타낸다.
| 바로알기 | ①은 일시적 이동, ②는 국내 이동, ③은 정치적 이동, ⑤는 환경적 이동의 사례이다.

8 제시된 사례는 내전으로 발생한 난민의 이동으로, 정치적 이동에 해당한다. 지도에서 내전 및 분쟁이 잦은 소말리아에서 케냐로의 이동(C)이 정치적 이동에 해당한다.

9 ㄴ. B는 일자리를 찾기 위한 경제적 목적의 자발적 이동에 해당한다. ㄹ. D는 유럽인들에 의한 아프리카인들의 강제적 이동에 해당한다.
| 바로알기 | ㄱ. A는 식민지 개척을 위한 유럽인들의 아메리카로의 이동에 해당한다. ㄷ. C는 경제적 어려움을 해결하기 위한 중국인들의 동남아시아로의 이동에 해당한다.

10 지도는 1990년대 이후의 인구 이동 모습이다. ⑤ 1990년대 이후에는 서울과 같은 대도시에 인구가 밀집하여 교통 혼잡, 집값 상승, 환경 오염 등으로 인해 생활 환경이 악화되고, 대도시 주변에 신도시가 건설되면서 도시 인구가 주변 지역이나 촌락으로 이동하는 역도시화 현상이 나타났다.

11 지도에 표시된 국가들은 아프리카와 아시아의 개발 도상국이다. ㄴ, ㄷ. 개발 도상국은 높은 합계 출산율로 인해 인구가 급속하게 증가하고 있으나, 인구 부양력이 인구 증가율에 미치지 못해 빈곤, 기아, 실업 등의 문제를 겪고 있다.

12 인구 증가 속도가 느린 A는 선진국이고, 인구 증가 속도가 빠른 B는 개발 도상국이다. ② 산업화가 일찍 진행된 선진국에서는 결혼 및 출산에 대한 가치관이 변화하고, 여성의 사회 진출이 증가하면서 저출산 현상이 나타나고 있다. 이를 해결하기 위해서는 적극적인 출산 장려 정책이 필요하다.
| 바로알기 | ① 선진국에서 주로 나타나는 고령화 현상을 해결하기 위해서는 정년을 연장하고, 노인에게 재취업 기회를 제공하는 등의 대책이 필요하다. ③ 선진국에서 주로 나타나는 노동력 부족 문제를 해결하기 위해서는 외국인 근로자를 고용하고, 정년을 연장하는 등의 대책이 필요하다. ④, ⑤ 성비 불균형과 인구 부양력 부족은 개발 도상국에서 주로 나타나는 인구 문제이다.

14 그래프를 보면 유소년층(0~14세) 인구 비율은 점차 낮아지고, 노년층(65세 이상) 인구 비율은 점차 높아지고 있다. 이를 통해 저출산·고령화 현상이 진행되고 있음을 알 수 있다. ㄷ은 저출산 현상, ㄹ은 고령화 현상의 원인에 해당한다.
| 바로알기 | ㄱ, ㄴ. 남아 선호 사상과 이촌 향도 현상은 제시된 그래프의 인구 비율 변화와는 관련이 없다.

15 출산을 장려하고 있는 것으로 보아 우리 사회에 저출산에 따른 문제점이 발생하였음을 알 수 있다. ⑤ 저출산 문제를 해결하기 위해서는 출산과 관련된 의료비와 양육비 및 보육료를 지원해 출산을 적극 장려해야 한다.
| 바로알기 | ①, ② 노인의 재취업 기회 제공, 연금 제도 및 사회 보장 제도 정비는 고령화 현상에 대한 대책이다. ③ 출산 억제 정책은 인구의 급속한 증가를 막기 위한 대책이다. ④ 촌락 지역 개발은 개발 도상국에서 나타나는 도시로의 인구 집중 문제를 해결하기 위한 대책이다.

VIII. 사람이 만든 삶터. 도시
p. 77~79

1 ④　2 ①　3 세계 도시　4 ⑤　5 ②　6 ③　7 ④
8 ②　9 ①　10 ③　11 ②　12 ①　13 ④　14 ④
15 ⑤　16 ①

1 ㉠은 도시이다. 도시는 인구가 밀집한 곳으로 사회적·경제적·정치적 활동의 중심지이다.
| 바로알기 | ㄱ. 도시는 한정된 공간을 효율적으로 활용하기 위해 고층 건물이 많아 토지 이용의 집약도가 높다. ㄷ. 도시는 좁은 지역에 많은 사람이 모여 있어 인구 밀도가 높다.

2 **| 바로알기 |** ① 에콰도르의 키토는 저위도의 산지 지역에 위치하여 연중 봄과 같은 기후가 나타나는 고산 도시로서 관광 산업이 발달하였다.

4 **| 바로알기 |** ⑤ 대기업 본사와 같은 중심 업무 기능, 상업 기능은 비싼 땅값을 지급하고도 이익을 낼 수 있기 때문에 집심 현상에 의해 주로 도심에 위치해 있다.

5 제시된 지도에서 지가가 가장 낮은 노원구(A)는 주변 지역, 지가가 가장 높은 중구(B)는 도심, 영등포구(C)는 부도심에 해당한다. ㈎는 주거 기능이 발달한 주변 지역, ㈏는 도심에 집중된 상업·서비스 기능을 분담하는 부도심에 대한 설명이므로 ㈎는 노원구(A), ㈏는 영등포구(C)에 해당한다.

6 A는 도심, B는 부도심, C는 중간 지역, D는 주변 지역, E는 위성 도시이다. ③ 중간 지역(C)은 도심과 주변 지역 사이에 위치하여 오래된 주택, 학교, 상가, 공장 등이 혼재되어 나타난다.
| 바로알기 | ① 개발 제한 구역에 대한 설명이다. ② 위성 도시에 대한 설명이다. ④ 도심에 대한 설명이다.

7 **| 바로알기 |** ㄹ. 야간 인구 밀도는 상업 및 서비스 기능이 발달한 도심(A)보다 주거 기능이 발달한 주변 지역(D)에서 더 높게 나타난다.

8 **| 바로알기 |** ② 제시된 사례는 도심의 주거 기능 약화로 상주인구가 줄어들어 여러 개의 주민 센터를 통합하여 운영하고 있음을 나타낸 것이다.

9 A는 초기 단계, B는 가속화 단계, C는 종착 단계에 해당한다. ㄱ. 초기 단계(A)는 가속화 단계(B)보다 도시 거주 인구 비율이 낮다. ㄴ. 가속화 단계(B)는 종착 단계(C)에 비해 도시화율이 급격히 상승하면서 빠른 속도로 도시화가 진행된다.
| 바로알기 | ㄷ. 본격적으로 산업화가 진행되면서 도시에 공업이 발달하는 단계는 가속화 단계(B)이다. ㄹ. 대부분의 선진국은 종착 단계(C), 개발 도상국은 가속화 단계(B)에 해당한다.

10 A는 선진국, B는 개발 도상국이다.
| 바로알기 | ③ 도시 인구가 도시 이외의 지역으로 이동하면서 도시 인구가 감소하는 역도시화 현상은 개발 도상국보다 선진국에서 뚜렷하게 나타난다.

11 ㄱ, ㄷ. 선진국에서 나타나는 도시 문제로는 인구 감소와 시설 노후화로 인한 도시 활력 감소, 높은 지가와 임대료로 인한 주거 비용 상승, 불량 주거 지역 형성으로 인한 도심의 슬럼화 등이 있다.
| 바로알기 | ㄴ, ㄹ. 개발 도상국에서 나타나는 도시 문제에 해당한다.

12 제시된 자료는 개발 도상국의 주택 문제에 대한 내용이다. 이러한 주택 문제를 해결하기 위한 방안으로는 공공 주택 건설, 부족한 도시 기반 시설 확충 등이 있다.

13 ㈎ 오스트리아의 그라츠는 인공 섬을 건설하여 빈부 격차가 심한 동서 지역을 이어 지역 간 교류를 확대하였다. ㈏ 브라질의 쿠리치바는 원통형 버스 정류장, 버스 전용 차선 등을 도입하여 교통 문제를 해결하였다. ㈐ 순천은 갈대숲과 광활한 갯벌과 같은 천혜의 생태 자원을 이용하여 생태 관광지로 주목받고 있는 우리나라의 대표적인 생태 도시이다.

14 제조업의 쇠퇴와 함께 쇠락했던 함마르뷔는 환경 개선 사업을 통해 세계적인 친환경 생태 복합 도시로 거듭나, 현재는 스웨덴에서 가장 살고 싶은 도시가 되었다.

15 **| 바로알기 |** ㄱ. 살기 좋은 도시는 경제적 조건만으로 결정되지 않는다.

16 ㈎의 싱가포르는 범죄율이 낮고 치안이 좋아 사회적 안정성이 높다. ㈏의 멜버른은 녹지율이 높아 자연환경이 쾌적하다.

Ⅸ. 글로벌 경제 활동과 지역 변화
p. 80~82

1 ⑤	2 ④	3 ③	4 ①	5 ④	6 ③	7 ②	8 ①
9 ④	10 ①	11 ②	12 ④	13 ③	14 ⑤	15 ③	

1 | 바로알기 | ⑤ 오늘날 세계화가 진행되면서 낙농업, 원예 농업, 기업적 곡물 농업, 기업적 목축 등 시장에 판매할 목적으로 작물을 재배하거나 가축을 기르는 상업적 농업이 확산되고 있다.

2 A는 기업적 목축, B는 기업적 곡물 농업 지역이다.
| 바로알기 | ㄱ. 기업적 목축은 전 세계적인 육류 소비 증가 추세에 따라 확대되고 있다. ㄷ. 기업적 농업은 대량 생산을 통해 가격 경쟁력을 확보하는 것이 특징이다.

3 ③ 베트남은 기호 작물의 수요가 증가하고, 쌀의 가격 변동성이 커짐에 따라 쌀보다 커피 생산에 집중하고 있다.

4 | 바로알기 | ① 생활 수준이 향상되고 서구화된 생활 식단이 보편화되면서 채소, 과일, 육류의 소비량은 꾸준히 증가하고 있다.

5 | 바로알기 | ④ 농업의 세계화로 외국산 농산물 수입이 증가하면서 국내산 농산물의 판매가 감소하여 자국의 농민이 피해를 입는 경우가 발생하기도 하였다. 이러한 피해를 줄이기 위해 지역에서 생산된 농산물을 그 지역 안에서 소비하자는 로컬 푸드 운동이 등장하였다.

6 | 바로알기 | ㄱ. 다국적 농업 기업은 대형 농기계와 화학 비료를 사용하여 농작물을 생산하여 전 세계에 판매하고 있는데, 최근 국제 거래가 늘어나면서 수요가 많은 곡물과 축산물의 생산에 집중하고 있다. ㄹ. 다국적 농업 기업은 농작물의 생산부터 가공 및 상품화까지의 전 과정을 담당하며 세계 농산물의 가격뿐만 아니라 농작물의 생산 구조와 소비에도 많은 영향을 미치고 있다.

7 ㉠은 다국적 기업이다.
| 바로알기 | ② 최근 다국적 기업은 공산품을 생산하고 판매하는 활동뿐만 아니라 농산물 생산 및 가공, 광물·에너지 자원 개발, 유통·금융 서비스 상품 제공에 이르기까지 그 역할과 범위가 확대되고 있다.

8 다국적 기업의 본사는 다양한 정보 수집과 자본 확보에 유리한 선진국, 연구소는 우수한 교육 시설과 고급 인력이 풍부한 선진국, 생산 공장은 임금과 지가가 저렴한 개발 도상국에 입지한다.

9 | 바로알기 | ㄱ. 다국적 기업의 생산 공장이 동남아시아 지역으로 이전하는 이유는 중국에 비해 저렴한 인건비와 낮은 지가 등의 강점이 있기 때문이다. ㄷ. 베트남에서 신발 제조업을 하는 소규모 기업의 경우 경쟁력이 약화될 수 있다.

10 다국적 기업은 경영의 효율성을 높이고 이윤을 극대화하기 위해 기업의 기획 및 관리·연구·생산·판매 기능을 서로 다른 지역에 배치한다.

11 | 바로알기 | ㄴ, ㄷ. 제조업보다 서비스업이 경제 성장을 이끄는 탈공업화 현상, 다국적 기업의 활동 증가 등으로 서비스업의 세계화가 촉진되고 있다.

12 | 바로알기 | ④ 전자 상거래가 발달하면 오프라인 매장은 감소하고 배달 위주의 매장이 발달한다.

13 ③ 오늘날 선진국의 다국적 기업은 비용 절감과 업무 효율성 향상을 위해 일부 업무를 개발 도상국으로 분산하여 운영하기도 한다. 해외 콜센터는 공간적 분산의 대표적인 사례이다.
| 바로알기 | ① 다국적 기업이 개발 도상국에 콜센터를 설치하는 것 등 다국적 기업의 활동 범위는 확대되고 있다. ② 서비스업이 공간적으로 분산될 수 있었던 이유는 정보 통신 기술의 발달로 업무 수행에 따른 시·공간적 제약이 완화되었기 때문이다. ④ 콜센터는 주로 전화와 온라인으로 업무를 처리하기 때문에 고객 및 본사와 가까운 거리에 있을 필요가 없다. ⑤ 콜센터 근로자의 증가로 탄자이의 3차 산업 종사자 비율은 증가했을 것이다.

14 | 바로알기 | ㄱ. 관광 산업이 발달하면 지역 주민의 일자리가 확대되고 소득이 증가하여 지역 경제가 활성화 된다.

15 | 바로알기 | ③ 여가 시간이 증대되고 소득 수준이 향상되면서 관광에 대한 수요가 증가하고 있다.

X. 환경 문제와 지속 가능한 환경   p. 83~85

1 ①	2 ③	3 ⑤	4 ④	5 ④	6 ⑤	7 ②	8 전자 쓰레기
9 ⑤	10 ⑤	11 ④	12 ④	13 ①	14 ④		
15 ③							

1 **| 바로알기 |** ① 지구가 생긴 이래 기후는 태양의 활동 변화, 화산 분화 등 자연적 요인에 의해 계속해서 변화하고 있다.

2 ③ 산업 혁명 이후 석탄, 석유 등의 화석 연료를 사용하는 자동차와 공장 등이 급격히 증가하며 대기 중 이산화 탄소 농도가 높아졌다.

3 **| 바로알기 |** ㄱ, ㄴ. 지구의 기온이 상승하면 많은 양의 물이 증발하여 건조한 땅이 늘어나고, 폭염과 열대야 같은 여름철 고온 현상이 증가한다.

4 ④ 지구 온난화의 영향으로 지구의 평균 기온이 상승하여 식물의 개화 시기가 빨라지고 있다.

5 **| 바로알기 |** ㄹ 지구 온난화로 인해 고산 식물의 분포 지역은 감소하는 반면 아열대 과일의 재배 지역은 확대되고 있다.

6 ㉠은 지구 온난화이다. 지구 온난화의 영향으로 빙하가 녹게 되면, 빙하가 녹은 물이 바다로 흘러들어 해수면이 상승한다. 그 결과 해안 저지대의 나라들과 섬나라들이 침수 위기에 놓이게 된다.

7 **| 바로알기 |** ② 주요 선진국만을 대상으로 온실가스 배출 감축 의무를 규정했던 교토 의정서와 달리 파리 협정은 모든 국가가 자국이 스스로 정한 방식에 따라 2020년부터 의무적으로 온실가스 배출 감축에 나서도록 규정하였다.

9 **| 바로알기 |** ㄱ. 전자 쓰레기는 유해 폐기물을 적절히 관리할 수 없는 국가에 수출해서는 안 된다는 바젤 협약에 따라 국제적 이동을 규제받는다.

10 오늘날 개발보다 환경을 중시하는 선진국은 환경 문제 유발 산업에 대한 규제가 엄격한 반면 경제 성장을 중시하는 개발 도상국은 환경 규제가 상대적으로 느슨하다. 따라서 공해 유발 산업이 선진국에서 개발 도상국으로 이전하고 있다.

11 **| 바로알기 |** ④ 공해 유발 산업을 유치하는 개발 도상국은 공해 유발 산업을 유출하는 선진국에 비해 산업화가 늦게 시작되었기 때문에 빠른 경제 성장을 위해 공해 유발 산업을 유치하고 있다.

12 **| 바로알기 |** ㄹ 식량 생산지를 플랜테이션 농업 용지로 변경하여 사용하기 때문에 식량 생산량이 감소하여 식량 문제가 나타나기도 한다.

13 ㉠은 미세 먼지이다.
| 바로알기 | ㄷ. 대기가 안정된 날은 미세 먼지 농도가 높아지고, 바람이 불거나 비가 내리는 날은 미세 먼지 농도가 낮아진다. ㄹ. 미세 먼지는 입자가 매우 작아 호흡기에서 걸러지지 않고 호흡기 질환 등을 유발한다.

14 **| 바로알기 |** ㄷ. 유전자 변형 농산물은 해충과 잡초에 강해 재배와 관리가 쉽고 대량 생산이 가능하다는 장점을 가진다.

15 ㉠은 로컬 푸드이다.
| 바로알기 | ③ 푸드 마일리지는 먹을거리가 생산되어 소비자에게 도달하기까지 소요된 총거리를 나타낸 것이므로, 수입 농산물은 이동 거리가 길기 때문에 로컬 푸드에 비해 푸드 마일리지가 높다.

XI. 세계 속의 우리나라　　　　　　　p. 86~88

1 ②	2 ④	3 ③	4 ②	5 ④	6 ②	7 ①	8 ④
9 ②	10 ①	11 ④	12 ⑤	13 ②	14 ⑤	15 ②
16 ①	17 ④	18 ⑤

1 ㄱ. 영토는 한 국가에 속한 육지의 범위이며, 국토 면적과 일치한다. ㄷ. 우리나라는 해안에 따라 영해의 설정 기준이 다르다. 동해안, 제주도, 울릉도, 독도는 통상 기선, 서해안과 남해안은 직선 기선을 기준으로 영해의 범위를 정한다.
| 바로알기 | ㄴ. 영공은 영토와 영해의 수직 상공이다. ㄹ. 우리나라의 영토는 한반도와 부속 도서로 이루어져 있다.

2 | 바로알기 | ㄹ. 일본과 거리가 가까운 대한 해협은 직선 기선으로부터 3해리까지를 영해로 설정하였다.

3 ③ 배타적 경제 수역은 어업 활동과 해양 자원의 탐사 및 개발 등에 관한 경제적 권리가 연안국에게 귀속된다.
| 바로알기 | ① 배타적 경제 수역은 기선에서부터 200해리에 이르는 수역 중 영해를 제외한 바다이다. ② 배타적 경제 수역은 영역에 포함되지 않기 때문에 타국의 선박이나 항공기가 자유롭게 통행할 수 있다. ④ 우리나라의 서해는 중국과, 동해는 일본과 가까이에 있어 200해리(약 37만 km)를 적용할 수 없다. ⑤ 오늘날 항공 교통의 발달로 국가 영역으로서 영공의 중요성이 커지고 있다.

4 | 바로알기 | ㄴ. 독도는 울릉도에서 87.4㎞ 떨어져 있고, 일본의 오키섬에서는 157.5㎞ 떨어져 있다. ㄷ. 독도는 울릉도에서 동남쪽으로 87.4㎞ 떨어져 있다.

5 | 바로알기 | ㄹ. 독도에는 어업에 종사하는 주민들을 포함하여 독도 경비대원, 등대 관리원, 울릉군청 소속 독도 관리 사무소 직원이 생활하고 있다.

6 | 바로알기 | ㄴ. 독도의 환경 및 생태적 가치. ㄷ. 독도의 경제적 가치에 해당한다.

7 지역화 전략은 지역의 경쟁력을 높이기 위해 경제적·문화적 측면에서 다른 지역과 차별화할 수 있는 계획을 마련하는 것으로, 세계화로 지역 간 경쟁이 치열해짐에 따라 그 필요성이 커지고 있다. 각 지역은 지역의 이미지를 개선하고 경쟁력을 높이고자 지역 브랜드, 장소 마케팅, 지리적 표시제 등과 같은 지역화 전략을 활용하고 있다.
| 바로알기 | ① 지역의 전통 문화유산을 비롯하여 자연환경, 역사, 산업, 인물 등 그 지역만이 가지고 있는 지역 고유의 특징을 활용하여 지역화 전략을 세운다.

8 지역 브랜드는 다른 지역과 차별화되는 해당 지역의 고유한 특성을 파악한 후 지역이 지닌 매력이 잘 드러날 수 있도록 로고나 슬로건, 캐릭터 등을 활용하여 만들어야 한다.
| 바로알기 | ④ 지역 브랜드에는 그 지역만이 지닌 핵심적이면서도 매력적인 가치를 담아야 한다.

9 제시된 글은 장소 마케팅에 대한 설명이다. 장소 마케팅을 구현하는 가장 대표적인 전략으로는 지역의 상징성을 이용한 축제가 있다.

10 ㄱ, ㄴ. 장소 마케팅을 구현하는 전략 중 하나인 지역 축제는 관광객이나 투자자를 유치함으로써 지역 경제를 활성화하는 데 기여한다.
| 바로알기 | ㄷ. 지리적 표시제의 효과이다. ㄹ. 지역 브랜드에 대한 설명이다.

11 ㄴ, ㄹ. 지리적 표시제는 특정 상품의 품질이나 특성이 근본적으로 생산지의 지리적 특성에서 비롯되고 품질이 우수할 때, 국가가 해당 지역의 이름을 상표권으로 인정하는 제도이다.
| 바로알기 | ㄱ. 농산물뿐만 아니라 가공품도 지리적 표시제 인증을 받을 수 있다. ㄷ. 지리적 표시제 인증 조건에 해당하지 않는다.

12 | 바로알기 | ① 고창은 복분자, ② 단양은 마늘, ③ 성주는 참외, ④ 충주는 사과를 지리적 표시제 상품에 등록하여 특산물의 품질 향상과 지역 특화 산업으로의 육성을 도모하고 있다.

13 ㄱ, ㄹ. 우리나라는 유라시아 대륙의 동쪽에 있는 반도국으로 북쪽으로는 유라시아 대륙으로 진출할 수 있고, 남쪽으로는 태평양으로 진출할 수 있는 동아시아 중심에 자리하고 있어 여러 지역과의 교류 측면에서 유리하다.
| 바로알기 | ㄴ. 남북 분단으로 인해 북한은 해양으로의 진출에 제약을 받고 있다. ㄷ. 우리나라는 유라시아 대륙과 태평양을 연결하는 교통의 요지에 위치한다.

14 | 바로알기 | ⑤ 취업이나 결혼 등을 목적으로 우리나라로 이주하는 외국인들이 증가하여 다문화 사회가 되었다.

15 | 바로알기 | ② 남북이 통일을 이루면 태평양과 유라시아 대륙을 연결하는 교통의 중심지로 성장할 수 있기 때문에 국제 인적·물적 교류가 많아질 것이다.

16 제시된 자료는 통일이 되면 생산 가능 인구가 증가하는 효과를 얻을 수 있다는 내용이다. 생산 가능 인구가 증가하면 경제가 활성화되어 경제 규모가 확대될 것이다.

17 | 바로알기 | ④ 통일이 되면 한반도의 군사적 긴장이 사라지고 정치적으로 안정될 것이므로, 외국인 투자가 증가할 수 있다.

18 독일은 통일 이후 동독 경제의 회복 및 동서독 주민 간의 경제적 격차 해소 등에 많은 비용이 들었지만, 이러한 문제들을 잘 극복하여 세계적인 경제 대국이자 선진국으로 성장하는 등 통일을 통해 얻게 된 이익이 더 크다.

XII. 더불어 사는 세계
p. 89~91

1 ⑤ 2 ② 3 ③ 4 ④ 5 ⑤ 6 ② 7 ⑤ 8 ③
9 ② 10 ① 11 ① 12 ④ 13 ④ 14 ⑤ 15 공정
무역 16 ⑤

1 | 바로알기 | ⑤ 기아 문제, 생물 다양성 감소, 영역 분쟁 등과 같은 지리적 문제는 특정 지역에 국한되어 발생하지 않기 때문에 이를 해결하기 위해서는 여러 국가 간 공조와 협력이 요구된다.

2 아프리카와 일부 아시아 국가에서는 기아 비율이 높게 나타나며, 유럽과 북아메리카, 오세아니아에서는 기아 비율이 낮게 나타난다.

3 ㉠에 해당하는 지리적 문제는 생물 다양성의 감소이다. ㄴ, ㄷ. 생물 다양성이 감소하면 인간이 이용 가능한 생물 자원의 수 자체가 감소할 뿐만 아니라 먹이 사슬이 끊겨 생태계가 빠르게 파괴된다.

4 지도에 표시된 지역은 인도와 파키스탄 간에 영역 분쟁이 일어나고 있는 카슈미르 지역이다. 인도가 영국으로부터 독립할 때 카슈미르 지역은 주민의 대부분이 이슬람교를 믿기 때문에 파키스탄에 편입될 예정이었으나, 힌두교가 많은 인도에 편입되면서 파키스탄과 인도 간에 영역 분쟁이 발생하였다.

5 일본, 중국, 타이완이 영역 분쟁 중인 센카쿠 열도(댜오위다오)는 주변 바다에 석유와 천연가스 매장이 확인된 이후 국가 간 갈등이 더욱 심해졌다.
| 바로알기 | ① 카슈미르는 주민의 70%가 이슬람교도인데, 영국에서 독립할 때 인도에 편입되면서 인도와 파키스탄 간에 분쟁이 일어나고 있는 지역이다. ② 카스피해는 이곳을 바다로 볼지 호수로 볼지에 따라 천연자원을 이용할 수 있는 주변국들의 이권이 달라져서 분쟁이 일어나고 있는 지역이다. ③ 쿠릴(지시마) 열도는 일본과 러시아가 영역 분쟁 중인 지역이다. ④ 팔레스타인은 이슬람교를 믿는 해당 주민 및 주변국과 유대교를 믿는 이스라엘 간에 분쟁이 지속되고 있는 지역이다.

6 지도에 표시된 지역은 쿠릴(지시마) 열도 남부에 위치한 4개의 섬이다. 1951년 연합국과 일본이 체결한 샌프란시스코 강화 조약에 의해 일본은 사할린과 쿠릴 열도를 구소련에 넘겨주었다. 하지만 일본은 쿠릴 열도 남부에 위치한 4개 섬은 반환되어야 한다고 주장하며 러시아와 영역 갈등을 겪고 있다. ㄱ, ㄹ. 현재 러시아가 실효 지배하고 있는 이 지역은 어족 자원이 풍부하고, 많은 양의 석유와 천연가스가 매장되어 있다.

7 1인당 국내 총생산이 높게 나타나는 A는 선진국, 1인당 국내 총생산이 낮게 나타나는 B는 개발 도상국에 해당한다. ㄷ. 개발 도상국은 선진국에 비해 1인당 국내 총생산 그래프가 완만하게 나타난다. 이는 개발 도상국의 경제 발전 속도가 선진국에 비해 느리다는 것을 의미한다. ㄹ. 오늘날 세계화의 확산으로 선진국과 개발 도상국 간 발전 격차가 더욱 커지고 있다.

8 선진국은 인터넷 이용 인구 비율이 개발 도상국에 비해 높게 나타난다. 따라서 A 국가군은 선진국이고, B 국가군은 개발 도상국에 해당한다. ③ 개발 도상국은 선진국에 비해 합계 출산율, 영아 사망률, 교사 1인당 학생 수, 성 불평등 지수 등이 높게 나타난다.

9 ㄱ. 인간 개발 지수와 1인당 국민 총소득은 지역의 발전 수준과 격차를 보여 주는 지표이다. ㄷ. 인간 개발 지수가 낮은 국가는 대체로 1인당 국민 총소득도 낮게 나타나고 있다. 이는 인간 개발 지수를 측정할 때 국민의 소득 수준이 고려되기 때문이다.
| 바로알기 | ㄴ. 1인당 국민 총소득 순위가 높은 국가들은 선진국으로, 대체로 성인 문자 해독률이 높게 나타난다. ㄹ. 인간 개발 지수 최상위 5개국 중 오스트레일리아는 오세아니아에 위치한다.

10 | 바로알기 | ① 기술 수준이 낮고 자본이 부족한 저개발 국가들은 자체적인 노력을 통한 빈곤 해결에 한계가 있으므로, 국제 사회의 지원을 받을 수 있다. 그러나 국제 사회의 지원에만 의존해 빈곤 문제를 해결하려고 해서는 안 된다.

11 세계 보건 기구(WHO)와 세계 식량 계획(WFP)은 국제 연합 산하의 전문 기구이다. 세계 보건 기구는 세계의 질병 및 보건 위생 문제를 해결하기 위한 활동을 하고, 세계 식량 계획은 세계의 기아와 빈곤으로 고통 받는 지역에 식량을 지원하는 활동을 한다.

12 경제 협력 개발 기구(OECD) 산하의 개발 원조 위원회(DAC)는 공적 개발 원조(ODA)를 담당한다. 공적 개발 원조는 선진국이 개발 도상국의 경제 발전과 복지 증진 등을 위해 개발 도상국이나 국제기구에 도움을 주는 것으로, 지역 간 불평등 완화를 목적으로 한다.

13 적절하지 못한 원조는 원조를 받는 지역의 경제적 자립 토대를 무너뜨릴 수 있다. 따라서 국제 원조는 원조를 받는 지역의 상황을 고려하여 신중하게 이루어져야 한다.
| 바로알기 | ① 주로 개발 도상국이 원조를 받는다. ② 공적 개발 원조는 경제 협력 개발 기구(OECD) 산하의 개발 원조위원회(DAC)가 담당한다. ③ 우리나라는 과거에 개발 원조 위원회에서 각종 원조를 받았지만, 현재는 한국 국제 협력단(KOICA)을 통해 개발 도상국을 지원하고 있다. ⑤ 민간 개발 원조는 비정부 기구와 민간 재단이 개발 도상국을 지원하는 것이다.

14 ㄷ, ㄹ. 그린피스와 국경 없는 의사회는 민간단체가 중심이 되어 만들어진 국제 비정부 기구에 해당한다. 국제 비정부 기구는 인도주의적 차원에서 범세계적인 사회 문제 해결을 위해 활동한다.
| 바로알기 | ㄴ. 그린피스에만 해당하는 특징이다. 국경 없는 의사회는 분쟁 지역의 사람들에게 의료 서비스를 지원하는 활동을 한다.

16 | 바로알기 | ⑤ 공정 무역은 중간 유통 상인의 개입을 줄여 유통 비용을 낮추는 무역 방식이다.

VII 인구 변화와 인구 문제　　　　　　　　p. 92~93

1 | 예시답안 | 북위 20°~40°에 이르는 중위도 지역은 인구 밀도가 높고, 적도 부근이나 극지방은 인구 밀도가 낮다.

구분	채점 기준
상	인구 밀도가 높은 위도와 인구 밀도가 낮은 위도를 모두 정확히 서술한 경우
하	인구 밀도가 높은 위도와 인구 밀도가 낮은 위도 중 한 가지만 서술한 경우

2 | 예시답안 | 동아시아에서 남아시아에 이르는 지역은 기후가 온화하고 물이 풍부하며, 하천 유역에 넓은 평야가 발달하여 벼농사에 유리해 인구가 밀집하였다.

구분	채점 기준
상	동남아시아의 인구 밀도가 높은 이유를 기후, 지형, 농업 조건 측면에서 모두 정확히 서술한 경우
중	동남아시아의 인구 밀도가 높은 이유를 기후, 지형, 농업 조건 중 두 가지 측면에서만 서술한 경우
하	동남아시아의 인구 밀도가 높은 이유를 기후, 지형, 농업 조건 중 한 가지 측면에서만 서술한 경우

3 | 예시답안 | 몽골은 국토의 대부분이 사막으로 이루어져 있으며, 건조 기후가 넓게 나타나 농업 활동에 불리하기 때문에 인구 밀도가 낮다.

구분	채점 기준
상	몽골의 인구 밀도가 낮은 이유를 지형과 기후 측면에서 모두 정확히 서술한 경우
하	몽골의 인구 밀도가 낮은 이유를 지형과 기후 중 한 가지 측면에서만 서술한 경우

4 | 예시답안 | 인구 분포에 영향을 미치는 인문·사회적 요인에는 경제, 교통, 산업, 정치, 문화 등이 있다.

구분	채점 기준
상	인문·사회적 요인 세 가지를 모두 정확히 서술한 경우
중	인문·사회적 요인을 두 가지만 서술한 경우
하	인문·사회적 요인을 한 가지만 서술한 경우

5 | 예시답안 | 산업화 이전에는 기후가 온화하고 넓은 평야가 발달한 남서부 지역에 인구가 밀집하였으나, 산업화 이후에는 이촌 향도 현상이 활발하게 일어나 수도권 및 대도시와 남동 임해 공업 지역에 인구가 밀집하였다.

구분	채점 기준
상	산업화 이전의 인구 밀집 지역과 산업화 이후의 인구 밀집 지역을 비교하여 정확히 서술한 경우
중	산업화 이전의 인구 밀집 지역을 서술하지 않고, 산업화 이후의 인구 밀집 지역에 대해서만 서술한 경우
하	산업화로 인구 밀집 지역이 변화하였다고만 서술한 경우

6 | 예시답안 | 인구를 끌어들여 머무르게 하는 흡인 요인으로는 높은 임금, 풍부한 일자리, 쾌적한 주거 환경, 다양한 교육·문화·의료 시설 등이 있다.

구분	채점 기준
상	인구 이동의 흡인 요인을 두 가지 이상 모두 정확히 서술한 경우
하	인구 이동의 흡인 요인을 한 가지만 서술한 경우

7 | 예시답안 | 강제적 이동. 신항로 개척 이후 아메리카에 정착한 유럽인들이 부족한 노동력을 보충하기 위해 아프리카인들을 아메리카로 강제 이주시켰다.

구분	채점 기준
상	강제적 이동이라고 쓰고, 이러한 인구 이동이 발생한 이유를 정확히 서술한 경우
하	강제적 이동이라고만 쓴 경우

8 | 예시답안 | 역도시화 현상은 도시의 인구가 쾌적한 거주 환경을 찾아 촌락으로 이동하는 현상이다.

구분	채점 기준
상	도시의 인구가 쾌적한 주거 환경을 찾아 촌락으로 이동하는 현상이라고 정확히 서술한 경우
하	도시의 인구가 촌락으로 이동하는 현상이라고만 서술한 경우

9 | 예시답안 | 인구 유입이 많은 지역은 서부 유럽, 앵글로아메리카 등지로 경제 발달 수준이 높은 선진국이 대부분이다. 반면 인구 유출이 많은 지역은 아시아, 아프리카, 라틴 아메리카 등지로 경제 발달 수준이 낮은 개발 도상국이 대부분이다.

구분	채점 기준
상	인구 유입이 많은 지역과 인구 유출이 많은 지역의 경제 발달 수준을 비교하여 정확히 서술한 경우
하	인구 유입이 많은 지역과 인구 유출이 많은 지역 중 한 곳의 경제 발달 수준만 서술한 경우

10 | 예시답안 | 1990년대 이후. 서울과 같은 대도시에 인구가 밀집하면서 생활 환경이 악화되고, 대도시 주변에 신도시가 건설되면서 도시 인구가 주변 지역이나 촌락으로 이동하였다.

구분	채점 기준
상	1990년대 이후라고 쓰고, 인구 이동의 발생 요인을 정확히 서술한 경우
하	1990년대 이후라고만 쓴 경우

11 | 예시답안 | 산업 혁명 이후 의료 기술이 발달하고 생활 수준이 향상하면서 평균 수명이 늘어나고 영아 사망률이 낮아져 인구가 빠른 속도로 증가하였다.

구분	채점 기준
상	산업 혁명 이후라고 쓰고, 인구가 급증한 이유를 정확히 서술한 경우
중	세계 인구가 급증한 시기를 쓰지 않고, 인구가 급증한 이유만 서술한 경우
하	산업 혁명 이후라고만 쓴 경우

12 | 예시답안 | 개발 도상국에서는 낮은 인구 부양력, 도시의 인구 급증, 출생 성비 불균형 등의 인구 문제가 나타나고 있다.

구분	채점 기준
상	개발 도상국에서 나타나는 인구 문제 두 가지를 모두 정확히 서술한 경우
하	개발 도상국에서 나타나는 인구 문제를 한 가지만 서술한 경우

13 | 예시답안 | 저출산·고령화 현상. 이를 해결하기 위해서는 출산 장려 정책 시행, 육아 지원 강화, 노인 복지 제도 정비, 정년 연장, 연금 제도 개선 등의 대책이 필요하다.

구분	채점 기준
상	저출산·고령화 현상이라고 쓰고, 이를 해결하기 위한 방안 두 가지를 모두 정확히 서술한 경우
중	저출산·고령화 현상이라고 썼으나, 이를 해결하기 위한 방안을 한 가지만 서술한 경우
하	저출산·고령화 현상이라고만 쓴 경우

14 | 예시답안 | 노년층 인구 비중이 커지고 청장년층 인구 비중이 작아지면 생산 가능 인구가 감소하여 경제 성장이 둔화되고, 노인 부양에 따른 청장년층의 부담이 늘어난다.

구분	채점 기준
상	저출산·고령화 현상으로 나타나는 문제를 두 가지 모두 정확히 서술한 경우
하	저출산·고령화 현상으로 나타나는 문제를 한 가지만 서술한 경우

15 | 예시답안 | 여성의 사회 참여 증가, 결혼 연령 상승, 결혼·가족에 대한 가치관의 변화, 육아와 가사 노동에 대한 부담 등으로 저출산 문제가 나타나고 있다.

구분	채점 기준
상	저출산 현상이 나타나게 된 원인 두 가지를 모두 정확히 서술한 경우
하	저출산 현상이 나타나게 된 원인을 한 가지만 서술한 경우

Ⅷ 사람이 만든 삶터, 도시   p. 94~95

1 | 예시답안 | 도시는 인구가 밀집한 곳으로 사회적·경제적·정치적 활동의 중심지이다. 도시에는 병원, 상가, 관공서 등의 생활 편의 시설과 각종 기능이 집중되어 있어 주변 지역에 다양한 상품과 서비스를 제공하는 중심지 역할을 한다.

구분	채점 기준
상	도시의 의미와 역할을 모두 정확히 서술한 경우
하	도시의 의미와 역할 중 한 가지만 서술한 경우

2 | 예시답안 | 세계 도시. 세계 도시는 세계 경제, 문화, 정치의 중심지로 세계적 영향력을 가진 금융 기관, 다국적 기업의 본사가 위치하고, 각종 국제기구의 활동이 활발히 이루어지는 도시이다.

구분	채점 기준
상	세계 도시라고 쓰고, 세계 도시의 특징을 정확히 서술한 경우
하	세계 도시라고만 쓴 경우

3 | 예시답안 | 독일의 프라이부르크와 브라질의 쿠리치바는 생태 환경을 잘 가꾸고, 인간과 자연이 조화를 이루며 공존할 수 있는 체계를 갖춘 대표적인 환경·생태 도시이다.

구분	채점 기준
상	환경·생태 도시라는 용어를 사용하여 인간과 자연의 조화를 이루기 위해 노력한다는 내용을 정확히 서술한 경우
중	환경·생태 도시라는 용어를 사용하지 않고, 인간과 자연의 조화를 이루기 위해 노력한다는 내용만을 서술한 경우
하	환경·생태 도시라고만 쓴 경우

4 | 예시답안 | 도심은 다른 지역에 비해 접근성이 가장 높기 때문에 지가가 매우 높다. 따라서 비싼 땅값을 부담하고도 이익을 낼 수 있는 상업·업무 기능은 도심에 집중된다. 반면 비싼 땅값을 지급할 수 없는 주거·공업 기능은 이심 현상에 의해 주변 지역으로 빠져나간다.

구분	채점 기준
상	접근성과 지가의 차이로 인해 발생하는 집심 현상과 이심 현상에 대해 정확히 서술한 경우
하	접근성과 지가에 대해서만 서술한 경우

5 (1) A – 도심, B – 부도심, C – 중간 지역, D – 주변 지역, E – 위성 도시

(2) **| 예시답안 |** 도심은 낮에는 업무나 쇼핑 때문에 도심에서 활동하는 사람이 많기 때문에 주간 인구 밀도가 높다. 반면 밤에는 도심에서 활동하는 사람들이 도시 외곽의 주거 지역으로 귀가하기 때문에 야간 인구 밀도가 낮다.

구분	채점 기준
상	도심의 주간 인구 밀도와 야간 인구 밀도를 모두 비교하여 정확히 서술한 경우
하	도심의 주간 인구 밀도와 야간 인구 밀도 중 한 가지만 서술한 경우

6 | 예시답안 | 대도시 주변 지역 중에서도 교통이 편리한 곳에 위치한 위성 도시는 주거, 공업, 행정 등과 같은 대도시의 일부

기능을 분담한다.

구분	채점 기준
상	위성 도시의 위치와 역할을 모두 정확히 서술한 경우
하	위성 도시의 위치 또는 역할 중 한 가지만 서술한 경우

7 | 예시답안 | ㈎는 도심, ㈏는 주변 지역에 해당한다. 도시 내부 구조에서 도심은 접근성과 지가가 높은 도시의 중심부에 위치한다. 반면, 주변 지역은 접근성이 낮은 도시 외곽 지역에 위치한다.

구분	채점 기준
상	㈎는 도심, ㈏는 주변 지역이라고 쓰고, 도심과 주변 지역의 위치를 모두 정확히 서술한 경우
중	㈎는 도심, ㈏는 주변 지역이라고 썼으나, 도심 또는 주변 지역 중 한 곳의 위치만 서술한 경우
하	㈎는 도심, ㈏는 주변 지역이라고만 쓴 경우

8 (1) ㉠ 초기, ㉡ 종착
(2) | 예시답안 | 가속화 단계에서는 산업화가 진행되고 제조업과 서비스업이 발달하며, 이촌 향도 현상으로 도시화율이 급격하게 상승한다. 또한 가속화 단계 말기에는 도시 인구가 주변으로 이동하는 교외화 현상이 나타나기도 한다.

구분	채점 기준
상	가속화 단계의 특징을 두 가지 이상 정확히 서술한 경우
하	가속화 단계의 특징을 한 가지만 서술한 경우

9 | 예시답안 | 선진국의 도시화는 18세기 산업 혁명 이후 장기간 점진적으로 진행되어 현재는 종착 단계에 이르렀으며, 최근에는 역도시화 현상이 나타나기도 한다. 반면 개발 도상국의 도시화는 20세기 중반 이후 단기간 동안 급속도로 진행되어 현재 가속화 단계이다. 개발 도상국에서는 수위 도시로 인구가 집중하여 과도시화 현상이 나타나기도 한다.

구분	채점 기준
상	선진국과 개발 도상국의 도시화 시기, 속도, 인구 이동의 특징을 모두 비교하여 정확히 서술한 경우
중	선진국과 개발 도상국의 도시화 시기, 속도, 인구 이동의 특징 중 두 가지만 비교하여 서술한 경우
하	선진국과 개발 도상국의 도시화 시기, 속도, 인구 이동의 특징 중 한 가지만 비교하여 서술한 경우

10 | 예시답안 | 우리나라는 1960년대 이후 산업화에 따라 촌락 지역의 사람들이 일자리를 찾아 도시로 이동하면서 도시화가 빠르게 진행되었다. 1970~1980년대의 가속화 단계를 거쳐 현재 우리나라의 도시화율은 약 90% 정도로, 도시화의 종착 단계에 이르렀다.

구분	채점 기준
상	1960년대에 도시화가 본격적으로 시작되어 1970~1980년대에 가속화 단계를 거쳐 현재 종착 단계에 해당한다고 정확히 서술한 경우
하	1960년대에 도시화가 본격적으로 시작되어 현재 종착 단계라고만 서술한 경우

11 | 예시답안 | 교통 문제. 교통 문제를 해결하기 위해서는 도로 환경을 개선하고, 혼잡 통행료를 부과하며, 대중교통과 자전거 이용을 장려하는 정책 등을 추진해야 한다.

구분	채점 기준
상	교통 문제라고 쓰고, 그에 대한 해결 방안을 두 가지 이상 정확히 서술한 경우
중	교통 문제라고 쓰고, 그에 대한 해결 방안을 한 가지만 서술한 경우
하	교통 문제라고만 쓴 경우

12 | 예시답안 | 살기 좋은 도시는 일자리가 풍부하고 문화 및 의료 시설을 잘 갖추고 있어야 한다. 또한 범죄의 위험이 적어 안전하고, 녹지 공간이 많아 생활 환경이 쾌적해야 한다.

구분	채점 기준
상	살기 좋은 도시의 조건을 세 가지 이상 정확히 서술한 경우
중	살기 좋은 도시의 조건을 두 가지만 서술한 경우
하	살기 좋은 도시의 조건을 한 가지만 서술한 경우

IX 글로벌 경제 활동과 지역 변화   p. 96~97

1 | 예시답안 | 교통·통신의 발달로 지역 간 교류가 증가하고 경제 성장으로 생활 수준이 향상되어 다양한 농산물에 대한 수요가 증가하게 되었다. 이로 인해 전 세계 시장을 대상으로 농작물의 생산과 판매가 이루어지는 농업의 세계화가 진행되고 있다.

구분	채점 기준
상	교통·통신의 발달에 따른 지역 간 교류 증가, 생활 수준 향상에 따른 다양한 농산물 수요 증가를 모두 서술한 경우
하	교통·통신의 발달에 따른 지역 간 교류 증가, 생활 수준 향상에 따른 다양한 농산물 수요 증가 중 한 가지만 서술한 경우

2 (1) A – 기업적 목축, B – 기업적 곡물 농업

(2) | 예시답안 | 기업적 농업은 농기계와 화학 비료를 사용하여 농작물을 대량으로 생산하여 가격 경쟁력을 확보한다. 또한 농작물의 생산부터 가공 및 상품화까지의 전 과정을 담당하여 세계 농산물의 가격과 생산 구조, 소비에 많은 영향을 끼친다.

구분	채점 기준
상	기업적 농업의 특징을 두 가지 이상 정확히 서술한 경우
하	기업적 농업의 특징을 한 가지만 서술한 경우

3 | 예시답안 | 베트남은 기호 작물의 소비가 증가함에 따라 커피 생산에 집중하기 시작하였고, 필리핀은 쌀 생산지를 개간하여 바나나 등의 상품 작물 재배 면적을 늘렸다.

구분	채점 기준
상	베트남과 필리핀의 생산 구조 변화를 각각 구체적으로 정확히 서술한 경우
중	베트남과 필리핀 중 한 국가의 생산 구조 변화만 서술한 경우
하	상품 작물 또는 기호 작물 재배가 증가하였다고만 서술한 경우

4 | 예시답안 | 상품 작물은 주로 열대 기후 지역에 있는 개발 도상국의 대규모 농장에서 생산되며, 세계 각지에 있는 유통 센터를 통해 선진국을 중심으로 한 세계 여러 나라에서 소비된다.

구분	채점 기준
상	상품 작물을 생산하는 지역과 소비하는 지역의 특징을 비교하여 정확히 서술한 경우
하	상품 작물을 생산하는 지역과 소비하는 지역 중 한 곳의 특징만 서술한 경우

5 | 예시답안 | 우리나라 농민들은 국내산 농산물 판매가 줄어들어 수익이 줄어들 수 있다. 소비자는 다양한 농산물을 쉽게 구할 수 있는 한편 수입 농산물의 방부제 사용에 따른 안전성 문제로 불안함을 겪을 수 있다.

구분	채점 기준
상	농업의 세계화가 우리나라 농민과 소비자에게 미친 영향을 각각 한 가지씩 정확히 서술한 경우
하	농업의 세계화가 우리나라 농민과 소비자에게 미친 영향 중 한 가지만 서술한 경우

6 | 예시답안 | 경제 활동의 세계화는 상품, 자본, 노동, 기술, 서비스 등이 국경을 초월하여 자유롭게 이동하면서 세계적 차원에서 경제적 상호 의존도가 높아지는 현상이다.

구분	채점 기준
상	상품, 자본, 노동 등의 국제 이동을 통해 경제적 상호 의존도가 높아지는 현상이라고 정확히 서술한 경우
하	경제적 상호 의존도가 높아지는 현상이라고만 서술한 경우

7 (1) 다국적 기업

(2) | 예시답안 | 교통과 통신의 발달로 국가 간 교류가 활발해지고, 세계 무역 기구(WTO) 출범, 자유 무역 협정(FTA) 확대 등으로 국가 간 무역 장벽이 낮아지면서 다국적 기업이 발달하게 되었다.

구분	채점 기준
상	다국적 기업의 발달 배경을 두 가지 이상 정확히 서술한 경우
하	다국적 기업의 발달 배경을 한 가지만 서술한 경우

8 | 예시답안 | 다국적 기업의 본사와 연구소는 기술 수준이 높고, 다양한 정보와 자본을 확보하는 데 유리한 선진국에 주로 입지한다. 반면 생산 공장은 상대적으로 지가가 낮고 저렴한 노동력이 풍부한 개발 도상국에 주로 입지한다.

구분	채점 기준
상	다국적 기업의 본사와 연구소, 생산 공장의 입지 조건을 모두 정확히 서술한 경우
중	다국적 기업의 본사와 연구소, 생산 공장 중 두 곳의 입지 조건만 서술한 경우
하	다국적 기업의 본사와 연구소, 생산 공장 중 한 곳의 입지 조건만 서술한 경우

9 (1) 산업 공동화 현상

(2) | 예시답안 | 다국적 기업의 생산 공장이 들어선 지역은 자본 유입으로 지역 경제가 활성화되고, 기술 이전을 통해 관련 산업이 발달할 수 있다. 한편 유사 제품을 생산하는 국내 기업의 경쟁력이 약화되고, 생산 공장에서 발생하는 유해 물질로 수질·대기 오염 등의 환경 문제를 겪을 수 있다.

구분	채점 기준
상	다국적 기업의 생산 공장이 들어선 지역에 나타나는 긍정적 변화와 부정적 변화 중 한 가지씩 정확히 서술한 경우
하	다국적 기업의 생산 공장이 들어선 지역에 나타나는 긍정적 변화와 부정적 변화 중 한 가지만 서술한 경우

10 | 예시답안 | 인건비가 저렴하며, 영어를 공용어로 쓴다.

구분	채점 기준
상	저렴한 인건비와 영어를 공용어로 쓴다는 점을 모두 정확히 서술한 경우
하	저렴한 인건비와 영어를 공용어로 쓴다는 점 중 하나만 서술한 경우

11 (1) 전자 상거래

(2) | 예시답안 | 전자 상거래는 유통 단계가 단순하여 기존 상거래 방식에 비해 유통 비용이 상대적으로 적게 든다. 또한 물건을 구매하기 위한 소비자의 이동 거리가 짧으며, 상품 구매의 시간적·공간적 제약이 작다.

구분	채점 기준
상	전자 상거래의 특징을 세 가지 이상 정확히 서술한 경우
중	전자 상거래의 특징을 두 가지만 서술한 경우
하	전자 상거래의 특징을 한 가지만 서술한 경우

12 | **예시답안** | 관광 산업의 발달로 지역 주민의 일자리가 확대되고 소득이 증가하는 한편, 지나친 상업화로 인해 지역의 고유 문화가 쇠퇴할 수 있다.

구분	채점 기준
상	관광의 세계화로 나타나는 긍정적 변화와 부정적 변화를 한 가지씩 정확히 서술한 경우
하	관광의 세계화로 나타나는 긍정적 변화와 부정적 변화 중 한 가지만 서술한 경우

X 환경 문제와 지속 가능한 환경   p. 98~99

1 | **예시답안** | 기후 변화의 자연적 요인으로는 태양의 활동 변화, 화산 활동에 따른 화산재 분출, 태양과 지구의 상대적 위치 변화 등이 있으며, 인위적 요인으로는 석탄, 석유 등 화석 연료 사용에 따른 온실가스 배출량 증가, 도시화, 무분별한 토지 및 삼림 개발 등이 있다.

구분	채점 기준
상	자연적 요인과 인위적 요인의 사례를 각각 두 가지 이상 정확히 서술한 경우
중	자연적 요인과 인위적 요인의 사례를 각각 한 가지씩 정확히 서술한 경우
하	자연적 요인과 인위적 요인의 사례 중 한 가지만 서술한 경우

2 | **예시답안** | 지구 온난화란 대기 중에 온실가스 농도가 증가하여 지구의 평균 기온이 높아지는 현상을 의미한다.

구분	채점 기준
상	대기 중의 온실가스 농도가 증가하여 지구의 평균 기온이 높아지는 현상이라고 정확히 서술한 경우
하	지구의 평균 기온이 높아지는 현상이라고만 서술한 경우

3 | **예시답안** | 지구 온난화의 영향으로 지표면의 온도가 상승하여 고산 지역의 빙하 면적이 축소되고 있다. 또한 빙하가 녹은 물이 바다로 흘러들어 해수면이 상승하여 해안 저지대 국가와 몰디브, 투발루 등 섬나라들이 국토가 잠길 위기에 처해 있다.

구분	채점 기준
상	빙하 면적 축소와 해수면 상승으로 인한 침수 피해를 모두 정확히 서술한 경우
하	빙하 면적 축소, 해수면 상승으로 인한 침수 피해 중 한 가지만 서술한 경우

4 | **예시답안** | 고산 식물의 분포 범위가 줄어들고, 멸종 위기 식물이 증가하였다. 또한 식물의 개화 시기가 빨라지고 아열대 과일의 재배 면적이 확대되고 있으며, 모기, 파리 등의 해충이 증가하여 전염병이 확산될 우려가 커지고 있다.

구분	채점 기준
상	기후 변화로 인해 나타나는 생태계의 변화를 두 가지 이상 정확히 서술한 경우
하	기후 변화로 인해 나타나는 생태계의 변화를 한 가지만 서술한 경우

5 (1) 이산화 탄소

(2) | **예시답안** | 대기 중 이산화 탄소 농도가 높아지면 지구에서 복사되는 열이 지구 밖으로 빠져나가지 못하고 지구로 다시 흡수되어 대기와 지표면의 온도를 상승시킨다.

구분	채점 기준
상	온실가스의 역할을 포함하여 대기와 지표면의 온도를 높이는 현상이라고 서술한 경우
하	대기와 지표면의 온도를 높이는 현상이라고만 서술한 경우

6 (1) 바젤 협약

(2) | **예시답안** | 선진국은 환경 및 경제적 부담을 줄이기 위해 전자 쓰레기를 개발 도상국에 불법적으로 수출한다. 한편 개발 도상국은 전자 쓰레기 부품을 분리하여 금속 자원을 채취

할 수 있기 때문에 경제적 이익을 얻기 위해 전자 쓰레기를 수입한다.

구분	채점 기준
상	전자 쓰레기의 이동이 발생하는 이유를 선진국과 개발 도상국의 입장에서 각각 정확히 서술한 경우
하	전자 쓰레기의 이동이 발생하는 이유를 선진국 또는 개발 도상국 중 한 쪽의 입장에서만 서술한 경우

7 | **예시답안** | 일찍 산업이 발달해 경제 성장을 이룬 선진국은 오늘날 개발보다 환경에 더 많은 관심을 가지는 반면 개발 도상국은 빠른 산업화를 통한 경제 성장을 우선시한다. 따라서 개발 도상국은 선진국의 산업을 가리지 않고 유치하기 때문에 공해 유발 산업이 선진국에서 개발 도상국으로 이동하고 있다.

구분	채점 기준
상	공해 유발 산업이 선진국에서 개발 도상국으로 이동함을 서술하고, 그 이유를 선진국과 개발 도상국의 입장에서 모두 정확히 서술한 경우
중	공해 유발 산업이 선진국에서 개발 도상국으로 이동함을 서술하고, 그 이유를 선진국의 입장 또는 개발 도상국의 입장에서만 서술한 경우
하	공해 유발 산업이 선진국에서 개발 도상국으로 이동한다고만 서술한 경우

8 | **예시답안** | 공해 유발 산업인 석면 공장의 이동을 통해 선진국은 환경 문제를 해결한다. 반면 개발 도상국은 경제적 효과를 얻는 대신 주민들의 건강을 위협하는 심각한 환경 문제를 겪게 되었다.

구분	채점 기준
상	공해 유발 산업의 이동이 선진국과 개발 도상국에 미친 영향을 모두 정확히 서술한 경우
하	공해 유발 산업의 이동이 선진국에 미친 영향 또는 개발 도상국에 미친 영향 중 한 가지만 서술한 경우

9 | **예시답안** | 환경 이슈란 환경 문제 중 원인과 해결 방안이 입장에 따라 서로 다른 것으로 시대별로 다르게 나타나며, 지역적인 것부터 세계적인 것까지 다양한 규모에서 나타난다.

구분	채점 기준
상	환경 이슈의 의미와 특징을 모두 정확히 서술한 경우
중	환경 이슈의 의미를 서술하였으나, 그 특징을 미흡하게 서술한 경우
하	환경 이슈의 의미만 서술한 경우

10 | **예시답안** | 미세 먼지는 입자가 매우 작아 우리 몸속까지 스며들어 각종 호흡기 질환과 심혈관 질환, 피부 질환, 안구 질환 등 각종 질병을 유발한다. 또한 반도체와 같이 정밀한 작업이 요구되는 산업에서 불량률을 높일 수 있으며 가시거리를 떨어뜨려 비행기나 여객선 운항에도 지장을 초래한다.

구분	채점 기준
상	미세 먼지의 영향을 건강, 산업, 운송 모든 측면에서 정확히 서술한 경우
중	미세 먼지의 영향을 건강, 산업, 운송 중 두 가지 측면에서만 서술한 경우
하	미세 먼지의 영향을 건강, 산업, 운송 중 한 가지 측면에서만 서술한 경우

11 (1) 유전자 변형 식품(GMO)

(2) | **예시답안** | • 찬성: 해충에 강하고 잘 상하지 않는 농작물을 생산하여 오래 보관할 수 있고 대량 생산하여 세계 식량 부족 문제를 해결할 수 있다.

• 반대: 유전자 변형 식품이 인간에게 어떤 영향을 미치는지 안전성에 대한 명확한 검증이 이루어지지 않았으며, 생물체를 인위적으로 만들어내는 것이기 때문에 생물 다양성을 파괴할 위험이 있다.

구분	채점 기준
상	유전자 변형 농산물에 대한 자신의 의견을 제시하고, 그 이유를 두 가지 이상 정확히 서술한 경우
하	유전자 변형 농산물에 대한 자신의 의견을 제시하고, 그 이유를 한 가지만 서술한 경우

12 | **예시답안** | 국내산 포도. 장거리를 이동하지 않기 때문에 이동 과정에서 발생하는 이산화 탄소 배출량이 적어 환경을 보전하는 데 기여할 수 있다.

구분	채점 기준
상	국내산 포도라고 쓰고, 그 이유를 정확히 서술한 경우
하	국내산 포도라고만 쓴 경우

13 | **예시답안** | 전기, 가스, 물 등을 낭비하지 않고 자가용보다는 자전거나 대중교통을 이용함으로써 대기 오염을 줄일 수 있다. 또한 저탄소 제품, 에너지 효율이 높은 제품을 사용하고, 종이컵, 플라스틱병, 나무젓가락과 같은 일회용품 사용을 자제함으로써 쓰레기 배출량을 줄일 수 있다.

구분	채점 기준
상	일상생활에서 실천할 수 있는 환경 보전 활동을 세 가지 이상 정확히 서술한 경우
중	일상생활에서 실천할 수 있는 환경 보전 활동을 두 가지만 서술한 경우
하	일상생활에서 실천할 수 있는 환경 보전 활동을 한 가지만 서술한 경우

XI 세계 속의 우리나라   p. 100~101

1 | 예시답안 | 최근 항공 교통이 발달하고 인공위성을 이용한 관측이 활발해지면서 영공의 중요성이 커지고 있다.

구분	채점 기준
상	최근 영공의 중요성이 커지고 있는 이유 두 가지를 모두 정확히 서술한 경우
하	최근 영공의 중요성이 커지고 있는 이유를 한 가지만 서술한 경우

2 | 예시답안 | 서해안(A)은 해안선이 복잡하고 섬이 많아 직선 기선을 기준으로 영해의 범위를 정한다. 반면 동해안(B)은 해안선이 단조롭고 섬이 적어 통상 기선을 기준으로 영해의 범위를 정한다.

구분	채점 기준
상	서해안은 직선 기선, 동해안은 통상 기선을 기준으로 영해의 범위를 정하는 이유를 정확히 서술한 경우
하	서해안은 직선 기선, 동해안은 통상 기선을 기준으로 영해의 범위를 정한다고만 서술한 경우

3 | 예시답안 | 독도는 우리나라의 영토 중 가장 동쪽에 위치하고, 울릉도에서 동남쪽으로 87.4㎞ 떨어져 있으며, 일본보다 우리나라에 더 가까운 우리의 영토이다.

구분	채점 기준
상	독도의 위치 특성 세 가지를 모두 정확히 서술한 경우
중	독도의 위치 특성을 두 가지만 서술한 경우
하	독도의 위치 특성을 한 가지만 서술한 경우

4 | 예시답안 | 독도 주변 바다는 한류와 난류가 교차하여 조경 수역이 형성되어 각종 수산 자원이 풍부하다.

구분	채점 기준
상	한류와 난류가 교차하여 조경 수역이 형성되어 수산 자원이 풍부하다고 정확히 서술한 경우
하	조경 수역이 형성되어 수산 자원이 풍부하다고만 서술한 경우

5 | 예시답안 | 세계화로 지역 간 교류가 활발해지면서 지역 고유의 특성을 살리는 것이 그 지역의 경쟁력으로 작용하고 있다. 따라서 각 지역은 차별화된 지역화 전략을 세워 지역의 경쟁력을 높이기 위해 노력해야 한다.

구분	채점 기준
상	지역성이 곧 지역의 경쟁력으로 작용하기 때문에 각 지역은 경쟁력을 높이기 위해 지역화 전략을 세워야 한다고 정확히 서술한 경우
하	지역 경쟁력을 높이기 위해 지역화 전략을 세워야 한다고만 서술한 경우

6 | 예시답안 | 효과적인 지역 브랜드 개발을 위해서는 다른 지역과 차별화되는 해당 지역만의 특성을 정확히 파악해야 하며, 지역 주민의 참여와 협조가 필요하다.

구분	채점 기준
상	효과적인 지역 브랜드 개발을 위한 방안 두 가지를 모두 정확히 서술한 경우
하	효과적인 지역 브랜드 개발을 위한 방안을 한 가지만 서술한 경우

7 | 예시답안 | 지역 브랜드. 지역 브랜드의 가치가 높아지면 지역의 이미지가 향상되고, 지역 경제 활성화에 큰 도움이 된다.

구분	채점 기준
상	지역 브랜드라고 쓰고, 지역 브랜드의 효과 두 가지를 모두 정확히 서술한 경우
중	지역 브랜드라고 썼으나, 지역 브랜드의 효과를 한 가지만 서술한 경우
하	지역 브랜드라고만 쓴 경우

8 | 예시답안 | 장소 마케팅. 장소 마케팅은 관광객 및 투자자를 유치하여 지역 경제를 활성화하고, 지역 주민들의 소속감과 자긍심을 높일 수 있다.

구분	채점 기준
상	장소 마케팅이라고 쓰고, 장소 마케팅의 효과 두 가지를 모두 정확히 서술한 경우
중	장소 마케팅이라고 썼으나, 장소 마케팅의 효과를 한 가지만 서술한 경우
하	장소 마케팅이라고만 쓴 경우

9 | 예시답안 | 지리적 표시제는 생산자에게는 안정적인 생산 활동을 할 수 있게 하고, 소비자에게는 믿을 수 있는 제품을 살 기회를 제공한다.

구분	채점 기준
상	지리적 표시제의 효과를 생산자 입장과 소비자 입장에서 모두 정확히 서술한 경우
하	지리적 표시제의 효과를 생산자 입장과 소비자 입장 중 한 가지만 서술한 경우

10 | 예시답안 | 우리나라는 유라시아와 태평양을 연결하는 지리적 요충지에 위치하며, 발전 잠재력이 매우 높은 동아시아에서 중심 역할을 할 수 있는 곳에 자리한다.

구분	채점 기준
상	우리나라의 위치적 장점 두 가지를 모두 정확히 서술한 경우
하	우리나라의 위치적 장점을 한 가지만 서술한 경우

11 | 예시답안 | 남북 분단으로 수많은 이산가족과 실향민이 생겼으며, 오랜 기간 교류가 단절되어 남북 문화의 이질화가 심화되었다. 또한 계속된 휴전 상태로 국방비 등의 분단 비용이 증가하고 있다.

구분	채점 기준
상	국토 분단으로 발생하는 문제를 두 가지 이상 모두 정확히 서술한 경우
하	국토 분단으로 발생하는 문제를 한 가지만 서술한 경우

12 | 예시답안 | 남북이 통일을 이루면 반도국의 지리적 이점을 회복하여 유라시아 대륙과 태평양을 연결하는 국제 물류의 중심지로 발돋움할 수 있을 것이다.

구분	채점 기준
상	반도국의 지리적 이점을 회복하여 국제 물류의 중심지로 발돋움할 수 있을 것이라고 정확히 서술한 경우
하	반도국의 지리적 이점을 회복한다고만 서술한 경우

13 | 예시답안 | 비무장 지대는 60여 년 동안 일반인의 출입이 엄

격히 통제되어 자연 생태계가 잘 보존되어 있다. 따라서 통일 후 관광 자원으로 활용할 수 있을 것이다.

구분	채점 기준
상	자연 생태계가 잘 보존되어 있어 관광 자원으로 활용할 수 있다고 정확히 서술한 경우
하	관광 자원으로 활용할 수 있다고만 서술한 경우

14 | 예시답안 | 북한은 남한에 비해 지하자원이 풍부하다. 통일을 이루면 남한의 기술, 자본과 북한의 풍부한 지하자원이 결합하여 경제적으로 크게 발전할 수 있을 것이다.

구분	채점 기준
상	북한의 지하자원과 남한의 기술, 자본이 결합하여 경제적으로 크게 발전할 수 있을 것이라고 정확히 서술한 경우
하	경제적으로 발전할 수 있을 것이라고만 서술한 경우

XII 더불어 사는 세계
p. 102~103

1 | 예시답안 | 대표적인 지리적 문제로 기아 문제, 생물 다양성 감소, 영역 분쟁 등이 있다.

구분	채점 기준
상	지리적 문제의 사례를 두 가지 이상 정확히 서술한 경우
하	지리적 문제의 사례를 한 가지만 서술한 경우

2 | 예시답안 | 기아 문제는 개발 도상국의 급격한 인구 증가에 따른 곡물 수요 증대, 전쟁 및 분쟁으로 인한 식량 공급의 어려움, 식량 작물의 용도 변화에 따른 곡물 가격의 상승 등으로 인해 나타난다.

구분	채점 기준
상	기아 문제의 발생 원인 세 가지를 모두 정확히 서술한 경우
중	기아 문제의 발생 원인을 두 가지만 서술한 경우
하	기아 문제의 발생 원인을 한 가지만 서술한 경우

3 | 예시답안 | 인도가 영국으로부터 독립할 때 이슬람교도가 많은 카슈미르 지역이 인도에 편입되면서 이슬람교를 믿는 파키스탄과 힌두교를 믿는 인도 간에 갈등이 발생하였다.

구분	채점 기준
상	이슬람교를 믿는 파키스탄과 힌두교를 믿는 인도 간에 영역 분쟁이 발생하였다고 정확히 서술한 경우
하	종교의 차이 때문에 영역 분쟁이 발생하였다고만 서술한 경우

4 | 예시답안 | 일본, 중국, 타이완. 센카쿠 열도(댜오위다오)는 1895년 청일 전쟁에서 승리한 일본이 자국의 영토로 편입하여 점유하고 있지만, 중국과 타이완 등이 영유권을 주장하고 있다. 센카쿠 열도 인근 해역에서 석유 매장이 확인된 후 국가 간 갈등이 더욱 심해지고 있다.

구분	채점 기준
상	일본, 중국, 타이완이라고 쓰고, 분쟁의 발생 원인을 정확히 서술한 경우
중	일본, 중국, 타이완이라고 썼으나, 분쟁의 발생 원인을 미흡하게 서술한 경우
하	일본, 중국, 타이완이라고만 쓴 경우

5 | 예시답안 | 발전 수준의 지역 차를 보여 주는 지표로 1인당 국내 총생산, 인간 개발 지수, 행복 지수, 성인 문자 해독률, 기대 수명, 영아 사망률, 교사 1인당 학생 수, 성 불평등 지수 등이 있다.

구분	채점 기준
상	발전 수준의 지역 차를 보여 주는 지표를 세 가지 이상 정확히 서술한 경우
중	발전 수준의 지역 차를 보여 주는 지표를 두 가지만 서술한 경우
하	발전 수준의 지역 차를 보여 주는 지표를 한 가지만 서술한 경우

6 | 예시답안 | 개발 도상국에서는 영아 사망률, 합계 출산율, 교사 1인당 학생 수, 성 불평등 지수 등이 선진국에 비해 상대적으로 높게 나타난다.

구분	채점 기준
상	개발 도상국에서 상대적으로 더 높게 나타나는 지표를 두 가지 이상 정확히 서술한 경우
하	개발 도상국에서 상대적으로 더 높게 나타나는 지표를 한 가지만 서술한 경우

7 | **예시답안** | 개발 도상국. 개발 도상국은 선진국에 비해 인간 개발 지수의 평가 기준이 되는 1인당 국민 총소득, 기대 수명, 교육 수준 등이 낮기 때문이다.

구분	채점 기준
상	개발 도상국이라고 쓰고, 인간 개발 지수가 낮은 이유를 정확히 서술한 경우
중	개발 도상국이라고 썼으나, 인간 개발 지수가 낮은 이유를 미흡하게 서술한 경우
하	개발 도상국이라고만 쓴 경우

8 | **예시답안** | 식량 생산량을 늘리기 위해 관개 시설을 확충하고 수확량이 많은 품종을 개발해야 한다. 그리고 도로, 전력, 통신망 구축 등에 대한 공공 지출을 늘려 경제 발전을 위한 기반을 강화해야 하고, 여성과 아동에게 교육 기회를 확대하는 등 인적 자원 개발에도 힘써야 한다.

구분	채점 기준
상	저개발 국가의 빈곤 문제 해결을 위한 노력을 두 가지 이상 정확히 서술한 경우
하	저개발 국가의 빈곤 문제 해결을 위한 노력을 한 가지만 서술한 경우

9 | **예시답안** | 국제 연합은 빈곤 문제를 해결하기 위해 2016년부터 17가지의 지속 가능 발전 목표(SDGs)를 정하여 국제적인 지원과 협력을 확대해 나가고 있다.

구분	채점 기준
상	지속 가능 발전 목표에 대한 내용을 포함하여 빈곤 문제 해결을 위해 노력하고 있음을 정확히 서술한 경우
하	빈곤 문제를 해결하기 위해 국제적인 지원과 협력을 확대해 나가고 있다고만 서술한 경우

10 | **예시답안** | 개발 원조 위원회(DAC). 공적 개발 원조는 저개발 국가의 빈곤 감소와 삶의 질 향상에 기여한다.

구분	채점 기준
상	개발 원조 위원회(DAC)라고 쓰고, 공적 개발 원조의 성과를 정확히 서술한 경우
하	개발 원조 위원회(DAC)라고만 쓴 경우

11 (1) 국제 비정부 기구(NGO)

(2) | **예시답안** | 그린피스. 지구의 환경을 보존하고 평화를 증진하기 위한 활동을 한다. / 국경 없는 의사회. 인종, 종교, 성, 정치적 성향과 관계없이 도움이 필요한 사람들에게 의료 서비스를 지원한다. / 세이브 더 칠드런. 아동 긴급 구호 사업을 한다.

구분	채점 기준
상	국제 비정부 기구의 사례를 쓰고, 주요 활동 내용을 정확히 서술한 경우
하	국제 비정부 기구의 사례만 쓴 경우

12 | **예시답안** | 공정 무역. 선진국과 저개발 국가 사이의 불공정

한 무역을 개선하여 저개발 국가의 생산자에게 정당한 가격을 지급하는 무역 방식이다.

구분	채점 기준
상	공정 무역이라고 쓰고, 그 의미를 정확히 서술한 경우
하	공정 무역이라고만 쓴 경우

13 | **예시답안** | (가)는 일반 무역, (나)는 공정 무역이다. 공정 무역은 일반 무역에 비해 유통 단계를 줄이고 직거래를 활성화하여 저개발국 생산자가 경제적으로 자립할 수 있도록 도와주기 때문에 저개발 지역의 불평등 완화에 기여할 수 있다.

구분	채점 기준
상	공정 무역이 저개발 지역의 불평등 완화에 기여하는 이유를 정확히 서술한 경우
하	공정 무역이 저개발 지역의 불평등 완화에 기여한다고만 서술한 경우

내·공·의·힘·시·리·즈 단기간에 핵심만 빠르게, 내신 만점을 위한 공부법을 제시합니다.

대표전화 1544-0554
주소 서울특별시 구로구 디지털로33길 48 대륭포스트타워 7차 20층
협의 없는 무단 복제는 법으로 금지되어 있습니다.